21世纪职业教育规划教材 · 汽车系列

# 汽车销售实务


主　编　◎代丽丽　霍　峰

主　审　◎王建东　姜海丹

副主编　◎丁　玎　李　莹　汪振凤

参　编　◎郭　旭　黄凤阁　李莲花
刘家伟　黄湘镇　李洪元

## 内容简介

本书以汽车技术服务与营销专业人才培养方案为依据，紧扣汽车销售实务课程标准，以汽车销售为主线，设置了汽车销售前、汽车销售流程、汽车金融知识及应用三大项目，选取了市场营销认知、汽车市场销售环境分析、汽车购买行为分析、汽车销售职业认知、客户开发、到店接待、需求分析、新车展示、试乘试驾、提供方案、洽谈成交、新车交付、客户维系、汽车金融、汽车销售其他服务共计15个任务。每个任务包括任务引导、任务目标、任务资讯、任务实施、实操训练等环节。本书通过15个任务，将汽车销售的发展趋势、汽车销售应具备的知识能力、汽车销售的具体流程和技巧以及汽车销售中为企业创造更多价值和利益的方法紧密结合起来，以培养学生的职业技能、职业素养和学习能力。

本书可作为职业院校汽车技术服务与营销专业的教材，也可以作为广大汽车销售及服务从业人员的参考用书。

**图书在版编目(CIP)数据**

汽车销售实务 / 代丽丽，霍峰主编. —北京：北京大学出版社，2024. 10. —（21世纪职业教育规划教材）. — ISBN 978-7-301-35323-3

Ⅰ. F766

中国国家版本馆CIP数据核字第2024M3X756号

| | |
|---|---|
| **书　　名** | 汽车销售实务<br>QICHE XIAOSHOU SHIWU |
| **著作责任者** | 代丽丽　霍　峰　主编 |
| **责任编辑** | 吴坤娟 |
| **标准书号** | ISBN 978-7-301-35323-3 |
| **出版发行** | 北京大学出版社 |
| **地　　址** | 北京市海淀区成府路205号　100871 |
| **网　　址** | http://www.pup.cn　　新浪微博：@北京大学出版社 |
| **电子邮箱** | 编辑部 zyjy@pup.cn　　总编室 zpup@pup.cn |
| **电　　话** | 邮购部 010-62752015　发行部 010-62750672　编辑部 010-62756923 |
| **印 刷 者** | 北京鑫海金澳胶印有限公司 |
| **经 销 者** | 新华书店 |
| | 787毫米×1092毫米　16开本　13.25印张　350千字<br>2024年10月第1版　2024年10月第1次印刷 |
| **定　　价** | 45.00元 |

---

# 前　言

党的二十大报告明确指出：“坚持把发展经济的着力点放在实体经济上，推进新型工业化，加快建设制造强国、质量强国、航天强国、交通强国、网络强国、数字中国。”2024年3月，李强总理在《政府工作报告》中指出，将“积极培育新兴产业和未来产业。实施产业创新工程，完善产业生态，拓展应用场景，促进战略性新兴产业融合集群发展。巩固扩大智能网联新能源汽车等产业领先优势”。

汽车产业作为实体经济的重要组成部分，其高质量发展对推动我国经济高质量发展具有十分重要的现实意义。因此，汽车技术服务与营销专业人才的培养，尤其是高素质的专业化人才的培养具有重要的现实意义。本书坚持“以服务为宗旨，以就业为导向”的办学思想，突出了职业技能教育的特色。本书的主要特点如下：

1. 在编写理念上，根据职业院校学生的培养目标及认知特点，遵循理论认知—实践锻炼—岗位对接的认知规律，突出“做中学，学中做”的教育理念。

2. 在编写内容的安排上，本书以任务引导为引领，以任务资讯为载体，循序渐进。本书内容紧扣主题，定位准确；案例及行动规范的选用为学后考核提供了范例及标准。

3. 在教学思想上，本书坚持理论与实践、知识学习与技能训练一体化，贯彻“做中学，学中做”的教育理念，强调实践与理论的有机统一，技能上力求满足企业用工需要，理论上做到适度、够用。

全书共计三个项目15个任务，对接工作岗位的实际任务，将其转化为学生的学习任务，便于调动学生自主学习和实践的积极性。每个任务包括任务引导、任务目标、任务资讯、任务实施、实操训练等环节。

本书由黑龙江农业工程职业学院代丽丽（编写任务一、二及全书的统稿）、霍峰（编写任务三）任主编，丁玎（编写任务四、五）、李莹（编写任务六、十五）、汪振凤（编写任务七、十四）任副主编，郭旭（编写任务十三）、黄凤阁（编写任务八）、李莲花（编写任务九）、刘家伟（编写任务十）、黄湘镇（编写任务十一）、李洪元（编写任务十二）参加编写，王建东、姜海丹担任主审。在编写过程中参考了大量国内外相关著作和文献资料，在此一并向有关作者表示真诚的感谢。

由于编者水平有限，书中难免有错漏之处，敬请读者批评指正。

编　者

2024年3月

# 目　录

## 项目一　汽车销售前

## 项目二　汽车销售流程

## 项目三 汽车金融知识及应用

# 项目一

# 汽车销售前

## 学习任务

本项目主要帮助学生认识汽车销售，项目内容分为四个任务。

任务一　市场营销认知

任务二　汽车市场销售环境分析

任务三　汽车购买行为分析

任务四　汽车销售职业认知

通过四个任务的学习，学生能理解市场营销的含义，了解当前的汽车市场销售现状与未来销售的发展趋势，能分析汽车消费者购买行为受哪些因素的影响，能说出汽车销售职业的工作内容及岗位要求。

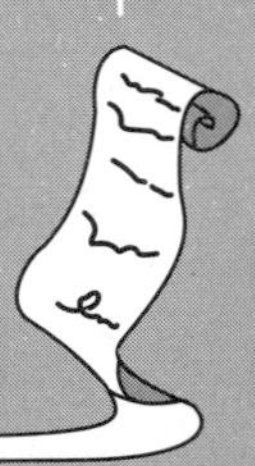

# 任务一 市场营销认知

## 任务引导

现代社会，汽车已成为人们最主要的交通工具之一，它对人类的生活、经济、文化、体育、军事乃至政治等领域产生了深远的影响。

你知道什么是市场营销吗？它和汽车销售有什么关系？

## 任务目标

☞ **知识目标**

（1）理解市场营销的定义、市场营销观念经历的几个发展阶段。

（2）能描述目前一些新兴的营销理念。

（3）能描述市场营销的要素。

☞ **能力目标**

（1）能找到一些新兴的汽车营销理念，并辨别出每种营销理念的关注点。

（2）能分析市场营销要素对汽车销售的影响。

（3）严格执行7S（包括整理、整顿、清扫、清洁、素养、安全、节约）现场管理。

☞ **素质目标**

（1）具有利用多种信息化平台进行自主学习的能力。

（2）鼓励学生积极参与汽车服务行业的学习活动，培养学生良好的学习兴趣并激发学生的求知欲。

（3）树立职业意识，严格遵循7S现场管理。

## 任务资讯

### 1. 市场营销

#### 1.1 市场营销的定义

美国经济学教授菲利浦·科特勒认为，市场营销最主要的不是推销，推销只是市场营销的一个职能（并且常常不是最重要的）。因为准确地识别出消费者的需要，发展适销对路的产品，做好定价、分销和实施有效的促销活动，产品就会很容易销售出去。

美国市场营销协会1985年对市场营销的定义是：市场营销是对思想、产品和服务进

行的构思设计、定价、促销和分销的规划与实施过程，从而产生能满足个人和组织目标的交换。所以，市场营销是一种从市场需要出发的管理过程，它的核心思想是交换，是一种买卖双方互利的交换，即卖方按买方的需要提供产品或劳务，使买方得到消费满足；而买方则付出相应的报酬，使卖方亦得到回报和实现企业目标，双方各得其所。

1.2 市场营销观念的演变

（1）生产观念。

生产观念是一种最古老的经营思想，20 世纪 20 年代在西方发达国家的企业中占支配地位。当时由于生产效率还很低下，产品供不应求，基本上是卖方市场。例如，当时轿车产量很少，价格昂贵。企业不关心市场需求问题，而将营销管理的重点放在抓生产和抓货源上，争取多获利润，即以生产观念为导向。

（2）产品观念。

当产品供不应求的现象得到缓解，生产观念已经表现落后，产品观念应运而生。生产观念注重以量取胜，产品观念注重以质取胜。产品观念的基本理念是：企业经营的中心工作是抓产品质量，只要产品质量过硬，经久耐用，就会顾客盈门，企业就会立于不败之地。这种观念同样不能脱离具体条件。如果产品确实有市场，但因质量太差而影响销路，企业坚持这种观念就会大有作为；如果其他因素不能满足顾客需要，即使质量再好，产品也不会畅销。

（3）推销观念。

推销观念产生于 20 世纪 30 年代初。西方主要工业国家经济持续发展，使大批产品供过于求，销售困难，卖方竞争加剧，生产企业面临的问题不是如何扩大生产规模和提高生产率，而是生产销路的问题。因而推销技术受到企业的重视，并逐步形成一种推销经营哲学。推销观念的基本理念是：企业经营中的工作不再是生产问题，而是销售问题。抓销售就必须大力施展推销和促销技巧，激发顾客的购买兴趣，强化购买欲望，努力扩大销售。促销的基本手段是广告和人员推销。

（4）市场营销观念。

市场营销观念或市场主导观念，是一种全新的经营哲学，它是一种以顾客的需要为导向的营销观念。它将企业的生产经营活动看作努力理解和不断满足顾客需要的过程，而不仅仅是生产或销售产品的过程；是“发现需要并设法满足之”，而不是“将产品制造出来并设法推销之”的过程；是“制造适销对路的产品”，而不是“推销已经制造出来的产品”的过程。因此，“顾客至上”“顾客是上帝”“顾客永远正确”等口号成为企业的座右铭。

（5）社会营销观念。

从 20 世纪 70 年代开始，人们对市场营销观念的疑问逐渐增多，公众的批评主要是：尽管一个企业最大利益的获取是建立在极大地满足顾客需求的基础上，但是该企业很可能在满足顾客需求和追求自己最大利益的同时损害他人及社会的利益。例如，各大汽车公司生产大量不同类型的汽车，极大地满足了人们出行、竞赛等方面的需求，也为公司带来了巨额利润，但是同时也造成交通堵塞、生态环境恶化、能源短缺等严重的负面影响，威胁着社会公众的利益和消费者的长远利益，也威胁着经济的可持续发展。这表明，现代市场营销活动有很多副作用，需要对市场营销观念进行修正，从而产生了人类观念、理性消费观念、生态消费观念等，其共同点就是注重社会公众利益，故统称为社会营销观念。

社会营销观念以顾客需求和社会利益为重点，采取整体营销活动，在满足顾客需求和欲望的同时，考虑到消费者自身和社会公众的长远利益，达到谋求企业利润的目的。因此，社会营销观念的实质是：在市场营销观念的基础上，综合考虑顾客、企业、社会三者利益的统一，达到最佳营销。

以上五种观念的形成和发展，都是与社会经济发展水平、市场供求和竞争等情况相适应的，是在商品经济不断发展和市场营销实践经验不断积累的基础上逐步发展、完善起来的。企业应依照经济发展的具体情况适当应用。

1.3 新兴的营销理念

随着人类社会进入新世纪和新经济时代，世界经济正以势不可挡的趋势朝着全球市场经济一体化、企业生存数字化、商业竞争国际化、竞争对手扩大化等方向发展。国际互联网、知识经济、高新技术特征明显，企业的经营进一步打破了地域阻隔的限制，如何在全球贸易体系中占有一席之地，如何赢得更大的市场份额和更广阔的市场前景，如何开发客户资源和保持相对稳定的客户队伍，已成为影响企业生存和发展的关键问题。在这样的背景下，新型营销理念层出不穷。总的来看，这些理念是对现代营销观念及其指导下的营销方法的继承和发展，中心仍然是围绕顾客满意并注重营销道德。

（1）整合营销。

整合营销是一种更注重营销要素整体作用的观念。它要求各种营销因素方向一致，形成合力，共同为企业的营销目标服务。整合营销除了整体性特征外，还具有动态性特征和顾客关怀特征。企业把与顾客之间的沟通放在特别重要的地位，并形成以顾客为中心的新的营销理念。

（2）关系营销。

关系营销指企业在主要合作伙伴间（如供应商、客户、经销商和员工等）构筑、发展和维护长期的有成本效益的交换，从而谋求共同发展。关系营销以协同和沟通为基础，是一种双向的信息沟通过程，是以双赢互利为出发点的。它更为注意维系现有顾客，认为丧失现有顾客无异于失去市场、失去利润的来源。

（3）绿色营销。

绿色营销是指企业在营销活动中体现的社会价值观、伦理道德观充分考虑社会效益，既自觉维护自然生态平衡，又自觉抵制各种有害营销。

（4）网络营销与电子商务。

网络营销是企业营销实践与现代信息通信技术、计算机网络技术结合的产物，是企业以电子信息技术为基础、以互联网为媒介进行的各种营销活动的总称。这些营销活动包括

网络调研、网络广告、电子商场、网络新产品开发、网上定价、网络促销、网络分销、网络服务等，形成“互联网+”的营销形式。

电子商务是利用微电脑技术和网络技术进行的商务活动。它只是网络营销的部分业务。

无论网络营销还是电子商务，都需要物流配送的支撑，才能最终完成有形商品的实物交割。

当然，随着市场的变化和发展，各种新的营销理念会涌现，我们不能绝对地说哪一种好，而应根据企业自身情况和所处市场环境选择最适合的营销理念，有时也许是多种营销理念的综合应用。

## 2. 营销要素

### 2.1 营销要素的含义

营销要素是企业为了满足顾客需求，促进商品交易而运用的市场营销手段。营销要素多种多样，且在促进交易和满足顾客需求中发挥着不同的作用。为了便于分析和运用营销要素，美国市场营销学家杰罗姆·麦卡锡教授将各种营销要素归纳为四大类：即产品（Product）、价格（Price）、分销（Place）、促销（Promotion）。这几个词的英文字头都是P，故简称为4P理论。

市场营销学主要以4P理论为核心，许多基本原理和内容都是围绕这四个营销要素展开的。本书将在以后章节中分别详细叙述。由于企业能围绕这四个营销要素自主确定营销手段，故其又被称为可控制因素。

### 2.2 4P营销要素

产品、价格、分销、促销四个营销要素是对各种营销手段的高度归纳，每个要素还包含有若干特定的子因素（或称变量），从而在4P组合下，又形成每个P的次组合。

（1）产品。

产品是指生产商在调查和处理顾客的需求和欲望的基础上设计出的满足其需求的商品。产品包括产品的外观、式样、规格、体积、花色、品牌、包装、商标、服务、质量等子因素，它们构成了产品组合要素（Product Mix）。

（2）价格。

价格是指生产商对产品定价的过程，即通过调查和处理顾客的购买能力和购买习惯，设计出让顾客接受的价格和方式。价格包括基本价格、折扣、津贴、付款时间、信贷条件等，它们构成了价格组合要素（Price Mix）。

（3）渠道。

渠道是指生产商通过怎样的渠道和过程将产品送到顾客手中。渠道包括销售渠道、储存设施、运输、存货控制等，它们构成了渠道组合要素（Place Mix）。

（4）促销。

促销是指生产商采取什么样的方式让顾客知晓并了解其销售的产品，激发顾客的购买欲望，促进交易达成。促销包括人员推销、广告、公共关系、营业推广、售后服务等，它们构成了促销组合要素（Proniotion Mix）。

以上这些子因素中，某些子因素尚可进一步细分。例如，质量可分为优、良、一般三个档次；价格也可分为高、中、低三种价格；广告按其所用媒体不同，可分为网络、报刊、电视、广播、橱窗广告等多种。市场营销组合有许多种组合形式，其组合数目相当可观，因此在选择市场营销因素组合时，营销因素不能选择太多，否则，随着市场营销因素的增多，经过排列组合，市场营销组合的数量会大大增加，不仅浪费时间、精力和金钱，也使企业无所适从。

2.3 4P 营销要素组合

在市场营销实践中，企业为了满足顾客需求，促成产品交易，在市场上获得成功，达到预期的经营目标，仅仅运用一种营销手段而无其他营销手段相配合，是难以获得成功的。必须综合利用产品、价格、渠道、促销等可控制因素，将这些因素进行整体组合，使其互相配合，共同发挥作用，企业才可能获得成功。市场营销组合（Marketing Mix）也就是这四个 P 的适当组合与搭配，是企业为了占有目标市场、满足顾客需求，对可控制因素加以整合、协调使用，表明市场营销观念指导下的整体营销思想。

产品、价格、渠道和促销是市场营销过程中可以控制的因素，也是企业进行市场营销活动的主要手段。4P 中，每个市场营销要素又是由不同形式的子因素组成，如图 1-1 所示。

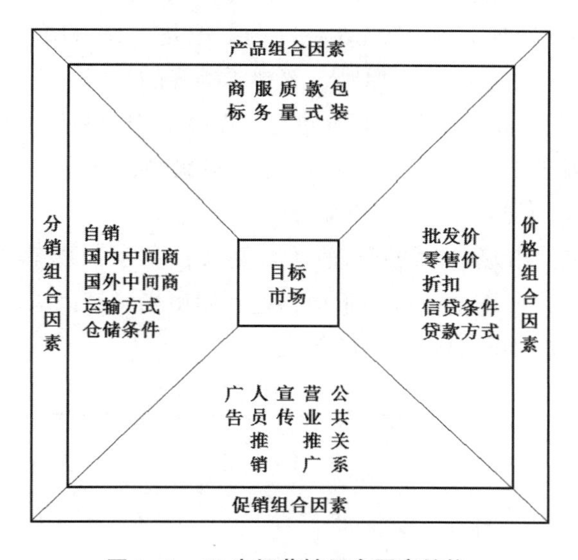


**图 1-1　4P 市场营销组合因素结构**

某些子因素又可以细分。如质量可以高、中、低三个档次，价格也可以分为高、中、低三个档次，将这质量和价格子因素进行组合就可以形成九种组合。因此，在营销过程中，企业必须从目标市场需求和市场营销环境的特点出发，根据企业的资源条件和优势，综合运用产品、价格、渠道和促销等可控因素，将这些因素进行整体组合，使其

相互配合，形成统一的、配套的市场营销战略，发挥整体效益，争取最佳的效果和作用。

2. 4 4C 营销组合

4P 营销组合是站在销售商的角度进行研究而提出的，其目的是使销售商在其营销观念的指导下进行成功的市场营销活动。但应当注意，一切营销活动都是围绕顾客展开的，顾客是起到支配作用的一方。只有分析研究清楚顾客购买行为的决定因素，供应商的营销组合才会有效。为此，美国营销学家罗伯特·劳特朋强调，运用每一个营销工具都应从顾客出发，为顾客提供利益。因此，他提出了与 4P 相对应的顾客 4C 营销组合，即顾客需求与欲望（Customers and wishes）、费用（Cost）、便利（Convenience）、交流（Communication），4C 的具体含义如下。

（1）顾客的需求与欲望：顾客需要什么样的产品。

（2）费用：顾客为获取这一产品，能承受多少费用。

（3）便利：这种产品是否容易买到，有多少销售网点，能提供什么服务。就顾客而言，便利性属于服务范畴。

（4）交流：顾客可接受什么样的信息交流方式。

4P 营销组合比较直观，可操作性和可控性较强，4P 包含企业营销所运用的每个方面，它紧密联系产品，从产品的生产加工到交换消费，能完整地体现商品交易的整个环节，对企业而言，容易掌控哪个环节出现了问题。但是，4P 的缺点也比较明显，它以企业为中心，以追求企业利益最大化为原则，忽视了顾客的利益，企业与顾客之间势必会产生矛盾。4C 营销组合则注重以顾客需求为导向，克服了 4P 只从企业考虑的局限，但从企业的营销实践和市场发展的趋势来看，4C 也有一些缺陷，它立足于顾客导向，不是竞争导向，所以还需要企业加强对竞争对手的分析。

进入 21 世纪以来，市场营销的环境更加复杂，商家与顾客的分歧可能会更加复杂，市场竞争更加激烈，所以企业应善于动态地利用市场营销因素，制定市场营销组合策略，以创新为导向，迎接不断出现的市场新挑战。

## 任务实施

☞ **任务准备**

（1）防护装备：服装、抹布、灭火器。

（2）工具设备：整车、计算机或网络终端。

（3）辅助资料：卡片、记号笔、翻纸板、参考书。

☞ **实施步骤**

（1）结合互联网+的网络营销理念案例，分析当前阶段汽车网络营销的优势与不足。

（2）上网查询具有新兴营销理念的汽车企业成功的营销案例，记录并分析。

利用搜索工具搜索“汽车关系营销案例”“汽车绿色营销案例”等关键词，查询并记录和分析的信息包括：

- 具体的成功案例有哪些？
- 从成功案例中能得到什么启发？

（3）根据查询到的信息，完成任务报告。

任务报告

<table>
<tr><td colspan="4">任务一　市场营销认知</td></tr>
<tr><td>班级</td><td></td><td>姓名</td><td></td></tr>
<tr><td>组别</td><td></td><td>组长</td><td></td></tr>
<tr><td colspan="2">1. 接受任务（5 分）</td><td colspan="2">得分：</td></tr>
<tr><td colspan="4">你是一名汽车服务与营销专业的二年级学生，现在开始学习汽车销售实务这门专业课程，需要去了解互联网+的营销理念以及一些具有新兴营销理念的汽车企业的成功营销案例，请利用教材、参考书及网络资源进行检索并记录总结到报告中。</td></tr>
<tr><td colspan="2">2. 信息收集（20 分）</td><td colspan="2">得分：</td></tr>
<tr><td colspan="4">（1）结合互联网+的网络营销理念案例，分析当前阶段汽车网络营销的优势与不足。<br>（2）上网查询具有新兴营销理念的汽车企业成功的营销案例，记录并分析。</td></tr>
<tr><td colspan="2">3. 制订计划（15 分）</td><td colspan="2">得分：</td></tr>
<tr><td colspan="4">请根据工作任务制订工作计划及任务分工。</td></tr>
</table>

| 序号 | 工作内容 | 工作要点 | 负责人 |
|---|---|---|---|
| | | | |
| | | | |
| | | | |

<table>
<tr><td>4. 计划实施（50 分）</td><td>得分：</td></tr>
<tr><td colspan="2">（1）结合“互联网+”的网络营销理念案例进行问题分析。（20 分）</td></tr>
<tr><td>优势</td><td></td></tr>
<tr><td>不足</td><td></td></tr>
<tr><td colspan="2">（2）查询并记录汽车关系营销案例。（15 分）</td></tr>
<tr><td>具体的成功案例是什么？</td><td></td></tr>
<tr><td>从成功案例中能得到什么启发？</td><td></td></tr>
<tr><td colspan="2">（3）查询并记录汽车绿色营销案例。（15 分）</td></tr>
<tr><td>具体的成功案例是什么？</td><td></td></tr>
<tr><td>从成功案例中能得到什么启发？</td><td></td></tr>
</table>

（续表）

<table>
<tr><td>5. 检查评价(10 分)</td><td>得分：</td></tr>
<tr><td colspan="2">请根据个人及小组成员在完成任务过程中的表现及工作结果进行评价。<br>自我评价：________________________________。<br>小组评价：________________________________。</td></tr>
<tr><td colspan="2">任务总成绩：</td></tr>
</table>

## 实操训练①

<table>
<tr><td colspan="2">模块：汽车营销评估与金融保险服务技术（初级）</td><td colspan="2">考核时间：50 分钟</td></tr>
<tr><td>姓名：</td><td>班级：</td><td>学号：</td><td rowspan="3">考评员签字：</td></tr>
<tr><td>初评：□合格<br>□不合格</td><td>复评：□合格<br>□不合格</td><td>师评：□合格<br>□不合格</td></tr>
<tr><td>日期：</td><td>日期：</td><td>日期：</td></tr>
<tr><td colspan="4">考核项目四：客户关系管理与网络营销［实操考核报告］</td></tr>
</table>

一、学员选定某一品牌某一具体车型，进行车辆信息记录

| 品牌 | | 整车型号 | | 上市日期 | |
|---|---|---|---|---|---|
| 长/宽/高 | | 轴距 | | 马力 | |
| 发动机排量 | | 市场定位 | | 厂家指导价 | |

二、根据所选择的车辆销售信息，制作个人朋友圈发布稿

| |
|---|
| |

三、评分细则（1+X 活页第 38 页）

① 本书实操训练部分参照中车行《汽车运用与维修（含智能新能源汽车）1+X 证书制度职业技能等级标准》——编者注。

# 任务二　汽车市场销售环境分析

## 任务引导

近年来，虽然受到经济环境和市场竞争的影响，但汽车4S店行业的市场规模整体上仍呈现出增长态势。例如，根据数据显示，2023年中国汽车4S店行业市场规模同比增长了2.1%。随着环保意识的提升和政府对新能源汽车的扶持政策，新能源汽车市场将持续快速增长。这将为汽车4S店带来新的增长点，尤其是那些能够支持新能源汽车业务的门店。

那么，汽车产销量除了受宏观经济、居民收入的影响外，还和哪些因素有关系呢？

## 任务目标

☞ **知识目标**

（1）理解宏观环境和微观环境的具体表现。

（2）能描述目前我国的汽车市场销售宏观环境。

（3）掌握汽车销售环境分析方法。

☞ **能力目标**

（1）能为企业分析汽车市场销售环境，并根据企业现状进行营销策略调整。

（2）学会分析汽车销售环境给企业销售带来的影响。

☞ **素质目标**

（1）树立深厚的家国情怀、国家认同感、民族自豪感和社会责任感。

（2）具有国家“十四五”规划的新服务型人才情怀。

## 任务资讯

### 1. 汽车销售宏观环境

宏观环境是指能够影响整个微观环境和企业营销活动的广泛性因素，包括人口环境、自然环境与汽车使用环境、科技环境、经济环境、政策与法律环境、社会文化环境。一般来说，企业对宏观环境只能适应，不能改变。宏观环境因素对企业营销活动来说具有强制性、不确定性和不可控制性等特点。

1.1 人口环境

人口环境是指一个国家或地区的人口数量、人口质量、人口年龄结构、收入状况及职

业特点等因素的现状及其变化趋势。这些因素对汽车产品的市场规模、产品结构、消费层次、购买行为等具有决定性的作用。

(1) 人口数量。

一个国家或地区的人口总量会在很大程度上影响汽车消费市场的总容量。人口数量越大，这个汽车消费市场的容量就可能越大。中国是一个人口数量庞大的国家，汽车消费市场的潜力巨大。

(2) 人口质量。

人口质量主要是指人口受教育的程度。受教育程度不同的消费者在汽车消费过程中表现出明显的差异性。总的来说，受教育程度高的国家或地区，汽车消费市场比较活跃。

(3) 人口年龄结构。

人口年龄结构特点直接影响着汽车消费市场的消费特性。不同年龄的消费者，对汽车的喜好和选择表现出相当大的差异性。例如，年轻人对具有时尚的外观和卓越的驾驶性能的汽车更感兴趣，老年人则更看重汽车的安全性和稳重的外观。

(4) 收入状况及职业特点。

人口的收入状况将直接决定消费者是否具备汽车消费能力以及汽车消费的层次。人口的职业特点将影响消费者对汽车车型的选择，不同职业的消费者在选择汽车时带有明显的职业性倾向。

汽车市场营销人员在分析研究人口环境时，应当注重区别人口环境对国际、国内两个汽车市场的不同影响。在西方发达国家，汽车尤其轿车作为耐用消费品已经广泛地进入家庭，对于这样的汽车市场，营销人员就应更加重视研究目标市场的人口环境特点，以便展开正确的营销活动。在国内汽车市场，由于汽车尚未如西方发达国家那般广泛进入家庭，营销人员在进行家用轿车市场的人口环境分析时，应着重分析中高收入阶层的人口数量、职业特点等因素的现状及其发展变化。无论如何，汽车企业都应加强对我国人口环境因素具体特点的研究，充分做好各项营销准备，以抓住不断增加的营销机会。

1.2 自然环境与汽车使用环境

(1) 自然环境。

自然环境是指影响社会生产的自然因素，主要包括自然资源和生态环境。自然环境对汽车企业市场营销的影响主要有以下两个方面。

①自然资源的减少将对汽车企业的市场营销活动构成一个长期的约束条件。由于汽车生产和使用需要消耗大量的自然资源，汽车工业越发达，汽车普及程度越高，汽车生产消耗的自然资源也就越多，而自然资源总的变化趋势是日益短缺。

②生态环境的恶化对汽车的性能提出了更高的要求。生态与人类生存环境总的变化趋势也是日趋恶化，环境保护将日趋严格，而汽车的大量使用又会产生环境污染，因而环境保护对汽车性能的要求将日趋严格，这对汽车企业的产品开发等市场营销活动将产生重要影响。

汽车企业为了适应自然环境的变化，应采取的对策包括：

①发展新型材料，提高原材料的综合利用。例如，第二次世界大战以后，由于轻质材料和新型材料的大量采用，每辆汽车消耗的钢材平均下降10%以上，自重减轻达40%。

②开发汽车新产品，加强对汽车节能、改进排放新技术的研究。例如，汽车燃油电子喷射技术、主动和被动排气净化技术等都是汽车工业适应环境保护的产物。

③积极开发新型动力和新能源汽车。例如，国内外目前正在广泛研究电动汽车、燃料电池汽车、混合动力汽车以及其他能源汽车等。

（2）汽车使用环境。

汽车使用环境是指影响汽车使用的各种客观因素，一般包括自然气候、地理因素、车用燃油、公路交通、城市道路交通等因素。

①自然气候。

自然气候包括大气的温度、湿度、降雨、降雪、降雾、风沙等情况以及它们的季节性变化。自然气候对汽车使用时的冷却、润滑、启动、充气效率、制动等性能，以及对汽车机件的正常工作和使用寿命产生直接影响。因而汽车企业应通过市场营销活动，向目标市场推出适合当地气候特点的汽车，并做好相应的技术服务，以使用户科学地使用本企业的产品和及时解决用户的使用困难。

②地理因素。

这里所指的地理因素主要包括一个地区的地形地貌、山川河流等自然地理因素和交通运输结构等经济地理因素。地理因素对汽车企业市场营销的影响有：经济地理因素的现状及其变化，决定了一个地区公路运输的现状及其变化，它对企业的目标市场及其规模和需求产生影响；自然地理因素对经济地理因素尤其对公路质量（如道路宽度、坡度长度、平坦度、表面质量、坚固度、隧涵及道路桥梁等）具有决定性影响，从而对汽车产品的具体性能有着不同的要求。因此，汽车企业应向不同地区推出性能不同的汽车产品。例如，汽车运输是西藏自治区交通运输的最主要的一种方式，针对西藏的高原、多山、寒冷等地理气候特点，有些汽车公司推出了适合当地使用条件的汽车，而其他公司的汽车产品却因不能适应当地使用条件，难以经受使用考验。

③车用燃油。

车用燃油包括汽油和柴油两种成品油。它对汽车企业营销活动的影响有：

世界石油资源的不断减少，将对传统燃油汽车的发展产生制约作用。例如，20世纪在两次石油危机期间，全球汽车产销量大幅度下降；车用燃油中汽油和柴油的供给比例影响汽车工业的产品结构，进而影响具体汽车企业的产品结构。例如，柴油短缺对发展柴油汽车就具有明显的制约作用。燃油品质的高低对汽车企业的产品决策具有重要影响。例如，随着燃油品质的不断提高，汽车产品的燃烧性能也应不断提高。

车用燃油是汽车使用环境的重要因素，汽车企业应善于洞察这一因素的变化，并及时采取相应的营销策略。例如，日本各汽车企业在20世纪70年代就成功地把握住了世界石

油供给的变化趋势，大力开发小型、轻型、经济型汽车，在两次石油危机中赢得了营销主动，为日本一跃成为世界汽车工业强国奠定了基础。而欧美等国的汽车企业因没有把握好这一因素的变化，以至于形成日后被动竞争的局面。

④公路交通。

公路交通是指一个国家或地区公路运输的作用、各等级公路的里程及比例、公路质量、公路交通量及紧张程度、公路网布局、主要附属设施（如停车场、维修网、加油站及公路沿线附属设施）等因素的现状及其变化。公路交通对汽车营销的影响有：良好的公路交通条件有利于提高汽车运输在交通运输体系中的地位。公路交通条件好，有利于提高汽车运输的工作效率，提高汽车使用的经济性等，从而有利于汽车的普及；公路交通条件差，汽车的使用则会减少。汽车的普及程度的扩大也有利于促进公路交通条件的改善，从而为汽车企业的市场营销创造更多的机会。

⑤城市道路交通

城市道路交通是汽车尤其轿车使用环境的又一重要因素，它包括城市的道路面积占城市面积的比例、城市交通体系及结构、道路质量、道路交通流量、立体交通、车辆使用附属设施等因素的现状及其变化。

城市道路交通对汽车市场营销的影响，与前述公路交通基本一致。但由于我国城市的布局刚性较大，城市布局形态一经形成，改造和调整的难度很大，加之人们对交通工具选择的变化，对汽车的需求增加，城市道路交通的发展面临巨大的压力，因而该使用环境对汽车市场营销的约束作用就更为明显一些。有关方面正着手考虑通过建立现代化的城市交通管理系统、增加快速反应能力和强化全民交通意识等手段，提高城市交通管理水平。同时，国家和各城市也将更加重视对城市交通基础设施的建设，改善城市道路交通的硬件条件。

1.3 科技环境

科技环境是指一个国家和地区整体科技水平的现状及其变化。科学与技术的发展对一个国家的经济发展具有非常重要的作用。一般来说，科技环境对汽车市场营销的影响表现在以下几个方面。

（1）对汽车性能的影响。

科学技术的发展对汽车性能的改进起到了巨大的推动作用，大大提高了汽车的安全性、舒适性和操控性等，最大限度地满足了消费者的需求，推动了汽车的消费。进入21世纪后，汽车电子控制系统的应用更加普及，如导航系统、无级变速系统、雷达测距系统、车身稳定控制系统及智能安全气囊系统等，使汽车的发展进入新的发展阶段。

（2）对汽车材料的影响。

传统的汽车材料多采用钢材，而现在和未来的汽车将更多采用塑料、橡胶、陶瓷或者铝镁合金、铝碳合金、碳素纤维等合成材料，以达到重量轻、耐磨损、抗撞击、寿命长、成本低的特点。

（3）对汽车成本的影响。

科学技术在汽车生产中的应用，不但改善了汽车产品的性能，而且能降低汽车产品的成本，使得汽车产品的市场竞争能力提高。例如采用虚拟开发技术，将一代样车在计算机中成型，可以省却许多费时耗工的实体样车制造和试验过程，及早发现并解决样车性能和生产工艺相关的问题。虚拟开发技术是对传统开发技术的重大革命，它在降低开发成本、缩短开发周期、提高开发质量方面具有极大的优势和潜力，是汽车工业竞争取胜的关键技术。

（4）对汽车销售的影响。

科技进步促进了汽车企业市场营销手段的现代化，推动了市场营销手段和营销方式的变革，极大地提高了汽车企业的市场营销能力。企业市场营销信息系统、营销环境监测系统以及预警系统等手段的应用，提高了汽车企业把握市场变化的能力。现代通信技术、办公自动化技术提高了企业市场营销工作的效率和效果。随着互联网的普及与发展，网络汽车营销也将成为汽车营销的一个新途径。

1.4 经济环境

经济环境是指那些能够影响消费者购买力和消费方式的经济因素，包括消费者实际收入状况、消费者储蓄与信贷支出模式的变化等。

（1）消费者实际收入状况。

消费者收入包括工资、奖金、退休金、红利、租金、赠给性收入等，但由于受通货膨胀、风险储备、个人税赋因素的影响，实际收入经常低于货币收入。实际收入只是货币收入扣除通货膨胀、风险储备、税收因素影响后的收入。

可能成为市场购买力的消费者收入还有“可支配的个人收入”与“可随意支配的个人收入”之分。前者是指货币收入扣除消费者个人各项税款（所得税、遗产税）以及交给政府的非商业性开支（学费、罚款等）后可用于个人消费、储蓄的那部分个人收入，这是影响消费者购买力和消费者支出的决定性因素；后者则是指在扣除消费者个人基本生活用品支出（食物、衣服等）和固定支出（房租、保险费、分期付款、抵押借款等）后的那部分个人收入。消费者可随意支配收入成为消费者购买汽车的决定性因素，需要汽车企业市场营销人员格外关注。

（2）消费者储蓄与信贷状况。

在消费者实际收入既定的前提下，其购买力的大小还受储蓄与信贷的直接影响。从动态的观点来看，消费者储蓄是一种潜在的未来的购买力。在现代市场经济中，消费者的储蓄形式有银行存款、债券、股票、不动产等，它往往被视为现代家庭的“流动资产”，因为它们大都可以随时转化为现实的购买力。在正常状况下，居民储蓄同国民收入成正比变化，但在超过一定限度的通货膨胀的情况下，消费者储蓄向实际购买力的转变就极易成为现实。

消费者信贷是指消费者以个人信用为保证先取得商品的使用权，然后分期归还贷款的

商品购买行为。它广泛存在于西方发达国家，是影响消费者购买力和消费支出的另一个重要因素。在西方国家，消费者信贷主要有四种形式：日常用品的短期赊销、购买住宅时的分期付款、购买耐用消费品时的分期计息贷款以及日益普及的信用卡信贷。因此，研究消费者信贷状况与了解消费者储蓄状况一样，都是现代企业市场营销的重要环节。

（3）消费者支出模式的变化。

消费者支出模式是指消费者收入变动与需求结构变动之间的关系。19 世纪德国统计学家恩格尔根据统计资料，对消费结构的变化得出一个规律，即恩格尔定律：随着家庭收入的增加，用于购买食物的支出比例将会下降，用于住宅、家务的支出比例则大体不变，而用于服装、交通、娱乐、保健、教育以及储蓄等方面的支出比例会大大上升。除此以外，消费者支出模式的变化还受两个因素的影响：一个是家庭生命周期，另一个则是消费者家庭所处的阶段。显然，同样的年轻人，没有孩子的丁克家庭与普通家庭的消费方式差异较大。家庭居住位置也会造成家庭支出结构的差异，居住在农村与居住在城市的家庭，其各自用于住宅、交通以及食品等方面的支出情况也必然不同。因此，注意研究消费者支出模式及其变化趋势，对于企业市场营销来说具有重大意义，不仅有助于企业避免未来经营上的被动，而且还便于企业制定适当的发展战略。

当一个国家人均 GDP 由 800 美元向 3000 美元过渡时，这个国家的经济发展将步入一个高速增长阶段，外在表现为汽车、房地产及服务业等行业的快速持续增长，我国一些城市早已突破这个指标。

### 1.5 政策与法律环境

营销学中的政治与法律环境，又称为政治环境，是指能够影响企业市场营销的相关政策、法律以及制定它们的权力组织。市场经济并不是完全自由竞争的市场，从一定意义上说，市场经济本质上属于法律经济。因而在企业的宏观管理上主要靠经济手段和法律手段来调控，政治与法律环境正在越来越多地影响着企业的市场营销。政治与法律环境对市场营销的影响表现在以下几个方面：

（1）国家政策和法律对工商业的保护。

法律和政策随经济形势的变化而不断变化，企业管理人员在制订产品及营销计划的时候，必须注意这些变化。例如，中国在加入 WTO 以后，国家对产业政策、税收政策以及国家的进出口管理政策进行了重大调整。又如，2024 年 3 月，李强总理在《政府工作报告》中指出，将“积极培育新兴产业和未来产业。实施产业创新工程，完善产业生态，拓展应用场景，促进战略性新兴产业融合集群发展。巩固扩大智能网联新能源汽车等产业领先优势”，“促进消费稳定增长”，“稳定和扩大传统消费，鼓励和推动消费品以旧换新，提振智能网联新能源汽车、电子产品等大宗消费”。

（2）社会规范和商业道德对市场营销的影响。

许多行业和专业贸易协会提出了关于道德规范的建议，许多公司制订了关于复杂的社会责任问题的政策和指导方针。另外，公众利益团体（如消费者协会、动物保护委员会、妇女权益委员会等）迅速崛起，他们会影响舆论导向，给企业的市场营销活动带来极大的影响。如果企业营销人员不重视相关规范、缺乏相应的斡旋技巧，就难免对营销目标的实现造成负面影响。

1.6 社会文化环境

社会文化是指一个国家、地区或民族的传统文化（如风俗习惯、伦理道德观念、价值取向等），它包括核心文化和亚文化。核心文化是人们持久不变的核心信仰和价值观，它具有世代相传并由社会机构（如学校、教会、社团等组织）予以强化和不易改变等特点。亚文化是指按民族、经济、年龄、职业、性别、地理、受教育程度等因素划分的特定群体所具有的文化现象，它根植于核心文化，但比核心文化容易改变。

社会文化环境对汽车营销的影响有：

①它影响着人们的行为（包括购买行为），包括对企业不同的营销活动（如产品设计、造型、颜色、广告、品牌等）的接受程度。例如，某些性能先进、国际流行款式、深受外国人喜爱的“溜背式”轿车，在推向中国市场时却遇到了销售不畅的麻烦，其原因就在于：中国的集团消费者认为它“不大气”，生意人认为其“有头无尾”等。总之，这种车型被认为“不符合国情”，致使汽车企业不得不为改变上述文化观念，花费了大量促销费用。

②亚文化的发展与变化决定了市场营销活动的发展与变化。例如，在20世纪60年代以前，由于受二战和战后物质相对贫乏的影响，人们的心理还非常庄重、严肃，世界汽车也多以深颜色（如黑色）为主。之后，由于世界汽车工业的重心向日本转移（日本人多喜欢白色），而且人们也开始追求自由自在的生活，世界汽车的流行色也变得以轻快、明亮的色泽（如白色、银灰色）为主。另外，营销人员也可以利用亚文化的相对易变性，充分发挥主观能动作用，引导亚文化向有利于本企业市场营销的方向变化。

总之，社会文化环境对企业的营销活动有很大影响，同时，营销活动对社会文化环境也有一定的能动作用。

## 2. 汽车销售微观环境

2.1 汽车企业自身

汽车企业自身是指企业的组织机构、经济实力、经营能力、企业文化等因素。

（1）企业的组织机构。

企业的组织机构，即企业内各职能分配、部门设置及各部门之间的关系，是企业内部环境最重要的因素。汽车企业各部门保持和谐的沟通、高效的职能运行是汽车企业经营成功的基础。

（2）企业的经济实力。

汽车企业的经济实力是企业市场营销成功的物质基础，它往往以汽车企业的规模、生产能力和市场占有率等指标表现出来，为企业的生存和发展提供一定的空间。

另外，大型汽车生产厂家的合资、并购与重组使得汽车企业的经济实力进一步增强，对汽车的生产和消费都产生了巨大影响。

（2）企业的经营能力。

经营能力是支撑企业市场营销成功的精神基础，它往往以企业效益、资本运作和产品销量等指标表现出来，为企业的生存与发展提供一定的空间。

世界各大汽车公司的经营者无一不是资本或资产运作的高手。他们或者通过控股来取得其他汽车企业的所有权，或者通过参股来取得其他汽车公司的经营权。总之都是通过对其可支配资本或资产的经营，来求得经济效益的最大化。

（3）企业文化。

企业文化是企业在长期的生产经营过程中逐步生成和发育起来的以企业哲学、企业精神为指导核心的共同价值准则、行为规范、道德规范、生活信念和企业的风俗、习惯、传统等，以及在此基础上生成、强化起来的经营指导思想、经营意识等。企业文化一般表现为三种形态：以人为载体的精神文化，以企业为载体的制度文化，以企业生产资料、产品、各种硬件设施为载体的物质文化。

企业的经营管理、生存与发展都需要以企业精神为支柱，它使企业的营销管理更加完善。实践表明，谁拥有企业文化优势，谁就可以获取更大的竞争优势、效益优势和发展优势，所以汽车企业应当重视企业文化建设。

2.2 供应商

供应商是向企业及其竞争对手供应各种所需资源的工商企业和个人。供应商供应的原材料价格的高低和交货是否及时、数量是否充足等，都会影响产品的成本、售价、利润和交货期。因此，营销管理人员必须对供应商的情况有比较全面的了解和透彻的分析。一般来说，按企业与供应商的对抗程度分类，可以将供应商分为作为竞争对手的供应商（寄生关系）和作为合作伙伴的供应商（共生关系）。对供应商进行管理的目的就是确定在哪些条件下的哪些原材料供应可以通过自行生产来解决，哪些原材料供应需要通过外购来解决。

（1）作为竞争对手的供应商。

一般来说，对供应商的高效管理意味着实现输入成本的最优化，也就是说，企业要关心原材料的价格和数量，并设法维持一种强有力的与供应商讨价还价的能力。例如，当一个企业对于是自行生产还是在开放的原料市场上购买所需资源做决策时，它实际上关心的是以哪种形式投资更可获利。因此，将供应商作为竞争对手的观念实际上是倡导这样一种原则：尽可能地减弱供应商的讨价还价能力，以获得更大的收益。在这种情况下，下列一些做法可能有利于企业维持与供应商的关系，并能保证原材料的有效供应。

①寻找和开发其他备选的原材料供应来源，以尽量减少对任何一个供应商的过分依赖，降低其原材料成为企业单位产品成本的重要部分的可能性。

②如果企业仅有一两个供应商，则可以通过寻找替代品供应商来削弱供应商与企业讨

价还价的能力（如用塑料容器代替玻璃容器）。

③向供应商表明企业有能力实现后向一体化，也就是说，企业有潜力成为供应商的竞争者而不仅仅是一般的顾客。另外，如果企业有自我生产的经验，就有助于了解供应商的制造过程和原材料成本方面的信息，从而使企业在讨价还价中处于有利地位。

④选择规模相对较小的供应商，使企业的购买量占供应商总产量的较大比重，即可增强供应商对企业的依赖性。

（2）作为合作伙伴的供应商。

企业将供应商作为竞争对手，往往可能引起一些消极的后果，为了获得原材料或者其他物料的稳定供应，维持其质量的一致性，与供应商保持长期稳定的关系，企业最好将供应商作为自己的伙伴，并在此基础上考虑自己的营销活动。这种合作模式首先产生于日本，它的主要特点是：企业在管理供应商过程中更多地采用谈判，而不是讨价还价，力图维持与供应商建立长期和互利的关系。

上述两种模式有助于我们认识不同的供应商。在实践中，可能并没有哪一家供应商的行为完全与其中某一种模式相吻合，但无论对于哪种类型的供应商，企业的营销管理人员都应该培养对供应商进行理智性分析的能力。

2.3 营销中介单位

营销中介单位是协助企业推广、销售和分配产品给最终消费者的企业和个人，它们包括中间商、实体分配公司、营销服务机构和金融机构。

中间商在企业的营销活动中起着十分重要的作用，它帮助企业寻找顾客并直接与顾客进行交易，从而完成产品从生产者到顾客的转移。除非企业建立自己的销售渠道，否则，中间商的销售效率及任何变动对产品从生产领域流向消费领域都会产生巨大的影响。企业应该保持与中间商的良好关系，互相协调。协调的目的是将中间商活动纳入企业整体营销活动体系中，这也是企业营销渠道的主要内容。

实体分配公司主要包括将货物运往下一个目的地前专门储存和保管商品的仓储公司和负责将货物从一地运往另一地的运输公司。在我国，可能更多地采用中间商和实体分配公司相结合的方式，也就是中间商除分配产品外，还同时负责储存和运输。但无论采用哪种方式销售商品，企业都要考虑储存成本、运输费用、安全性和交货期等因素。

市场营销服务机构是指调研公司、营销咨询公司、广告公司以及各种广告媒体，这些机构协助企业选择目标市场，并帮助推销产品。我国专门的市场调研和营销咨询公司数量相对有限，大多数情况下，企业都是自己进行调研或者与大学、管理咨询公司合作开展这方面的工作。

金融机构包括银行、信贷公司、保险公司等。它们负责为企业和顾客之间的交易融通资金，并对企业的营销活动施以显著的影响。

2.4 顾客

顾客是企业产品或服务的购买者。顾客可以是个人、家庭，也可以是组织机构（包括

其他企业和转售商）和政府部门。它们可能与企业在同一个国家，也可能在其他国家和地区。

对于一个企业来说，最令其不安的莫过于顾客采取了企业所不期望的行为，如许多顾客突然开始购买竞争者的产品，要求企业提供更好的服务或更低的价格等。在这种情况下，企业应做出怎样的反应以避免失去顾客的风险呢？答案自然应该是作一个妥善的计划，以赢回失去的顾客和满足他们的要求。

顾客分析的目的在于了解顾客选择企业的产品或服务的原因，是因为价格低、质量高、送货快、服务可靠、广告有趣，还是因为推销人员业务能力强？如果企业无法精确地知道哪些东西吸引顾客以及顾客的选择将来可能如何变化，企业最终将失去市场上的优势地位。有效的顾客分析应包括下列几个步骤：

第一，收集顾客的相关信息并仔细地研究，包括：

①企业的顾客是个人、家庭还是组织？

②顾客购买本企业产品的目的是什么？

③顾客选择本企业产品的原因有哪些？

④产品对顾客的最终适用性（如产品的新技术装备是否满足顾客的使用需求）如何？

⑤顾客的要求特性（服务质量和功能）是什么？

⑥顾客的统计学特点是什么？

⑦顾客的购买方法有哪些？

⑧顾客的地理分布特点是什么？

第二，明确企业需要在哪些方面增进对顾客的了解。一旦初步选定了所要服务的顾客群体，下一步就是仔细地考查企业对顾客的认识上存在哪些空白，这些空白往往是数据收集与分析的焦点。它们包括：

①产品满足了顾客的哪些需求？

②顾客还有哪些需求未得到满足？

③顾客对企业产品和技术的熟悉程度如何？

④谁是购买决定者和参与者？

⑤顾客的购买标准是什么？

⑥顾客群体的范围和增长程度是怎样的？

第三，确定由谁来分析所收集的信息以及如何分析信息。在这一过程中，至关重要的环节是在企业各部门内广泛交流相关信息，同时要求市场、销售和研究开发部门的管理人员明确顾客分析的特殊意义，以及他们各自应采取哪些新的行动。企业高层管理人员应该判断企业的计划是否真正符合顾客的需要。总之，顾客分析的目的在于帮助企业做出实际的决策，而不是将一大堆数据和报告束之高阁。

2.5 竞争者

一般来说，为某一顾客群体服务的企业不止一个，企业的营销系统是在一群竞争对手的包围和制约下从事自己的营销活动。这些竞争对手不仅有来自本国市场的，还有来自其他国家和地区的；竞争不仅仅发生在行业内，行业外的一些企业可能通过生产替代品来参与竞争。因此，对竞争者进行分析是成功地开展营销活动的一个重要方面。

竞争者分析的内容相当广泛，大体包括以下几个方面。对以下几个方面的了解，有助于企业认识竞争者并制订相应的变通战略。

（1）产品研究与开发。

了解竞争者的产品研究和开发策略是否与其产品生命周期阶段相适应，无论从绝对意义上还是相对意义上来说都是十分重要的。

在产品生命周期的早期，产品研究和开发具有较高的投资风险，同时竞争者可能还没有发现顾客需求的特点是什么。因此，这个时期企业应着重分析竞争者实验、制造和正确判断的能力。

随着行业进入成长阶段，产量开始缓慢增加，这时企业应特别注意竞争者研究与开发的规模，并与本企业作对比。显然，对实力不同的企业，同样多的研究和开发费用对企业基础的冲击是大不相同的。

在产品生命周期的后期，产品研究与开发对企业的影响更为复杂。这时，企业应特别注意竞争者是否正在重新设计产品以降低成本，是否正在更新技术并服务于新的市场，是否正在对产品设计采取一定的修补措施以维持其竞争地位。

（2）产品制造过程。

企业可以根据成本、质量、灵活性和可靠性等变量来评价竞争者所设计的制造过程的有效性。一般来说，在产品生命周期的早期，顾客选择产品的主要依据是其质量和灵活性，而在产品成熟期则主要考虑产品的成本和可靠性。

（3）采购。

外购货物在总成本中占很大比例的行业或者当供应商非常强大时，分析竞争者的购买方式是非常重要的。在作这种分析时，确定企业需要了解的关键问题取决于所购买货物的性质。例如，对于原材料，企业需要了解的关键问题是竞争者是否利用长期合同、数量折扣和接近供应商，并因而降低成本；对于劳动力，企业需要了解的关键问题是竞争者如何组织劳动力，是否利用了国际市场上的劳动力，是否为获得有技能的和非技术性的劳动力而采用了不同的策略。除此之外，企业还应了解竞争者在哪里购买了何种产品以及购买条件（合同、价格）是什么。

（4）市场。

企业营销人员应分析和评价竞争者是如何选择目标市场和满足顾客需求的，了解竞争者在目标市场的销售量、产品组合、广告费用和促销项目等，尤其需要明确竞争者市场计划中的要素是什么，以及要素之间是否互相适应；最后还要了解竞争者为了保持竞争优势，为目前和潜在的顾客做了些什么。

（5）销售渠道。

在技术比较稳定和适用性较好的成熟行业，销售渠道往往是企业能否成功地进行营销的关键。在这些行业中，企业必须细心地评价竞争者的销售渠道的成本、规模和质量。在一些特殊行业中，企业不仅要评价竞争者销售渠道对顾客需求的敏感性，而且要评价其销售商和销售人员的专业知识水平。

（6）服务。

企业应该细心地评价竞争者在修理能力、服务、培训、零配件的适用性等方面为顾客提供优质服务的能力和意向，其中包括服务人员的数量和背景、服务项目的数量、服务人员和销售人员之间的关系以及服务在竞争战略中的作用。

（7）财务管理。

对某些竞争者来说，良好的财务系统往往是执行其总体战略的关键。因此，营销人员应该分析竞争者的现有资产、债券、债务和红利的管理方式并与本企业加以比较。

（8）个性和文化。

在竞争分析领域，普遍强调收集和分析竞争者的财务、制造、市场方面的定量数据，尽管这些信息对揭示竞争者的能力是重要的，但它们通常并不能说明竞争者将如何利用这些能力。因此，企业营销人员应该重视对竞争者个性和文化的分析，这不仅有助于了解其思维方式，而且有助于更好地预测其将来的动向和对企业所坚持的不同战略将做出怎样的反应。例如，通过分析竞争者目标，企业可以了解其个性和可能坚持的战略。一个承诺不解雇员工的企业，在需求下降的市场上将难以实现低成本战略；一个追求高增长目标的企业，在价格上很可能比强调利润的企业更富有进攻性。分析竞争者的投资历史，可以帮助企业了解其基本原则和习惯；通过研究竞争者在其他行业的战略，可以预估它在其感兴趣的行业的战略。例如，它是一贯倾向于高价还是低价，它经常以怎样的方式扩张，它在研究和开发上是领先者还是追随者。此外，通过分析竞争者在过去时期的一些实践，也可以在很大程度上揭示其思维方式。例如，它是否很快地丢弃无法获利的业务，或者虽已失败却仍向这种业务投资；它的主要财力资源是用于现有业务，还是致力于新的发展。

对竞争者个性和文化的分析还包括对其组织结构和管理人员的分析，如它的所有权、理事会的组成和主要管理者的个人情况等。一般来说，个人持股的竞争者常有较低的利润目标，这往往使企业难以和它们竞争。理事会的组成有时能够说明其管理方式，例如，以内部理事（在企业中有管理职位）为主的理事会更注重生产，而外部理事则可能更多地强调财务收益。主要管理者个人的经历对竞争者的行为也有重要的影响，他们往往倾向于采用自己在其他企业和业务活动中所采用过的成功的战略和方法。

综上所述，对竞争者的分析包括两个方面：一是竞争者的行为；二是竞争者的个性和文化。有关前者的事实和数据说明竞争者是否能够开展竞争，而后者则说明竞争者喜欢如何竞争，这是企业分析竞争者的最终目标。

## 3. 汽车销售环境分析方法及应对策略

3.1 汽车销售环境分析方法

汽车销售环境分析经常采用SWOT分析法，SWOT分别指Strengths（优势）、Weaknesses（劣势）、Opportunities（机会）、Threats（威胁）。SWOT分析法是指通过对企业外部环境和内部环境进行全面分析，研究外部环境将带来的机会和威胁，并确定企业自身在竞争环境中的优劣势，在此基础上制定较为全面的营销战略。

（1）外部环境分析

市场营销部门要时刻对外部环境进行监测，尤其是可能对其业务造成直接影响的因素。这些因素包括宏观环境因素，如人口结构、经济、技术、政治、法律及社会文化等；还包括微观环境参与者，如企业顾客、竞争者、供应商、中间商及有关公众等。研究外部环境因素就是要分析这些因素的发展趋势与规律，以寻找市场机会，规避市场风险和威胁。

外部环境的变化给具有不同资源和能力的企业带来的机会与威胁一般是不同的。对机会进行分析时，通常根据可能带来营销成功的概率高低和其吸引力的大小来分析；对威胁进行分析时，通常根据威胁的严重性和发生的概率来分析。在分析机会时，往往将其列为企业营销目标的重要选择因素；当面对可能的威胁时，往往需要制订相应的应对计划。

（2）内部环境分析。

分析企业内部环境因素，通常从其营销能力、财务能力、制造能力以及组织能力等几个方面进行优劣势的评估分析。所谓优劣势是相对而言的，必须找到分析对比的对象，对比的对象可以是目标竞争者，也可以是行业平均水平等。

企业在营销活动中不应纠正其所有的劣势，纠正劣势往往要付出极高的代价，使得经营成本大幅提高；同样，也不是对所有优势都必须在每一次战略分析中加以利用。优势和劣势是动态的，在分析企业内部优劣势时，也要考虑一些可变的因素（如图2-1所示）。

| | | |
|---|---|---|
| 外部环境分析 | 潜在的外部威胁因素：<br>市场增长缓慢，竞争者压力增大，政策不利，竞争者增加，用户偏好改变，通货膨胀递增 | 潜在的外部机会因素：<br>纵向一体化，市场增长迅速，可以增加互补产品，能争取到新的客户群，扩展产品线以满足用户需求，在同行业中竞争业绩优良 |
| 内部环境分析 | 潜在的内部劣势因素：<br>技术开发落后，相对于竞争对手的高成本，竞争处于劣势，产品线范围变窄，没有形成规模经济，管理不善，销量和利润落后于竞争对手，战略实施的历史纪录不佳 | 潜在的内部优势因素：：<br>产权技术，成本优势，竞争优势，产品创新，具有规模经济，高素质的管理人员，公认的行业领先者，品牌的良好形象 |

**图2-1　企业内外部环境分析的要素**

3.2 汽车销售环境分析应对策略

在对企业内外部环境因素全面分析的基础上，总结企业面对外部环境的机会与威胁、企业自身的优势与劣势，可以采用 SWOT 分析法，画出反映企业的优势与劣势、机会与威胁的矩阵图，为企业选择营销战略提供依据（如图 2-2 所示）。

①SO 战略。

SO 战略，即依靠内部优势，利用外部机会。企业拥有强大的内部优势和众多的外部机会时，应增加投资、扩大生产、提高市场占有率，即采取增长型战略。

②ST 战略。

ST 战略，即利用内部优势，规避外部威胁。企业具有较大的内部优势，但面临严峻的外部挑战时，应充分利用自身优势，开展多元经营，避免或降低外部威胁的打击，分散风险，寻找新的发展机会，即采取多元化战略。

③WO 战略。

WO 战略，即弥补内部劣势，利用外部机会。企业面对外部机会，但缺乏相应的内部条件时，应改善企业内部的不利条件，即采取扭转型战略。譬如说，在节能减排的呼声中，新能源汽车、互联驾驶等是未来的发展趋势，而不符合未来发展方向的汽车企业可能就成为困难企业。

④WT 战略。

WT 战略，即减少内部劣势，规避外部威胁。企业面临外部威胁，内部又存在问题时，应在想办法克服自身劣势的同时，采用规避外部风险以及威胁的各种措施，即采取防御型战略。

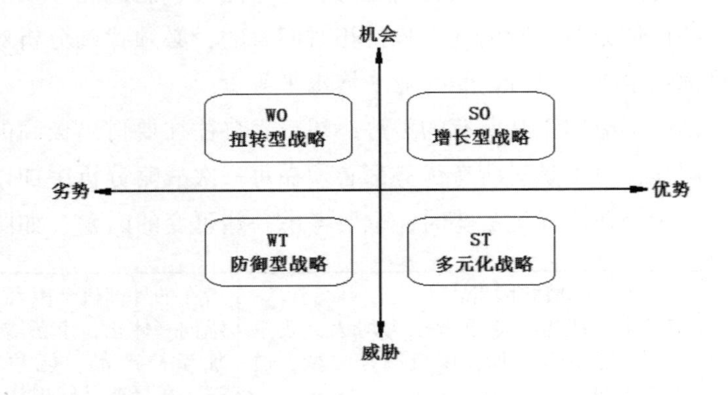


图 2-2 SWOT 分析矩阵

## 任务实施

### ☞ 任务准备

（1）防护装备：服装、抹布、灭火器。

（2）工具设备：整车、计算机或网络终端。

（3）辅助资料：卡片、记号笔、翻纸板、参考书。

☞ **实施步骤**

（1）教师给出奥迪 Q 系列在中国市场的营销资料，或由学生上网查阅（利用搜索工具搜索“奥迪 Q 系列在中国市场上市前面临的问题”“奥迪 Q 系列在中国市场上市前面临的豪华车市场销售环境”等关键词）。

（2）将学生分成四组，讨论分析以下内容并记录。

一组分析奥迪 Q 系列的使用环境。

二组分析奥迪 Q 系列的科技环境。

三组分析奥迪 Q 系列的中间商。

四组分析奥迪 Q 系列的有关公众。

（3）各组整理讨论分析结果并形成书面报告，完成任务报告。

任务报告

| 任务二　汽车市场销售环境分析 | | | |
|---|---|---|---|
| 班级 | | 姓名 | |
| 组别 | | 组长 | |
| 1. 接受任务（5 分） | | 得分： | |
| 你是一名汽车服务与营销专业的二年级学生，现在开始学习汽车销售实务这门专业课程，需要去分析奥迪 Q 系列在中国市场上市前的市场销售环境的案例，请利用教材、参考书及网络资源进行搜索并分析总结到报告中。 | | | |
| 2. 信息收集（20 分） | | 得分： | |
| （1）奥迪 Q 系列在中国市场上市前面临的问题、奥迪 Q 系列在中国市场上市前面临的豪华车市场销售环境。<br>（2）结合老师提供的资料以及自己查询的关于使用环境、科技环境、中间商和有关公众的信息进行分析并总结。 | | | |
| 3. 制订计划（15 分） | | 得分： | |
| 请根据工作任务制订工作计划及任务分工。 | | | |

| 序号 | 工作内容 | 工作要点 | 负责人 |
|---|---|---|---|
| | | | |
| | | | |
| | | | |

| 4. 计划实施（50 分） | 得分： |
|---|---|
| （1）奥迪 Q 系列在中国市场上市前面临的宏观环境。（20 分） | |

| 使用环境 | |
|---|---|
| 科技环境 | |

（续表）

<table>
<tr><td colspan="2">（2）奥迪 Q 系列在中国市场上市前面临的微观环境。(15 分)</td></tr>
<tr><td>中间商</td><td></td></tr>
<tr><td>有关公众</td><td></td></tr>
<tr><td colspan="2">（3）画出对应的 SWOT 分析图并指出奥迪 Q 系列属于哪种情况。(15 分)</td></tr>
<tr><td>SWOT 分析图</td><td></td></tr>
<tr><td>奥迪 Q 系列属于哪种情况</td><td></td></tr>
</table>

<table>
<tr><td>5. 检查评价(10 分)</td><td>得分：</td></tr>
<tr><td colspan="2">根据成员在完成任务中的表现及工作结果进行评价。<br>自我评价：________________________________________。<br>小组评价：________________________________________。</td></tr>
<tr><td colspan="2">任务总成绩：</td></tr>
</table>

## 实操训练

<table>
<tr><td colspan="2">模块：汽车营销评估与金融保险服务技术（高级）</td><td colspan="2">考核时间：50 分钟</td></tr>
<tr><td>姓名：</td><td>班级：</td><td>学号：</td><td rowspan="3">考评员签字：</td></tr>
<tr><td>初评：□合格<br>□不合格</td><td>复评：□合格<br>□不合格</td><td>师评：□合格<br>□不合格</td></tr>
<tr><td>日期：</td><td>日期：</td><td>日期：</td></tr>
<tr><td colspan="4">考核项目一：汽车营销计划与电子商务［实操考核报告］</td></tr>
</table>

### 一、学员选定某一品牌的某一车型产品，进行产品信息记录

<table>
<tr><td>品牌</td><td></td><td>整车型号</td><td></td><td>上市日期</td><td></td></tr>
<tr><td colspan="3">市场定位</td><td>厂家指导价</td><td colspan="2"></td></tr>
<tr><td>竞争车型</td><td colspan="5"></td></tr>
<tr><td>产品特色</td><td colspan="5"></td></tr>
</table>

二、根据所选择的产品信息，利用 SWOT 分析法制定产品营销战略、建立战略优势

# 任务三　汽车购买行为分析

## 任务引导

汽车消费者购买汽车的前提是有需求，汽车市场营销的核心就是要满足消费者的需求。企业营销活动要取得成功，就必须了解消费者的购车行为和影响因素，把握消费者购车行为的规律和购买心理，从而制定营销策略，实现经营目标。

你能分析汽车消费者的购车心理和动机吗？你能根据消费者的一些购买行为进行营销分析吗？

## 任务目标

☞ **知识目标**

（1）理解汽车用户的类型和私人消费者类型。

（2）能描述影响私人消费者购买行为的各种因素。

（3）掌握汽车私人消费者市场的特点。

☞ **能力目标**

（1）能分析购买动机等心理因素对私人消费者购买行为的影响。

（2）会利用案例资料完成私人消费者购车心理和购车动机的分析。

☞ **素质目标**

（1）培养懂法、守法、依法办事的法律思维。

（2）培养科学严谨的探索精神和实事求是、独立思考的工作态度。

## 任务资讯

### 1. 汽车私人消费者购买行为

1.1 汽车用户的类型

汽车用户具有明显的广泛性。依据用户在购买模式或购买行为上的共同性和差异性，可以将汽车用户分为以下几种类型。

（1）私人消费者。

将汽车作为个人或家庭消费使用以满足私人交通需求的用户构成汽车的私人消费市场。目前，这一市场是我国汽车市场增长较快的一个细分市场，其重要性已经越来越受到各汽车厂商的关注。

（2）集团消费者。

将汽车作为集团消费性物品使用，维持集团事业运转的集团用户，我们通常称其为“机关团体、企事业单位”，他们构成了汽车的集团消费市场。这一市场是我国汽车市场比较重要的一个细分市场，其重要性不仅表现在具有一定的需求规模，还常常对全社会的汽车消费起着示范性作用。这类用户主要包括各类企业单位、事业单位、政府机构、司法机关、社会团体等。

（3）运输营运者。

将汽车作为生产资料使用，以满足生产、经营需要的组织和个人构成了汽车的运输营运者市场。这类用户主要包括具有自备运输机构的各类企业单位、将汽车作为必要设施装备的各种建设单位、各种专业的汽车运输单位和个人等。目前，这一市场在我国汽车市场上也占有重要位置，特别是对某些车型而言，这一市场是其主要市场。

（4）其他直接或间接用户。

以上用户以外的各种汽车用户及其代表，主要包括以进一步生产为目的的各种再生产型购买者，以进一步转卖为目的的各种汽车中间商，他们都是间接用户。由这类购买者构成的市场，对于汽车零部件企业或以中间性产品（如汽车的二、三、四类底盘）为主的企业而言，是非常重要的。

1.2 汽车私人消费市场的特点

汽车私人消费者包括个体消费者和家庭消费者两类，对汽车私人消费市场的研究是对整个汽车市场研究的基础。现代市场营销学对普通消费市场研究的许多成果对研究汽车私人消费市场具有参考作用，但由于汽车商品本身的使用特点、产品特点及价值特点与一般商品有很大区别，因而还必须研究其特殊的市场特点。

（1）消费需求的伸缩性。

一方面，汽车的私人消费需求具有较强的需求价格弹性，即价格的变动对汽车的个人需求影响很大；另一方面，这种需求的结构可变，当客观条件限制了这种需求的实现时，它可能被抑制，也可能转化为其他需求，或最终被放弃；反之，当条件允许时，私人消费需求不仅会得以实现，甚至会发展成为流行性消费。

（2）消费需求的多样性。

消费者在个人收入、文化观念、年龄、职业、兴趣、爱好等方面的差异，使其需求表现出多样性，有的人注重汽车的安全性，有的人追求汽车的动力性；有的人买车为了上下班代步，有的人则为了节假日旅游之用。从这个角度看，如果汽车企业能够为消费者提供多种多样的汽车产品，满足消费者多样化的需求，则会争取到更多的营销机会。

（3）消费需求的可诱导性。

汽车是专业技术性比较强的产品，大多数个人消费者缺乏足够的专门知识，所以企业可以通过营销活动制造某种消费氛围或强化广告宣传来转移或改变人们的消费需求，甚至

可以通过营销活动创造消费需求。例如，有些消费者认为轿车应该是“有头有尾”的三厢车，比较排斥两厢车，近几年，有些汽车企业通过引导、调节和培养该细分市场的需求，逐步使这些消费者接受了两厢车的概念，两厢车的市场占有率也提高了。

（4）消费需求的替代性。

消费需求的替代性表现为某种商品销量上升，其他商品销量下降，即不同品牌商品之间具有竞争性。例如，如果二手汽车市场相对繁荣，不可避免地会使一手汽车的销售量下降。现今，个人消费者在购买汽车时面临的选择越来越多，往往会货比三家，只有那些能充分满足消费者需求并具有特定的吸引力，在同类商品中具有较高性价比的汽车产品，才会最终引发消费者的购买行为。

（5）消费需求的发展性。

人们对汽车产品的需求会随着社会生产力的发展和人民生活水平的提高而不断提高，会经历从简单到复杂、由低级向高级发展的过程。最初，人们只要求汽车可以代步。然而，生活方式、消费观念、消费结构的变化总是与需求的发展性和时代性息息相关，所以汽车的私人消费需求的发展也会永无止境。例如，在不过分强调购买负担的前提下，消费者对汽车的安全、节能和环保等性能的要求会越来越高，汽车上应用的新配置和新技术也越来越多。

（6）集中性和广泛性。

一方面，由于私人汽车消费与个人经济实力关系密切，在特定时期内，经济发达地区的消费者或者收入相对较高的消费者，对汽车（或某种车型）的消费需求较大，需求表现出一定的集中性；另一方面，各地都有高收入消费者（尽管数量上的差异可能较大），而且随着经济发展，这类消费者数量会不断增多，因而需求又具有地理上的广泛性。

### 1.3 私人消费者购买行为的类型

研究汽车的私人消费者购买行为时，一般需要从不同角度作相应的分类，但较为普遍的分类方法是以购买态度为基本标准，因为购买态度是影响私人消费者购买行为的主要因素。按照这种标准划分，汽车的私人消费者购买行为可分为理智型、冲动型、习惯型、选价型等几种类型。

（1）理智型。

理智型消费者的购买思维方式比较冷静，在购买商品前一般要经过深思熟虑，通常会做广泛的信息收集和比较，充分了解商品的类型，在不同的品牌之间进行充分的调查，慎重挑选，反复权衡，不会受到周围环境和言论的影响。这类消费者的购买过程比较复杂，通常要经历信息收集、产品和品牌评估、慎重决策和购后评价等几个阶段，属于一个完整的购买过程。

现阶段，对于一般家庭来说，购车是一项较大的消费开支，所以汽车私人消费者的购买行为多属于理智型。对于这类消费者，营销人员应制定策略，帮助消费者掌握产品知识，借助多种渠道宣传产品优点，发动相关营销人员乃至消费者的亲朋好友对消费者施加影响，简化购买过程。

（2）冲动型。

冲动型的消费者在购买商品时容易被某商品的某一个特性（比如外观、包装、式样甚至是商品的广告宣传等）所吸引，从而在缺乏必要考虑的前提下就做出购买决定。这类消费者通常情感较为外向，具有较强的资金实力，容易受他人的诱导和影响而迅速做出购买决策。具有冲动型购买行为的消费者容易在购后怀疑自己决策的正确性，因此针对这类消费者，企业应提供较好的售后服务，通过各种途径经常向消费者提供有利于本企业和产品的信息，使消费者相信自己的购买决定是正确的。

（3）习惯型。

习惯型的消费者通常对所购买的商品有充分的了解，形成特殊的信任感，而且不会轻易改变所选的品牌。这类消费者较少受广告宣传和时尚的影响，其需求的形成多是由于长期使用某品牌并对其产生了信赖感，从而按习惯重复购买。这类消费者容易成为某一品牌的忠实用户，因此这种购买行为实际上是一种“认牌型”购买行为。对于销售人员来讲，很难通过他们的推销活动来改变这些消费者原来的购买计划。

（4）选价型。

选价型消费者对商品价格较为敏感，往往以价格作为确定购买决策的首要标准。选价型购买行为有两种截然相反的表现形式：一种是选高价行为，即个人消费者更乐意选择购买高价优质商品，如豪华轿车购买者多有这种购买行为；另一种是选低价行为，即个人消费者更注重选择低价商品，工薪阶层的汽车消费者以及二手车消费者多有这种购买行为。

### 2. 影响私人消费者购买行为的因素

私人消费者不可能凭空做出自己的购车决定，其购买行为会受到很多因素的影响。影响私人消费者购买行为的主要因素有文化因素、社会因素、个人因素和心理因素等。各类因素的影响机理是文化因素影响社会因素，进而影响消费者及其心理活动的特征，从而影响私人消费者的购买行为。

#### 2.1 文化因素

文化因素之所以影响消费者行为，其原因有：

①社会文化对消费者购买行为的影响通常是间接的，不同文化背景下的消费者具有不同的偏好。

②消费者的受教育程度直接影响其消费行为。受教育程度高的消费者在选择汽车时可能会更重视汽车的功能、安全性能等，而不是仅关心价格。

③文化自身所具有的广泛性和普及性使消费者个人的购买行为具有攀比性和模仿性。因此，营销人员在选择目标市场和制订营销方案时，必须了解不同的文化对企业产品的影响，以及消费者对企业产品的实际兴趣所在。

2.2 社会因素

社会因素通常包括四个方面，即社会阶层、相关群体、家庭、角色地位。

（1）社会阶层。

从汽车营销的角度看，划分社会阶层的主要标准是消费者的职业、收入、受教育程度和价值倾向等。不同阶层的消费者具有不同的经济实力、价值观念、生活习惯和心理状态，并最终产生不同的消费模式和购买行为。例如，不同收入层次的消费者购车时的关注点是不一样的（如表3-1所示），所以汽车企业的营销人员应当集中力量为某些特定的消费者服务，想要满足所有阶层的需求是非常困难的。

**表3-1　不同收入层次的消费者购车时的关注点**

| 收入层次 | 购车时的关注点 |
|---|---|
| 超高收入 | 品牌、豪华、舒适、庄重 |
| 高收入 | 品牌、质量、文化、效应 |
| 中等收入 | 款式、质量、服务、价格 |
| 低收入 | 价格、实用、款式、安全 |

（2）相关群体。

相关群体是指那些能够直接或间接影响消费者个人消费行为的群体，一般可分为三类：

①紧密型群体。这类群体是影响消费者行为的主要群体，是与消费者个人关系密切、接触频繁，对消费者个人影响最大的群体，如家庭、亲属、同事等。

②松散型群体。这类群体是影响消费者行为的次要群体，是与消费者个人关系一般、接触不太密切，但对消费者个人仍有一定影响力的群体，如个人参加的职业协会、学会和其他社会团体等。

③崇拜型群体。消费者个人并不是这个群体的成员，但却仰慕该群体某些成员，从而去效仿他们的消费模式与购买行为。这类群体的成员主要是各种社会名流，如文艺与体育明星、政界要人、学术名流等。

（3）家庭。

消费者的家庭成员对消费者行为的影响很大，如消费者的价值观、审美情趣、个人爱好、消费习惯等，大多是在家庭成员的影响与熏陶下形成的。

根据家庭的购买权威中心的差别来分类，家庭基本上可以分为四类：丈夫决策型、妻子决策型、协商决策型和自主决策型。私人消费者买车的决策一般属于丈夫决策型或协商决策型，但在款式和颜色的选择上，妻子的意见影响很大。家庭成员不同，其购车的需求也是有差异的。例如，收入较好的年轻夫妻购车时可能会倾向于选择时尚、美观的高档车，而有小孩的家庭购车时会考虑到孩子的接送，往往比较关注汽车的内部空间。

（4）角色地位。

营销学中的角色地位是指由于个人消费者在不同的场合扮演不同的角色及处于不同的社会地位，因而个人消费者在购买商品时，需要考虑其需求和消费行为要与其角色和地位相一致。

2.3 个人因素

通常，在文化、社会各方面因素大致相同的情况下，仍然存在着个人消费行为差异极大的现象，其中的主要原因就在于消费者之间还存在着年龄、职业、收入、生活方式和性格等因素的差别。

（1）年龄。

消费者的需求和购买能力往往因年龄不同而发生变化，处于不同年龄阶段的人的审美、价值观不同，从而导致购买行为的不同。例如，年龄大的人选择汽车时会考虑稳重成熟的车型，而年轻人大多会重点考虑车型的时尚性和个性化。

（2）职业。

职业往往决定了一个人的地位和角色，对于人的需求和兴趣有着重大影响。例如，企业家、政府官员大多喜欢购买黑色汽车，因为黑色代表着庄重和成熟；而从事艺术和传媒行业的人一般喜欢色彩鲜艳的汽车。通常，企业的市场营销部门在制订营销计划时，必须分析消费者的个人职业因素，在产品细分许可的条件下，注意开发满足特定职业消费者需求的产品。

（3）经济状况

经济状况决定了个人和家庭的购买能力。了解消费者的个人可支配收入的变化情况及其对消费开支和储蓄的态度等，对企业营销来说很重要。当企业对经济发展形势估计有误时，则应按实际经济状况重新调整营销策略，如重新设计产品、调整价格或者减少产量和存货，或者采取其他应对措施。

（4）生活方式。

具有不同生活方式的消费者对商品或品牌有不同的偏好，从而也会形成不同的消费需求。在企业与消费者的买卖关系中，一方面消费者按照自己的爱好选择商品，以符合其生活方式；另一方面企业要尽可能提供合适的产品，使产品能够满足消费者的需求。

（5）个性和自我观念。

个性是影响个人购买行为的另一个因素，指的是个人的性格特征，以及与其相关联的另一个概念，即购买者的自我观念和自我形象。对于营销人员来说，了解消费者的个性特征和思想观念，可以帮助企业建立正确的符合目标消费者个性特征的产品品牌形象。

2.4 心理因素

消费者购买决策通常还受心理过程的影响，包括动机、感知、学习、信念和态度，它们在购买过程中具有不同的作用。

（1）动机。

社会心理学认为，人类的行为受动机的支配，而动机则是由需求引起的，当个人的某种需求未得到满足或受到外界刺激时，就会引发某种动机，再由动机而导致行为，因此，从某种意义上看，动机其实就是一定程度上的需求。个人消费者的动机支配的是个人消费者的购买行为，所以弄清个人消费者动机生成的机理，对于企业市场营销具有重要意义。消费者购买动机一般包括求实动机、求新动机、求美动机、求廉动机、求名动机、求胜动机、偏爱动机等。

①马斯洛需求层次理论。

美国著名心理学家马斯洛的需求层次理论对分析个人消费者动机生成机理具有重要的意义。该理论认为，人类是有需求与欲望的，随时等待得到满足，已满足的需求不会形成动机，只有那些未满足的需求才构成行为动机。人类的需求是分层次的，共五个层次：生理需求、安全需求、社会需求、尊重需求和自我实现需求（如图 3-1 所示）。这五个需求呈现出从低级到高级的演进特征，当低级的需求得到满足后，才会产生更高级的需求，而需求程度的大小则与需求层次的高低成反比。

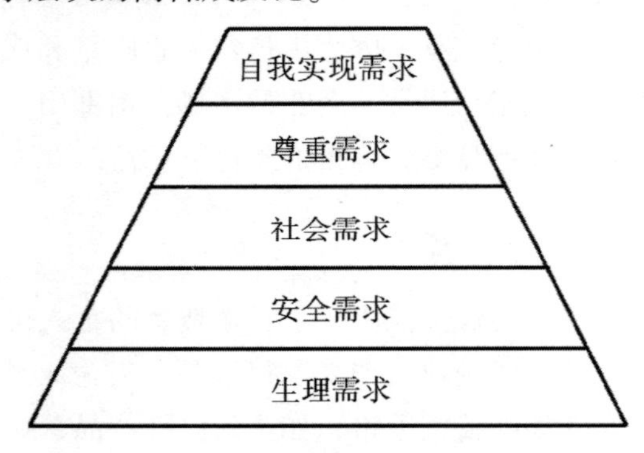


**图 3-1　马斯洛需求层次**

值得注意的是，马斯洛的需求层次理论所反映的是人类社会的一般现象，并不一定适用于每一个人，而且人们在满足需求时会出现跳跃现象，即当低层次需求尚未得到满足时，就产生高层次的需求。应用这一理论对汽车市场营销是有价值的，因为消费者在既定收入条件下，首先要满足的是基本的生理需求。汽车是高档消费品，消费者只有在收入达到一定程度时，才会出现对汽车的需求。所以企业必须了解目标市场的收入状况，以及他们尚未满足的需求有哪些，从而开发适合目标市场需要的汽车产品。

②效用与动机的关系。

购买动机源于需求，但产品的效用才是形成购买动机的根本条件，如果产品没有效用或效用不大，消费者即使具有购买能力，也不会对该产品产生强烈的购买动机；反之，如果产品的效用很大，即使购买能力不足，消费者可能筹措资金也要购买。

产品的效用是指产品所具有的能够满足用户某种需求的功效。就汽车功效而言，不同车型的汽车具有不同的功效。此外，同样的汽车对不同的消费者和不同用途来说，其功效也不相同。例如，若轿车用于出租车营运，它的功效在于获取经济效益，这时低端轿车的功效高于高端轿车；若轿车用于公司的商业活动，它的功效在于代步，应该体现企业形象，这时中高档轿车的功效比低档轿车大。

（2）感知。

感知是指人们通过自己的身体感觉器官对外界刺激物所作的反应。消费者的感知过程是一个有选择的心理过程，它有三种方式，即选择性注意、选择性曲解、选择性记忆。

①选择性注意。人们对日常生活中感觉到的事物并不会都产生注意，只对少数事物产生注意。人们通常会注意与当前需求相关的刺激物和正在期待的刺激物，以及和其他刺激物有明显差别的刺激物。因此，汽车企业从事营销活动时，必须善于突破选择性注意设下的屏障，才能有效地达到营销目的。例如，在车展上，各个汽车企业总是使尽招数来布置现场，想方设法使自己的产品和宣传在众多的汽车企业中脱颖而出，从而引起参观者的注意，给参观者留下印象，以激发参观者的购买欲望。

②选择性曲解。人们对于注意到的事物，往往会结合自己的经验、偏好、当时的情绪、情境等来理解，于是就可能出现与创作者预期的结果相背离的结果，这种按照个人意愿曲解信息的倾向，就是选择性曲解。对于这种曲解，汽车企业只能进行适当的引导，在操作过程中应当特别重视企业信誉和产品名牌的创立。

③选择性记忆。在生活中，人们容易忘掉大多数信息，会倾向于保留那些能够支持其态度、信念的信息，这就是选择性记忆。在购买行为上表现为只记住自己所喜爱的品牌。利用选择性记忆的规律，可以避免汽车企业的信息被消费者忽略，为促进消费者认识企业及其产品奠定基础。

（3）学习。

当消费者有购买某一种商品的意向，尤其是购买汽车这样的耐用消费品时，往往会收集有关该商品的资料并加以对比。当消费者购买该商品后，会根据自己的使用感受对该商品作评价，这一过程是学习的过程，消费者会将所得的经验作为以后购买商品的参考，这种现象通常可以用刺激-反应学习来表示（如图 3-2 所示）。

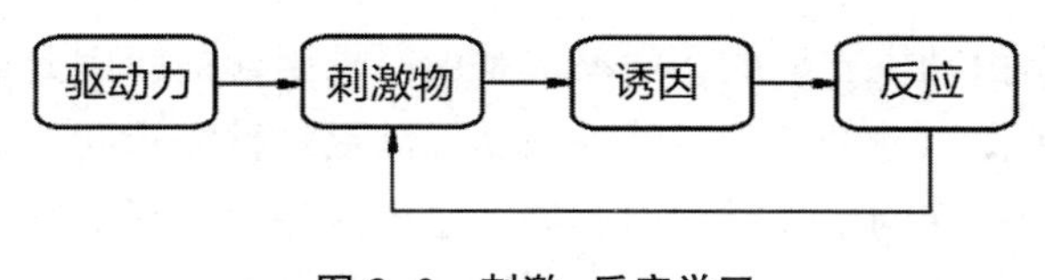


**图 3-2　刺激-反应学习**

根据刺激-反应学习的理论，我们可以将个人消费者的购买行为理解为驱动力、刺激物、诱因、反应和强化等五种要素相互作用的结果。驱动力是指消费者个人产生购买行为的推动力，它来源于未得到满足的需求；刺激物是指能满足个人购买者需求的整体产品；诱因是指能诱发个人购买行为的所有因素，如家庭成员的建议、广告宣传等；反应是指消

费者为满足需求所采取的购买行为；强化则是指消费者的购后评价，主要指对刺激物的反应和评价。如果所购物品的满足程度较高，则会形成正向强化，引发重复购买；如果所购物品满足程度较低，甚至完全没有得到满足，则会形成负向强化，不仅不会引发重复购买，多数情况下还会通过口头宣传而影响其他人的购买行为。

（4）信念和态度。

信念是从实践和学习中得来的，是指人们对事物的认识，如人们常常认为“奔驰”象征着成功人士，“福特”代表着踏实的中产阶级，“宝马”则体现车主的运动与激情。这些认识就是人们对这些汽车品牌的信念。消费者购买行为中的信念，有的是建立在对品牌的信任基础上，有的可能是建立在某种偏见或讹传的基础上。

态度是指人们对某些事物所持的持久性和一致性的评价与反应。态度一旦产生，就很难改变，并表现出一致性的模式。所以，企业不应试图改变消费者的态度，而应当考虑如何改变自己的产品或形象，以迎合消费者的态度。

对营销有利的信念和态度，企业应当采用各种手段去加强；对企业不利的信念和态度，企业应该采取营销手段去纠正产品在消费者心中的形象。例如，由于受影视剧的影响，美国人常把摩托车同犯罪活动联系起来，这给本田摩托车进军美国市场带来困难，本田公司为了改变摩托车在美国公众心目中的产品形象，开展了以“你可以在本田车上发现最文雅的人”为主题的促销活动，同时期发布的广告画面上的人物以人们心目中的正面人物为主，逐渐改变公众对摩托车的态度。

## 3. 私人消费者购买决策过程

私人消费者购买决策过程一般可分为五个阶段（如图 3-3 所示）。

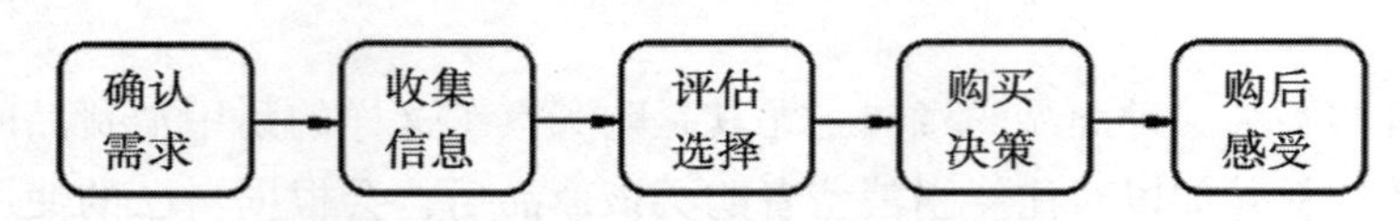


**图 3-3　私人消费者购买决策过程**

（1）确认需求。

任何购买行为都是由动机支配的，而动机是由需求引起的，因此需求是购买过程的起点。当消费者感到一种需求并准备购买某种商品以满足这种需求时，购买决策过程就开始了，这种需求可能是由内在的生理活动引起的，也可能是由外界的某种刺激引起的，或者是内外两方面因素共同作用的结果。汽车企业要善于规划刺激，运用刺激物，根据目标市场的具体情况，引发和深化消费者对需求的认识。

（2）收集信息。

如果唤起的需求很强烈，可满足需求的商品易于得到，消费者就会希望马上满足他的需求。但在多数情况下，消费者的需求并非马上就能得到满足，他必须积极寻找或收集信息，以尽快完成从知晓到确信的心理过程，做出购买决策。消费者获取信息的来源一般有以下几个：

①个人来源。通过家庭、朋友、邻居和其他熟人得到信息。

②商业来源。通过广告、售货人员介绍、商品展览、商品包装和说明书等得到信息。

③公众来源。从报刊、电视、网络等大众传播媒介的宣传报道、消费者组织的有关评论和官方公布的材料中得到信息。

④经验来源。通过自己参观、实验和实际使用商品得到经验。

在这一阶段中，市场营销人员既要千方百计地做好商品广告宣传，吸引消费者的注意力，又要努力搞好商品陈列和说明，使消费者迅速获得对企业有利的信息。

（3）评估选择。

消费者得到的各种产品相关信息可能是重复的，也可能是互相矛盾的，因此还需要对信息进行分析、评估和比较，从而对市场上能够满足其需求的产品逐步形成不同的看法，最后做出购买决策，这是决策过程中的决定性一环。

在对产品进行评估选择过程中，理性的消费者所考虑的首要问题是产品性能，其次还会考虑产品的品牌形象，最后会将实际的产品与自己心中理想的产品相比较，才会做出购买决策。为此，汽车营销人员可采取如下策略，以提高本企业产品被选中的概率：

①修正产品的某些属性，使之接近消费者心目中理想的产品。

②通过广告宣传改变消费者对产品各种性能的重视程度，设法提高本企业产品优势性能的重要程度，引起消费者对被其忽视的产品性能（如省油、配件价格低等）的注意。

③改变消费者心目中的品牌信念，通过广告和宣传报道努力消除其不符合实际的偏见。

④设法改变消费者心目中理想产品的标准。

（4）购买决策。

通过评估选择，消费者会对其备选范围内的各个品牌形成一定的偏好顺序，但是，这种偏好和最终的购买决策之间仍可能出现不统一，其他人的态度以及消费者自身对于未来情况的预测，都可能改变其最终的决策。购买决策通常有三种情况：一是消费者认为商品质量、款式、价格等符合自己的需求和购买能力，决定立即购买；二是消费者对商品的某些方面还不能完全满意而延期购买；三是消费者对商品质量、价格等不满意而决定不买。

消费者的购买决策是许多项目的总抉择，包括购买何种产品、何种型号、何种款式以及购买数量、何时购买、何处购买、以什么价格购买、以什么方式付款等。购买决策是消费者购买行为过程中的关键阶段，在这一阶段，营销人员一方面要向消费者提供更多更详细的产品信息，以便使消费者消除各种疑虑；另一方面要通过提供各种销售服务，方便消费者选购，促使消费者做出购买本企业产品的决策。

（5）购后感受。

购后感受是消费者对已购产品通过自己使用或通过他人评估对满足自己需求的反馈，重新考虑购买这种产品的选择是否正确、是否符合理想等，从而形成感受，这种感受

一般表现为满意、基本满意和不满意三种情况。消费者的购后感受会影响消费者是否重复购买，并将影响他人的购买行为，对企业信誉和形象影响极大。消费者的满意程度取决于消费者对产品的预期性能与产品使用中的实际性能之间的对比，也就是说，如果购后在实际使用中符合预期，则感到基本满意；超过预期，则很满意；未能达到预期，则不满意或很不满意。实际同预期的效果差距越大，不满意的程度就会越大。

根据这种观点，营销人员对其产品的广告宣传必须实事求是，以使消费者有良好的购后感受。有些营销人员对产品性能的宣传甚至故意留有余地，以提升购后的满意度。

消费者购后感受是企业产品是否适销的一种极为重要的反馈信息，它关系到这个产品在市场上的命运，因此企业要注意及时收集信息，加强售后服务，采取相应的措施，进一步改善消费者购后感受和提高产品的适销程度。

## 任务实施

### ☞ 任务准备

（1）防护装备：服装、抹布、灭火器。

（2）工具设备：整车、计算机或网络终端。

（3）辅助资料：卡片、记号笔、翻纸板、参考书。

### ☞ 实施步骤

（1）教师提供三个私人消费者购买汽车案例，或由学生上网查阅（利用搜索工具搜索“私人消费者购买行为动机、类型”等关键词）。

（2）将学生分成三组，讨论分析私人消费者购买行为动机、类型并记录。

（3）完成任务报告。

任务报告

<table>
<tr><td colspan="4">任务三　汽车购买行为分析</td></tr>
<tr><td>班级</td><td></td><td>姓名</td><td></td></tr>
<tr><td>组别</td><td></td><td>组长</td><td></td></tr>
<tr><td colspan="2">1. 接受任务（5 分）</td><td colspan="2">得分：</td></tr>
<tr><td colspan="4">你是一名汽车服务与营销专业的二年级学生，现在开始学习汽车销售实务这门专业课程，需要分析关于私人消费者购买行为动机的案例，请利用教材、参考书及网络资源进行搜索并将分析过程总结到报告中。</td></tr>
<tr><td colspan="2">2. 信息收集（20 分）</td><td colspan="2">得分：</td></tr>
<tr><td colspan="4">（1）小组根据案例资料中消费者的心理活动、语言表达等信息，分析消费者的购车动机属于何种类型。<br>（2）小组讨论：针对案例中的消费者，汽车营销人员应如何向消费者提供帮助？怎样引导他们完成购车决策？最后进行分析并总结。</td></tr>
</table>

（续表）

<table>
<tr><td colspan="2">3. 制订计划（15 分）</td><td colspan="2">得分：</td></tr>
<tr><td colspan="4">请根据工作任务制订工作计划及任务分工。</td></tr>
<tr><td>序号</td><td>工作内容</td><td>工作要点</td><td>负责人</td></tr>
<tr><td></td><td></td><td></td><td></td></tr>
<tr><td></td><td></td><td></td><td></td></tr>
<tr><td></td><td></td><td></td><td></td></tr>
<tr><td colspan="2">4. 计划实施（50 分）</td><td colspan="2">得分：</td></tr>
<tr><td colspan="4">（1）案例一（20 分）</td></tr>
<tr><td>购车动机</td><td colspan="3"></td></tr>
<tr><td>提供何种帮助？</td><td colspan="3"></td></tr>
<tr><td colspan="4">（2）案例二（15 分）</td></tr>
<tr><td>购车动机</td><td colspan="3"></td></tr>
<tr><td>提供何种帮助？</td><td colspan="3"></td></tr>
<tr><td colspan="4">（3）案例三（15 分）</td></tr>
<tr><td>购车动机</td><td colspan="3"></td></tr>
<tr><td>提供何种帮助？</td><td colspan="3"></td></tr>
<tr><td colspan="2">5. 检查评价(10 分)</td><td colspan="2">得分：</td></tr>
<tr><td colspan="4">根据小组成员在完成任务中的表现及工作结果进行评价。<br>自我评价：________________________________。<br>小组评价：________________________________。</td></tr>
<tr><td colspan="4">任务总成绩：</td></tr>
</table>

## 实操训练

<table>
<tr><td colspan="2">模块：汽车营销评估与金融保险服务技术（初级）</td><td colspan="2">考核时间：50 分钟</td></tr>
<tr><td>姓名：</td><td>班级：</td><td>学号：</td><td rowspan="3">考评员签字：</td></tr>
<tr><td>初评：□合格<br>□不合格</td><td>复评：□合格<br>□不合格</td><td>师评：□合格<br>□不合格</td></tr>
<tr><td>日期：</td><td>日期：</td><td>日期：</td></tr>
<tr><td colspan="4">考核项目一：汽车销售与三包作业流程［实操考核报告］</td></tr>
</table>

一、学员模拟接听一个店内购车咨询电话，进行产品及消费者的信息记录

| 品牌 | | 整车型号 | | 上市日期 | |
|---|---|---|---|---|---|
| 发动机排量 | | 颜色 | | 购车预算 | |
| 购买者 | | 职业 | | 其他 | |

二、根据所提供的客户与工作人员的对话，分析客户的需求以及购买动机并用文字进行说明

# 任务四　汽车销售职业认知

## 任务引导

随着我国汽车市场逐渐成熟，客户的消费心理也逐渐成熟，客户的需求多样化，对产品、服务的要求也越来越高，越来越严格。这就要求汽车销售企业具有一套完整的营销服务体系，贯穿于售前、售中和售后的全过程。

你知道汽车销售顾问应符合哪些要求吗？你了解什么是顾问式销售吗？

## 任务目标

☞ **知识目标**

（1）理解成功的销售顾问具备的特征，认识顾问式销售在汽车销售中的作用。

（2）能描述汽车销售顾问的基本礼仪要求。

（3）能描述汽车销售中满意度的含义。

☞ **能力目标**

（1）能够让自己在汽车销售中做一名合格的汽车销售顾问。

（2）能按照汽车销售顾问的基本礼仪要求约束自己，建立自己的职业自信。

（3）能区别顾问式销售和销售，能在汽车销售中进行应用顾问式销售。

☞ **素质目标**

（1）培养学生树立深厚的家国情怀、国家认同感、民族自豪感。

（2）培养学生养成吃苦耐劳、爱岗敬业的职业道德。

## 任务资讯

### 1. 成功汽车销售顾问具备的特征

有的人认为汽车销售顾问根本不需要什么专业知识和技能，长得好、会说话，就能从事汽车销售工作。这样的观念是对汽车销售顾问的误解。汽车消费是连带式的、终身的消费，客户买车，不是只买一辆裸车，买车的同时，还会涉及金融、保险、精品、附件、保养等领域，在使用汽车的过程中还将产生其他需求，所以汽车销售顾问除了卖车，还要掌握相关领域的知识和技能。那么，一名成功的汽车销售顾问具备哪些特征呢？由图 4-1 得知，汽车销售顾问必须做品牌的倡导者，而要想做好品牌的倡导者，就必须做到如下四点。

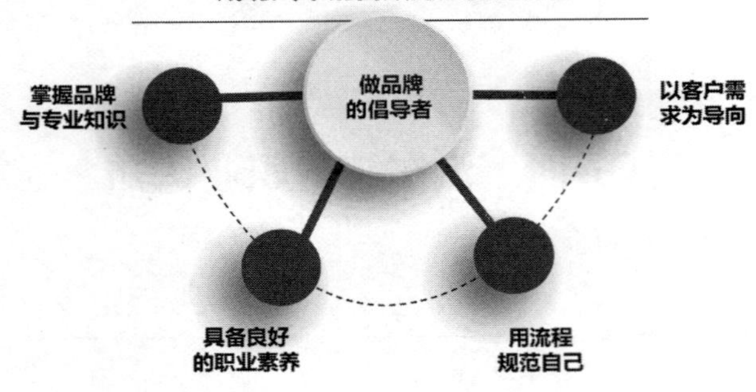


图 4-1　成功汽车销售顾问具备的特征

1.1 掌握品牌与专业知识

汽车销售顾问必须具备全面的知识，有自己独到的见解，能够帮助客户建立倾向于自己所销售汽车品牌的评价体系和评价标准。销售最大的难点是每位销售人员都必须是品牌的倡导者，对自己所销售的汽车产品有全面、深入的了解，并对竞争品牌的产品有深入的认识，非常熟悉与汽车相关的专业知识。现在，市场上的汽车品牌繁多，而且每个品牌有多个规格和型号，销售人员面对的汽车产品不胜枚举，所以需要在产品认识上花费大量的时间与精力。销售人员如果对自己的销售工作没有一个正确的认识，不肯进行这方面的学习和研究，就会一知半解，不利于工作的展开。

从客户的决策过程看，他们在决定购买前，一定会要求销售人员对他们提出的任何问题给予一个满意的答复，有一点不认可，就可能让整个销售前功尽弃。所以，丰富的产品专业知识是汽车销售的核心问题。要想成为成功的汽车销售顾问，应注意掌握以下方面的知识。

①汽车品牌历史。汽车销售顾问要掌握所销售品牌的历史，了解该品牌的发展历程、在业界的地位，感受其品牌价值，在销售中向客户传递该品牌的品牌价值和品牌理念，建立品牌忠诚度，只有汽车销售顾问认为该品牌好，才能让客户感觉到其优质。

②制造商情况，包括建立的时间、成长历史、企业文化、产品的升级计划、新产品的研发情况、企业未来的发展目标。汽车销售顾问了解上述内容的目的是向客户传递品牌价值及生产和经营能力，让客户信任该产品，购买后能放心、安心使用。

③经销商情况，包括发展历史、经销商文化、规模、经营状况、未来发展方向与目标、客户对经销商的评价与口碑等。客户确定了要购买的品牌和车型后，接下来的事情就是选择经销商，此时他们最关注的问题就是这家公司是什么样的公司、实力如何、是否值得信赖、未来有没有维修保障等。汽车销售顾问对上述问题都了如指掌，在和客户接触的过程中，不经意地将自己公司的好的方面的信息通过言谈举止传递给客户，这将会直接影响客户的购买决策。汽车销售顾问对公司现有经济实力及未来良好发展前景进行描绘，有利于增强客户的购买信心，通过对公司的销售和服务信心的真实情感流

露，可让客户感觉到这是一家有良好企业文化和发展前景的公司，进而促使他们尽快做出购买决定。这里也特别提醒，即使对公司有任何不满或者负面看法，在客户面前也不能谈及，否则会增加客户的心理负担，增加客户购车的顾虑，从而影响销售。

④汽车产品的结构与原理、与其他竞争产品相比较的优势与卖点。因为大多数客户没有经过专门的汽车专业知识培训，对汽车产品不是很了解，所以在购买过程中需要汽车销售顾问的引导。汽车销售顾问只有掌握汽车产品的结构和原理，才能在销售中很好地传递关于产品的功能和能给客户带来的好处等信息。另外，还要掌握竞争品牌的产品信息，了解竞争对手的品牌核心，包括竞争产品的品牌历史、品牌知名度和影响力、品牌给予客户的附加价值；了解产品优势，包括产品的技术特点、性能水平、与本产品的对比情况等。对于各品牌销售商的情况，汽车销售顾问也要了解一些，一般客户在选购汽车产品的时候，会要求销售人员对同类产品进行比较，此时如果销售人员不清楚竞争产品与竞争商家的情况，就很难向客户阐明，从而影响他们的决策。当客户要求比较和评价时，切记不要做出负面的评价，这是汽车销售顾问的基本职业素养。

⑤汽车的新技术、新概念，如辅助驾驶、循迹功能、新能源汽车等。向某些追新求异的客户进行介绍时，应该做好对新技术的诠释、功能的演示和试乘试驾工作。在汽车产业快速发展的今天，汽车新技术发展也极为迅速，随着经济水平的不断提高，消费者经济实力增强，消费者购车已不仅仅为了代步，很多人也为了享受生活以及汽车驾驶给人们带来的愉悦，因此消费者购车越来越追求新技术给人们带来的利益，同时这也是地位的象征。但是，如何能让客户在不同品牌车型中认识到汽车销售顾问所销售的汽车给消费者带来更多便利，让客户心甘情愿地为汽车销售顾问所介绍的汽车新技术以及新车型买单，这就要求汽车销售顾问明确地了解汽车新技术的原理、用途及给客户带来的利益并能用通俗易懂的语言传递给客户。

⑥世界汽车工业发展的历史。要了解影响汽车工业发展的历史事件，因为很多客户是汽车发烧友，他们热爱汽车，在购买汽车时会和销售顾问聊天，期望找到共鸣，这时销售顾问不能让客户失望，所以对汽车工业有一定的认识和自己的见解，可以增加和客户的谈资。

⑦与汽车相关的其他方面的知识，包括汽车贷款知识、汽车保险知识、汽车维修与保养常识、汽车驾驶常识、汽车法律法规知识、汽车消费心理方面的专业知识及其他与汽车专业相关的知识。只有全面深入地掌握这些知识，才能更好地给客户提供购车用车的建议，才可能超越竞争对手、取得销售成功。

⑧特殊的销售政策和市场动态。了解正在进行的或已经进行的销售活动以及经销商对客户的承诺等汽车销售政策，掌握行业背景、市场大局与市场动态，有利于销售顾问恰当地做出营销决策。

1.2 以客户需求为导向

客户需求可能是多方面的，交通工具选择的背后隐藏着许多实际的需求：可能是身份的需要，也可能是运输的需要，还可能就是以车代步，亦可能是为了圆梦等。以客户需求

为导向的理念准则有以下三点。

①全面了解客户的需求，这也是客户关系管理的第一步。通过深入了解客户的购车习惯和喜好，推断出客户的实际需求，在符合基本原则的前提下，最有效地满足客户的需求，与客户建立长期的双赢关系，降低无谓的市场营销费用，减少因客户离去和盲目营销所造成的损失。销售顾问可通过侧面了解、电话联系、展厅见面等多种方式，对客户的需求从整体到细节上进行分析把握，除了客观地分析及信息采集外，还应培养主观上对客户需求的敏锐感知力和洞察力。

②根据客户的需求定制“合身”的个性化服务。客户需求多样化，传统的车型已经不能完全满足客户对汽车的个性化需求，因此在销售中销售顾问应根据客户需求推荐相适应的车型，提供符合客户个性化需求的购车方案。另外，展厅车型的摆放和库存车型固有的配置很难满足部分客户的个性化需求，所以销售顾问就要根据客户需求推荐个性化选装装备，以满足这些客户的个性化需求。如客户对颜色的特殊需求、对大轮毂的需求、对标识大小的需求等，都属于个性化需求。

③为了落实购车方案，实现经销商与客户的双赢，销售顾问应以专业的眼光与态度，秉持以客户为中心的服务理念与客户进行有效沟通，最终达成共识。尤其要注意的是，这里的以客户需求为导向并不是一味地迎合并满足客户需求，而是为客户提供更加适合、专业的购车咨询服务，了解客户的真实购车需求，从而帮助客户购买到称心如意的车，最终实现双赢。

1.3 用流程规范自己

销售是一份不断面对变化的工作，工作过程比较复杂。汽车销售流程分为客户开发、到店接待、需求分析、新车展示、试乘试驾、提供方案、后续跟进、洽谈成交、新车交付、客户维系九个阶段（如图4-2所示），将复杂的销售过程分解为易于理解的步骤和阶段目标。只有每一个步骤的阶段目标达到了，才有助于下一个阶段目标的实现。因此，销售顾问要将销售技巧贯穿于销售流程中，并将品牌的价值、厂家的价值、经销商的价值、产品的价值和销售顾问的价值在执行流程的过程中传递给客户，将客户由信任转为信赖。

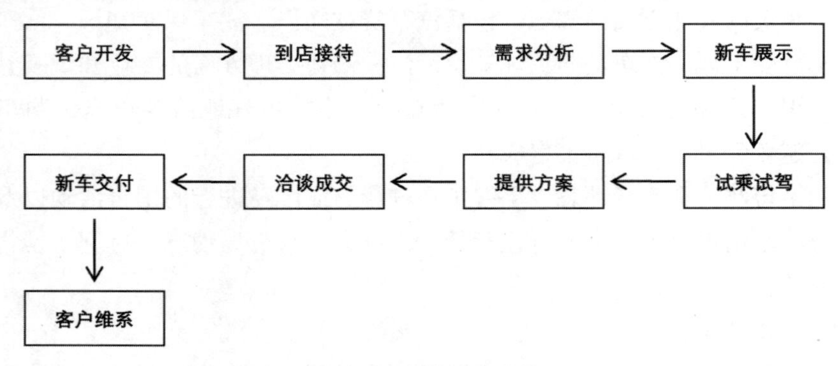


**图4-2 汽车销售流程**

①用流程规范自己，达到成功销售。

赢得客户信任直到最后签约成交，如果只是这样简简单单地将车销售出去，那只能称为“完成销售”。要想获得成功，销售顾问不仅要销售裸车，还要根据客户的具体情况推荐贷款、汽车精品、汽车保险、二手车置换等衍生服务，并使客户感到满意，这样的销售才算成功销售。

②用流程规范自己，提升品牌形象。

不同品牌的汽车销售流程不完全一样，有细微的差别，但是在执行流程的过程中，销售顾问应当做品牌的倡导者。客户在购车的过程中，会对多个品牌进行比较、感受、评估，由于是销售顾问在执行流程，所以在某种意义上，销售顾问就是这个品牌的代言人，也就是人们常说的品牌形象。执行流程并给客户带来满意的感受，建立良好的口碑，就有益于品牌形象。

③用流程规范自己，便于互相借鉴、经验共享。

销售是复杂的团队合作中一项极具挑战性的工作，团队内部成员互相学习是非常必要的。团队内成功的销售顾问可以分享自己的成功经验。如某销售顾问善于洽谈成交，那他就可以将洽谈成交的成功案例进行分享；某销售顾问善于车辆展示，那他就可以将车辆展示技巧进行分享。互相借鉴，共同提高，促进团队的成功销售率。

④用流程规范自己，有利于达到厂家考核标准。

汽车厂家为了保证自己的品牌形象，会按照一定的标准和要求对经销商工作进行定期检查。为了达到厂家的标准和要求，销售顾问应检查自己在销售各环节的表现，并进行自我修正，最终达到厂家的标准和要求。

⑤用流程规范自己，可使管理层和销售顾问之间的沟通更有效。

销售经理承担着考核销售顾问以及督促销售顾问提高业务水平的责任。销售顾问用流程规范自己的工作，将自己的客户信息录入客户关系管理系统，详细记录每个客户处于流程的哪个环节。销售经理就可以时时跟踪客户购买状态，及时和销售顾问进行沟通。例如，销售经理通过客户关系管理系统发现某销售顾问试驾率低，就可以督促销售顾问提高试乘试驾环节的试驾率，让更多的客户更好地认识产品，进而提升客户购买率。

1.4 具备良好的职业素养

良好的职业素养包括很多方面，这里我们主要从心态和能力两个方面来分析。

(1) 心态。

汽车销售顾问应该具备怎样的心态呢？

①积极心态。

销售顾问应该有积极的心态。客户看见销售顾问，会被其积极向上的心态所吸引，感觉自己的心中充满阳光、充满力量。

②主动心态。

主动是什么？主动就是“没有人告诉你而你正做着恰当的事情”。例如，客户离店

后，前台接待没来得及收拾卫生，汽车销售顾问在没有人告知的情况下收拾卫生，这就是主动。在销售工作中，每个销售顾问都应该有这种主动意识。

③空杯心态。

客户千差万别，销售顾问不能凭已有的销售经验整齐划一地对待不同的客户，而应该放空心中所有，重新去整理自己的智慧，吸收新的、正确的、优秀的内容，着眼于眼前客户，从头开始，一步一步地走近客户、熟悉客户，渐渐地和客户建立朋友式关系。

④双赢心态。

双赢中的“双”指的是销售方和购买方。在销售中，销售顾问可以和客户建立朋友式关系，但要坚持一个宗旨，那就是要为公司和自己赚得利润，也要让客户觉得自己的消费也很合理。

⑤包容心态。

销售顾问应具有同理心，愿意接纳差异，愿意换位思考、包容差异。

⑥自信心态。

自信是成功的前提，也是快乐的秘诀。唯有自信，才能在困难与挫折面前保持乐观，从而想办法战胜困难与挫折。销售顾问要看到自己的优点、长处，发现和挖掘自己的潜能。另外，自信来源于对产品的认识，如果销售顾问对自己所售的车型不信任，就不是一个合格的销售人员。有一种推销理论叫作吉姆模式，又称 GEM 模式，GEM 分别是推销品（Goods）、企业（Enterprise）、推销人员（Man）的英文，意思是要相信你的公司，相信你销售的产品，相信你的能力。销售人员这种“相信”的感受通常也会让客户感受到，因此销售顾问应热爱自己所在的公司、产品及自己所从事的工作。在影响客户做出成交的因素中，有 50%是销售顾问传递出的“相信”的信息。

⑦行动心态。

如果让一切计划、目标、愿景都是停留在纸上，不去付诸行动，那计划就不能执行，目标就不能实现，愿景就只是“肥皂池”。销售顾问要努力将计划付诸实施，因为只有走起来，才可能到达目的地。

⑧给予心态。

销售顾问对公司、对客户都要有给予的心态。给予是一种付出，需要勇气、耐心和觉悟。

⑨学习心态。

学习是人一生的大事，要想成为一名合格的销售顾问，需要学习的东西很多，要学习提高销售成功率，学习品牌和产品等方面的知识等。有一颗求思上进的心，有坚强的性格，无论任何事都尽力去把它做到最好，让自己活得有价值，让自己更优秀。

⑩老板心态。

老板心态指的是一种使命感、责任心、事业心，大处着眼、小处着手，对效率、品牌等方面持续关注以及尽心尽力的工作态度和精神。这里的老板心态不是当老板才有的心态，这种心态不是老板的“专利”。

（2）能力。

①沟通能力。

汽车销售顾问是在汽车经销店从事汽车销售的群体，每天的主要工作就是回答客户的问题、主动介绍产品、消除客户疑虑、赢得客户信任，给客户留下良好的、专业的印象。销售活动的全过程都是在沟通中完成的，一个成功的汽车销售顾问从和客户开始接触，就通过各种方式与客户进行沟通，所以说沟通能力是非常重要的。

②客户导向能力。

客户导向是指企业以满足客户需求、增加客户价值为企业经营的出发点。在经营过程中，企业经营者应特别注意客户的消费能力、消费偏好以及消费行为的调查分析，重视新产品开发和营销手段的创新，以动态地适应客户需求。所以，汽车销售顾问在向客户介绍产品时，一定要做好需求分析，了解客户购车背景、职业、兴趣爱好、购车用途、预算等信息，保证在产品介绍和推介的时候做到让客户满意，也能让客户购后持续满意，从而实现再次购买或者转介绍购买。

③逻辑分析能力。

汽车销售有一定的流程，所以在汽车销售中销售顾问要按照流程与客户接触，特别是在需求分析环节，要有针对性地了解客户需求，帮助客户发现和明确需求，客户对销售顾问推荐的车型认可度就会高。需求分析要从客户个人背景信息入手，逐步过渡到旧车信息、新车信息、预算等，防止一开始就谈预算，让客户感觉不自在。

④创造性和灵活性。

汽车销售顾问无论面对客户还是执行流程，都要有创造性和灵活性。以需求分析和新车展示两个环节为例，在需求分析过程中，销售顾问要善于洞悉客户的隐形需求，消除客户心理上的异议；产品展示过程中，客户对产品功能不理解，销售顾问就要善于用举例子、打比方的方式和客户沟通，这样进行车辆介绍通俗易懂，客户也较容易接受。

⑤抗挫折能力和忍耐力。

一个人不论从事哪个行业，抗挫折能力和忍耐力都尤为重要。因为在丛林里，不管你是开创型的“老虎”还是合作型的“绵羊”，只要一次失败，生命就消失了。销售是一份极具挑战性的工作，汽车销售顾问要面对不同的客户，他们或配合、或挑剔、或鲁莽、或吵骂、或拒绝、或刁难，面对各种挑战和困难，汽车销售顾问要有抗挫折能力和忍耐力，才有可能获得成功。

## 2. 成功销售顾问的形象

### 2.1 男士

（1）面部。

每天剃须，不可蓄络腮胡或山羊胡。

保持口气清新。每天刷牙；抽烟后、重口味饮食后或口腔有异味时，请使用口腔清新剂等，保持口气清新。

保持唇部滋润。男士看起来更为精致的方法是使用护唇膏。

（2）头发。

发式有型、发色自然有光泽；不可杂乱或剃光头，避免染怪异的颜色。

前额头发不盖过眉毛，鬓角修剪整齐，头发的长度不要超过衬衫衣领的上缘。

若有长短不一的细发，请用发胶或摩丝定型。

保持头发干净清爽，避免有头皮屑或头发过分油腻。

应经常修剪头发，保持头发长短适合。

（3）其他。

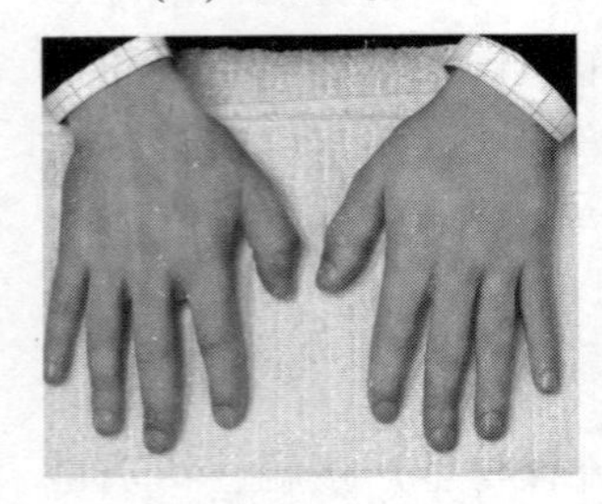

图 4-3 男士手部要求

手及指甲：随时保持手部及指甲的清洁。指甲修剪整齐。男士的指甲要短，不超过指尖（如图 4-3 所示）。

文身：不可外露。

鼻毛：经常修剪，避免长到鼻孔外边。另外，切忌在公共场合挖鼻孔。

耳朵：保持耳朵干净无异味，应经常清洁耳部。

气味：除保持身体清洁以外，建议适当使用香水或古龙水。避免身体有不好的气味。

（4）着服。

图 4-4 男士着装

西装：宜选用单排两粒扣或三粒扣的西装。剪裁合宜，笔挺，熨烫平整；颜色建议选择深蓝、黑色或灰色系。不论是两粒扣或三粒扣的西装，最下面一粒扣均不扣上。坐下时可解开衣扣。口袋内不放置任何物品（如图 4-4 所示）。

西裤：熨烫平整；口袋内不放任何物品。

腰带：黑色皮质的腰带。

皮带环扣：建议选以银色为主色系的方形或方圆形且无图案的环扣。

衬衫：正装衬衫，洁净，熨烫平整。衬衫颜色建议选白色或淡雅的颜色，袖长以露出西装衣袖一厘米为宜，材质为纯棉或聚酯与棉混纺。系上领带时，衬衫的第一个扣子不能松开。衬衫领子的高度以能露出西装后领约一厘米为宜。

领带：选择手感好的材质。系领带的长度以皮带扣的上下缘为其调整的空间。不佩戴有卡通图案的领带。

（5）鞋袜。

鞋：以正装皮鞋为首选，鞋面简洁大方，随时保持清洁、光亮，颜色为黑色。

袜：建议选用黑色、深蓝色等深色系袜子，材质为棉或丝。长度建议到小腿肚至膝盖间，以落座后他人看不到小腿的皮肤为宜。

（6）饰品。

名牌：着工服时，应佩戴于左胸前。避免歪斜。

手表：样式简洁，做工精细，颜色以黑、银或黑银两色搭配为首选。不可佩戴运动表。

项链：须隐藏在衬衫内，不可露出制服外。

眼镜：样式简洁，质量好。佩戴眼镜者务必保持镜面及镜架的清洁，避免戴有色隐形眼镜。

公文包：黑色，质感好，样式简单大方。

名片夹：以黑色、质感好、样式简单大方为首选。

其他：不可佩戴耳饰、鼻饰、手链、脚链、绳圈等其他饰物。手机亦不可配吊饰。

（7）坐姿。

上身端正挺直，两肩齐平，双膝与肩同宽，双脚放平，两手自然摆放，给人以稳重、端正的感觉。

落座时，弯曲双膝，后背挺直，轻轻落座，坐在椅子的前三分之二位置，双脚自如地放在地面。

落座后，两腿自然平放，双膝与肩同宽，不要跷二郎腿，腿不要交叉、不要抖动。手平放在大腿上，不要玩弄任何物品或有其他小动作。后背不得倚靠椅背。

聆听他人讲话时，应正面朝向讲话者，上身微微前倾，用柔和的目光注视对方，表情自然，切忌东张西望或心不在焉。

从座位上离开时，动作要轻，避免使椅子倾倒或出现声响，将座椅轻推回原位。

（8）站姿。

两腿稍微分开，双脚与肩同宽，挺胸、抬头、收腹，目视前方，双手自然地放在体侧或交叠置于腹前，给人以挺拔、坚定自信的感觉。

2.2 女士

（1）妆容。

化妆是对容貌的修饰，表示对他人的尊重。选择与自己气质、脸型、年龄等相符的妆容，能让人看起来端庄大方，增添个人魅力。恰到好处的妆容，可以充分展示自己容貌上的优点，同时也可以表达对他人的尊重（如图 4-5 所示）。

面部：使用自然明亮的粉底，呈现清新自然的面容。

眉眼：眉毛应修剪得自然有神韵。避免文眼线、文眉、绣眉。

唇部：建议以粉红色或橙色为基础，再搭配自己的肤色来选择口红或唇彩。

（2）头发。

发型样式应简单大方，发色自然光亮，避免头发颜色对比过强或染怪异的颜色。

前额的头发不盖过眉毛，若有长短不一的细发，请使用发胶或摩丝整理定型。

保持头发干净清爽，避免有头皮屑或头发油腻（如图 4-6 所示）。

可佩戴简单大方、颜色与自己的发色协调的发饰。

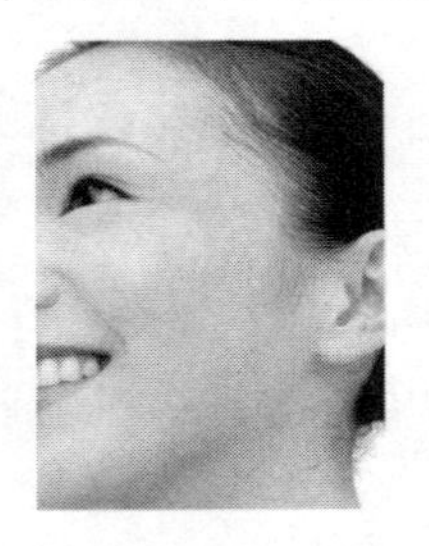

**图 4-5 端庄大方的妆容**

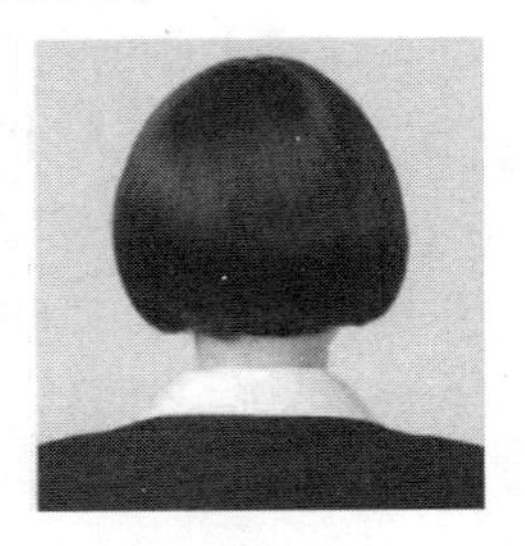

**图 4-6 简单的发型**

（3）其他。

手部：保持清洁、美观、滋润。

指甲：清洁、整齐，不可过长；可涂无色或淡雅色系的指甲油。

文身：不可外露。

耳朵：保持耳朵干净无异味，应经常清洁耳部。

口气：保持口气清新。在食用重口味食物后或口腔有异味时，请使用口腔清新剂等，保持口气清新。

气味：除保持身体清洁以外，建议适当使用清新自然的香水，避免身体有不好的气味。

（4）着装。

西装：剪裁合宜，笔挺，熨烫平整。建议选择黑色、深蓝色等深色系的两粒扣西装。

衬衫：白色，洁净，熨烫平整。建议着长袖衬衫（如图 4-7 所示）。

裙子：建议以黑色、深蓝色等深色系的颜色为主，裙长为膝盖上方 1 厘米为宜，熨烫平整。

长裤：建议以黑色、深蓝色等深色系的颜色为主，熨烫平整；裤袋里不放任何物品。

**图 4-7 女士套装**

(5) 鞋袜。

高跟鞋：建议选择黑色、深蓝色系，前包后包的船型高跟鞋为首选。鞋面简单大方、清洁光亮；鞋跟以 1.5 厘米为宜；避免选择鞋跟底部有金属材质的鞋，以免走路时发出大的声响（如图 4-8 所示）。

**图 4-8　女士高跟鞋**

丝袜：颜色以肤色或黑色为宜。着长裤时，丝袜长度建议到小腿肚至膝盖间，以落座后他人看不到小腿的皮肤为宜，不允许穿网格状袜子及白袜。

(6) 坐姿。

上身端正，两肩齐平，双膝并拢，双脚放平呈丁字步或向左或向右微微斜放，给人以稳重、端庄的感觉。

落座时，弯曲双膝，后背挺直，轻轻落座，坐在椅子前端的前三分之二处，双脚自然着地。

落座后，两腿自然平放或斜放，双膝并拢，双脚放平呈丁字步，不得跷二郎腿、不得抖动。两手平放在腿部靠近膝盖处，双手不玩弄物品或有其他小动作。后背不得倚靠椅背。

聆听他人讲话时，应正面朝向讲话者，上身微微前倾，用柔和的目光注视对方，表情自然，切忌东张西望或心不在焉。

从座位上离开时，动作要轻，一只手扶住椅子，一只脚向后收，徐徐起立，避免使椅子倾倒或出现声响，然后将座椅轻推回原位。

(7) 站姿。

两脚站丁字步，重心在后腿上，身体朝45°方向。挺胸、抬头、收腹、提臀，双肩自然下垂，双手交叠置于小腹之上，给人以优雅、自信的感觉。

2.3 社交礼仪

(1) 交换名片。

①接受名片。

接受名片时，应起身，双手接过名片，接到后不要在上面做标记或写字，不要来回摆弄；接到名片后要认真看一遍并收好，不要将他人的名片遗忘在座位上或桌子上。

②递名片

递名片的次序是：下级或访问方先递名片，介绍时被介绍方先递名片。递名片时应说“请多关照”“请多指教”等寒暄语；应使名片上的字体正对对方；互换名片时，应右手拿自己的名片，左手接对方的名片后，用双手托住。

(2) 握手。

握手时应坚定有力，握手时间不宜过长。手脏时，手上有汗或戴手套时，不宜握手。

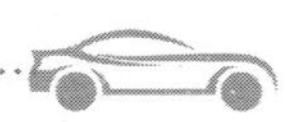

（3）同行时。

两人同行时，右为尊，安全为尊；三人同行时，中间为尊；四人同行时，不能并行，应分成两排，前排为尊。

（4）乘电梯。

入电梯：电梯内有人时，请客人、上司先入内；电梯内无人时，领路者先入内，并按住“开门”键，请客人、上司入内。出电梯时，应按住“开门”键，请客人、上司先出电梯。

## 3. 顾问式销售认知

### 3.1 顾问式销售的定义

顾问式销售起源于20世纪90年代，是指销售人员以专业销售技巧进行产品介绍的同时，运用分析能力、综合能力、实践能力、创造能力、说服能力满足客户的要求，能预见客户的未来需求并提出积极建议的销售方法。

由于客户的购买行为可分为产生需求、收集信息、评估选择、购买决定和购后反映五个阶段，因此顾问式销售可以针对客户的购买行为，通过挖掘潜在客户、拜访客户、筛选客户、掌握客户需求、提供解决方案、成交、销售管理等几个步骤来进行销售，也就是我们要学习的汽车销售流程。

### 3.2 顾问式销售与传统销售的区别

传统销售理论认为，客户是上帝，好商品就是性能好、价格低的商品，服务是为了更好地卖出商品；而顾问式销售理论认为，客户是朋友，是与销售者存在共同利益的群体，好商品是客户真正需要的产品，服务本身也是商品，服务是为了与客户进行有效沟通（如图4-9所示）。可以看出，顾问式销售将销售者定位在客户的朋友、销售者和顾问三个角度上。因此，如何扮演好这三种角色，是实现顾问式销售的关键所在。由顾问式销售与传统销售的区别我们可以得出结论，顾问式销售模式的执行者为销售顾问，而传统销售模式的执行者为销售员，二者的差异主要体现在以下两个方面。

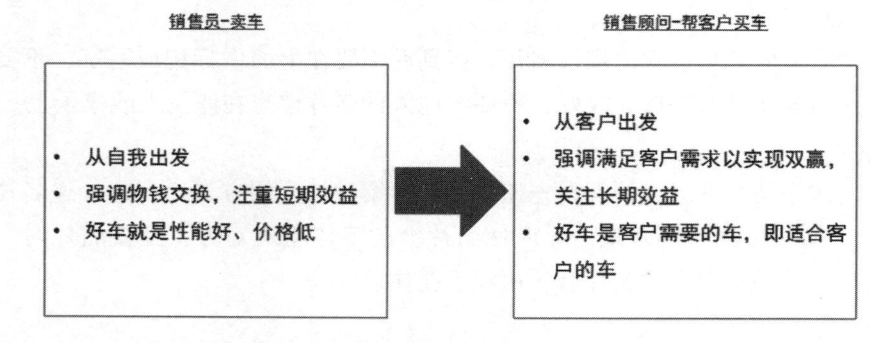


图4-9　从工作职能看顾问式销售与传统销售的区别

（1）从工作职能看。

在工作过程中，销售员从自己的角度出发，其工作的结果是将质量好、价格合适的车卖给客户，客户付款，销售员把车交给客户。在单次交易过程中实现单次交易的效益，不考虑后续的工作，销售员的工作职能就是卖车。而销售顾问则是从客户角度出发，注重工作过程中为客户提供的服务，也注重考虑车一定要满足客户需求，在满足客户需求的前提下，使客户和销售顾问本人及经销商都能获得利益，客户觉得自己花钱买得值，销售顾问和经销商得到经济利益和顾客满意，这就是销售顾问的工作职能。

（2）从与客户交流各维度所需时间看（如图 4-10 所示）。

在与客户“建立信任”维度，销售员与销售顾问用的时间比例分别是 10%和 40%；在“评估需求”维度，销售员和销售顾问所用时间比例分别为 20%和 30%；在“介绍产品”维度，销售员与销售顾问所用时间比例分别为 30%和 20%；在“异议与成交”维度，销售员和销售顾问所用时间比例分别为 40%和 10%。

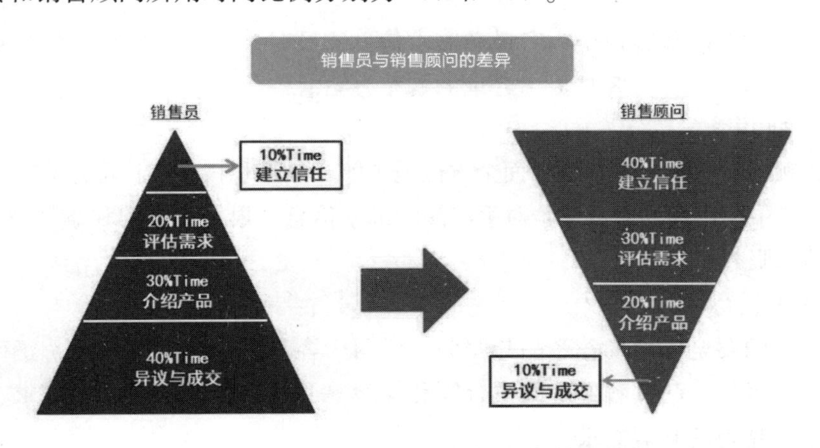


**图 4-10　从与客户交流各维度所需时间看销售员与销售顾问的差异**

汽车销售中有这样一个现象：一个客户一旦与销售者建立起信任或者信赖关系，那么接下来客户对销售者所说的内容可能都会觉得可靠，因为客户从心里相信销售者不会欺骗他，这非常有利于最后的成交。因此，销售者一开始接触客户时不要急于分析客户需求，着急往下走流程，这时客户与销售者是陌生关系，只有在聊天当中建立彼此间的信任关系后，才会为后续的顺利成交做好铺垫。而销售顾问会用 40%的时间与客户建立信任关系，赢得客户的信任和信赖。这如同盖楼要先打好地基一样，基础牢固，高楼才不会坍塌。再看客户需求环节，客户购买一件商品时，只有其需求得到满足，购后满意的可能性大，才会有后续的转介绍，从而促进销售。所以，销售顾问会用比较多的时间来了解客户，因为只有让客户买对了，对客户来说才是最好的。对客户需求了如指掌，接下来针对需求进行产品介绍就比较省时间了，而且还能突出重点利益，所以销售顾问用来介绍产品的时间少于销售员。最后的成交环节，由于前面的建立信任——评估需求——产品介绍环节顺势而为，符合客户购买心理规律，所以异议与成交环节就比较顺畅。而销售员由于在

前面环节的工作做得不到位，导致在异议与成交环节花费了大量时间。综上所述，销售顾问的工作方式更容易满足客户需求，也更利于成交。

3.3 销售顾问的职责

从上述销售员与销售顾问的差异分析中我们得出结论，销售顾问的工作方式也就是顾问式销售更能适应市场发展，那么销售顾问的职责都有哪些呢？由于汽车销售顾问是为客户提供顾问式的专业汽车消费咨询和导购服务的汽车销售服务人员，其工作范围实际上是从事汽车销售的工作，但其立足点是以客户的需求和利益为出发点，向客户提供符合客户需求和利益的产品销售服务。其具体工作包括如下几个方面。

（1）新客户开发。

汽车销售顾问要主动积极地制订和实施开发新客户的方案，取得客户联系信息或会晤机会，维护与管理新客户信息，为与客户的初次接触和联系做好铺垫。

（2）探索客户需求。

汽车销售顾问要收集客户个人背最和需求信息，及时维护与管理客户的变更信息，在了解客户需求的前提下，为客户提出合理的购车方案。

（3）专业地介绍产品。

汽车销售顾问要从技术和金融方面全方位地了解产品，积极参与产品培训，充分掌握销售数据的应用，了解市场发展和竞争对手产品的最新信息，根据客户的利益与需求专业地介绍与展示产品和服务。

（4）合理地进行谈判。

汽车销售顾问要全面地推荐产品与服务，说明为客户提供的利益信息，正确处理客户异议，制定书面报价、起草和处理购买合同和保险等合同，确保满足客户需求、特许经销商的利益需求和品牌的利益需求。

（5）现实客户与潜在客户跟踪。

汽车销售顾问要高质量地完成车辆交付工作，积极维护客户关系，帮助客户解决问题，寻找开展新业务的机会。

（6）购车后相关事务服务。

汽车销售顾问要为客户提供汽车保险、上牌、交车、理赔、年检等业务介绍、代办服务。

（7）开拓市场。

汽车销售顾问要进行区域开发和公关活动，开展活动之前应了解总体情况，观察交通需求和自己市场范围内的总体趋势，推行面向未来的销售解决方案。

## 4. 销售满意度认知

4.1 销售满意度的含义

销售满意度是指整个销售过程中客户对销售顾问提供的服务的满意程度。客户的满意度和客户的体验与期望有直接关系，客户期望是指客户对可以得到或应得到相应产品和服务的主观认知。当客户体验高于客户期望时，客户感受为喜悦；当客户体验等于客户期望时，客户感受为满意；当客户体验低于客户期望时，客户感受为失望。销售中，要通过服务提升客户体验，尽可能让客户感受达到喜悦，这是销售人员服务的核心和宗旨。

4.2 提升满意度的作用

客户满意度是客户通过产品的可感知的效果与他的期望值相比较后，所形成的愉悦或失望的感觉状态。汽车销售中的客户满意度主要由两个指标来衡量。一个是SSI（Sale Satisfaction Index 的简称），即销售满意度；另一个是 CSI（Customer Service Index 的简称），即服务满意度。进行满意度研究，旨在通过连续性的定量研究，获得客户对特定服务的满意度、消费缺陷、再次购买率与推荐率等指标的评价，找出内、外部客户的核心问题，发现最快捷有效的解决途径。

客户会根据自己对服务的需求和以往享受服务的经历，再加上自己周围的人对某个企业服务的口碑，从而构成对服务的期望值。汽车4S店在为客户提供服务的时候，应不断地去了解客户对服务有哪些期望，而后根据自己对客户期望值的理解为客户提供服务。然而，在现实中，汽车4S店对客户期望值的理解和所提供的服务与客户对服务的期望值存在某种差距，可能的情况有以下五种：

①客户对服务的期望值与经销商管理层对客户期望值的认知之间的差距。

②经销商对客户所做出的服务承诺与经销商实际为客户所提供的服务质量的差距。

③经销商对客户服务质量标准的要求和服务人员实际所提供的服务质量之间的差距。

④经销商管理层对客户期望值的认知与客户服务质量标准之间的差距。

⑤客户对经销商所提供的服务的感受与客户自己对服务的期望值之间的差距。

客户对4S店的满意度涉及以下五个方面：

①信赖度。信赖度是指经销商是否能够始终如一地履行自己对客户所做出的承诺，当这个经销商能做到这一点的时候，就会拥有良好的口碑，赢得客户的信赖。

②专业度。专业度是指服务人员所具备的专业知识、技能和职业素质，包括提供优质服务的能力、对客户是否礼貌和尊敬、与客户有效沟通的技巧。

③有形度。有形度是指有形的服务设施、环境、服务人员的仪表、服务对客户的帮助和关怀的有形表现。服务本身是一种无形的产品，但是整洁的展厅环境、展厅里为幼儿提供的专用娱乐区等，都可使服务这一无形产品变得有形起来。

④同理度。同理度是指服务人员能够随时设身处地地为客户着想，真正地同情客户的处境，了解客户的需求。

⑤反应度。反应度是指服务人员对客户的需求给予及时回应并能迅速提供服务的愿望。当服务出现问题时，服务人员马上给予回应、迅速解决问题，这些能够给服务质量带

来积极的影响。客户需要的是积极主动的服务态度。

对于以上五个方面重要性的认知，客户的观点和经销商的观点有所不同。客户认为信赖度和反应度是最重要的，这说明客户更希望经销商或服务人员能够完全履行自己的承诺并及时地为其解决问题。而经销商则认为有形度是最重要的。这证明经销商管理层与客户之间的期望值存在差异。客户服务的满意度与客户对服务的期望值是紧密相连的。经销商应站在客户的角度根据自己在以上五个方面的表现来衡量自己所提供的服务。只有经销商所提供的服务超出客户的期望值，经销商才能获得持久的竞争优势。

4.3 影响客户满意度的因素

客户满意度受以下四个方面因素的影响。

(1) 产品和服务让渡价值的高低。

客户对产品或服务的满意度受产品和服务的让渡价值高低的影响。如果客户得到的让渡价值高于他的期望值，他就倾向于满意，且差值越大越满意；反之，如果客户得到的让渡价值低于他的期望值，他就倾向于不满意，且差值越大就越不满意。

(2) 客户的情感。

客户的情感同样可以影响其对产品和服务的满意度。这些情感可能是稳定的、事先存在的，如情绪状态和对生活的态度等。非常愉快的时刻，健康的身心和积极的思考方式对所体验的服务的感觉有正面的影响。

(3) 对平等或公正的感知。

客户的满意度还受平等或公正的感知的影响。客户会问自己：我与其他的客户相比是不是被平等对待了？别的客户得到比我更好的待遇、更合理的价格、更优质的服务了吗？我为这项服务或产品花的钱合理吗？从我所花费的金钱和精力来看，我所得到的比他人多还是少？公正的感觉是客户对产品和服务满意的中心。

4.4 提升客户满意度的方法

客户对经销商的满意存在着程度上的区别，经销商应通过各种方式了解客户的满意度，采取相应的措施留住客户。

(1) 客户满意度专项调查。

满意度研究的问题类型通常采取等级型封闭式。例如，请问您对本店的接待是否满意？选项为“完全不满意”“不满意”“尚可”“满意”“完全满意”。

(2) 投诉和建议制度。

经销商为客户抱怨、投诉和建议提供一切可能的渠道，做法各异。有的经销商向客户提供不同的表格，请客户填写他们的满意和失望之处；有的经销商设“建议箱”或“评议卡”，并出钱雇佣一些客户向其他客户收集抱怨；有的经销商通过热线电话来接受客户的投诉。

（3）神秘客户。

有些汽车厂家出资聘请一些第三方公司的工作人员或者客户，有些用内部人员（这些人往往是后台工作人员，他们与前台工作人员互相不认识），让他们装扮成客户，亲身经历一般客户在消费中所经历的全部过程，然后向公司报告本公司产品（或服务）及其竞争产品（或服务）所具有的优点和缺点。

（4）研究流失客户。

客户之所以会流失，大多数是因为其对经销商不满。所以，经销商应多学习留住客户的做法。

## 任务实施

### ☞ 任务准备

（1）防护装备：服装、抹布、灭火器。

（2）工具设备：整车、计算机或网络终端。

（3）辅助资料：卡片、记号笔、翻纸板、参考书。

### ☞ 实施步骤

（1）教师提供 BMW 品牌汽车销售接待案例，或由学生上网查阅（利用搜索工具搜索“汽车销售满意度、汽车销售顾问和销售员的区别、如何更好地进行汽车销售接待”等关键词）。

（2）将学生分成三组，讨论分析案例并记录。

一组分析此次接待客户的满意度。

二组分析汽车销售顾问调整话术。

三组分析汽车销售顾问要从哪些方面提高客户满意度。

（3）完成任务报告。

任务报告

<table>
<tr><td colspan="4">任务四　汽车销售顾问认知</td></tr>
<tr><td>班级</td><td></td><td>姓名</td><td></td></tr>
<tr><td>组别</td><td></td><td>组长</td><td></td></tr>
<tr><td colspan="2">1. 接受任务（5 分）</td><td colspan="2">得分：</td></tr>
<tr><td colspan="4">你是一名汽车服务与营销专业的二年级学生，现在开始学习汽车销售实务这门专业课程，需要分析一个实际的店内接待案例，请利用教材、参考书及网络资源进行搜索并将分析过程，总结到报告中。</td></tr>
<tr><td colspan="2">2. 信息收集（20 分）</td><td colspan="2">得分：</td></tr>
<tr><td colspan="4">（1）小组根据案例资料中客户的心理活动、语言表达等信息，分析此次所接待客户的满意度是怎样的，具体体现在哪。<br>（2）小组讨论：针对案例中的客户，如果你是汽车销售顾问，你将如何向客户提供帮助？你将从哪些方面提高客户的满意度？</td></tr>
</table>

（续表）

<table>
<tr><td>3. 制订计划（15 分）</td><td>得分：</td></tr>
<tr><td colspan="2">请根据工作任务制订工作计划及任务分工。<br>
<table>
<tr><th>序号</th><th>工作内容</th><th>工作要点</th><th>负责人</th></tr>
<tr><td></td><td></td><td></td><td></td></tr>
<tr><td></td><td></td><td></td><td></td></tr>
<tr><td></td><td></td><td></td><td></td></tr>
</table></td></tr>
<tr><td>4. 计划实施（50 分）</td><td>得分：</td></tr>
<tr><td colspan="2">（1）分析此次所接待客户的满意度（20 分）<br>
<table>
<tr><td>满意度</td><td></td></tr>
<tr><td>具体体现</td><td></td></tr>
</table>
（2）汽车销售顾问应如何向客户提供帮助（15 分）<br>
<table>
<tr><td>调整话术</td><td></td></tr>
<tr><td>从哪些方面<br>提高客户的满意度</td><td></td></tr>
</table></td></tr>
<tr><td>5. 检查评价(10 分)</td><td>得分：</td></tr>
<tr><td colspan="2">根据小组成员在完成任务中的表现及工作结果进行评价。<br>自我评价：________________________________。<br>小组评价：________________________________。</td></tr>
<tr><td colspan="2">任务总成绩：</td></tr>
</table>

## 实操训练

<table>
<tr><td colspan="2">模块：汽车营销评估与金融保险服务技术（初级）</td><td colspan="2">考核时间：50 分钟</td></tr>
<tr><td>姓名：</td><td>班级：</td><td>学号：</td><td rowspan="3">考评员签字：</td></tr>
<tr><td>初评：□合格<br>□不合格</td><td>复评：□合格<br>□不合格</td><td>师评：□合格<br>□不合格</td></tr>
<tr><td>日期：</td><td>日期：</td><td>日期：</td></tr>
<tr><td colspan="4">考核项目一：汽车销售与三包作业流程［实操考核报告］</td></tr>
</table>

一、假设学员接待一组到店购车的客户，请说明接待时的礼仪要求

| 品牌 | | 整车型号 | | 上市日期 | |
|---|---|---|---|---|---|
| 长/宽/高 | | 轴距 | | 马力 | |
| 发动机排量 | | 市场定位 | | 厂家指导价 | |

二、分析如何提高客户的进店满意度，将具体做法用文字进行说明

# 项目二

# 汽车销售流程

## 学习任务

本项目主要帮助学生掌握汽车销售流程，项目内容分为九个学习任务。

任务五　客户开发

任务六　到店接待

任务七　需求分析

任务八　新车展示

任务九　试乘试驾

任务十　提供方案

任务十一　洽谈成交

任务十二　新车交付

任务十三　客户维系

通过九个任务的学习，学生能顺利接待到店客户，并针对客户咨询，完成车辆介绍、报价与签约，能正确处理客户的异议。

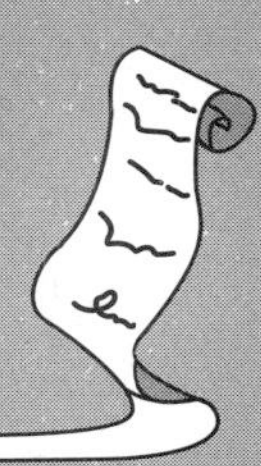

# 任务五　客户开发

## 任务引导

汽车销售流程的前期准备工作就是客户开发，只有先找到客户来源，才有销售流程的下一步。有效的客户开发工作可以使更多的客户来到汽车销售展厅，进而创造更多的销售机会。

如果客户打电话来询问店内车型、价格及车源，你会如何去做?

## 任务目标

☞ **知识目标**

（1）了解客户开发环节的目标。

（2）掌握客户含义及分类。

（3）掌握客户开发手段和方法。

☞ **能力目标**

（1）学会判定潜在客户类型。

（2）能通过各种渠道开发客户。

（3）能通过电话邀约成功，获取客户。

☞ **素质目标**

（1）培养求真务实、勇于实践的工匠精神和创新的精神。

（2）培养科学严谨的探索精神和实事求是、独立思考的工作态度。

（3）培养社会责任感和使命担当感。

（4）在学习活动中获得成功的体验，锻炼克服困难的意志，建立自信心。

## 任务资讯

### 1. 客户的分类

客户分类标准是有无联系方式。

现实客户：有联系方式，已经成交了的客户。

潜在客户：有联系方式，未成交或者成交后一段时间内不可能再购买的客户。

未知客户：没有联系方式，也没有其他方式找到这类客户，要想找到，就需要进行客

户开发。

客户间相互转化

（1）现实客户—现实客户：已经购买过的客户，需要再次购买时仍然到店在同一销售顾问处产生购买行为，也可能到店但不在同一销售顾问处产生购买行为。我们称这类客户为忠诚客户。

（2）现实客户—潜在客户：已经购买过的客户，需要再次购买时不再回原店购买，但是销售顾问还有他的联系方式。我们称这类客户为不忠诚客户。

（3）潜在客户—现实客户：销售顾问有客户的联系方式，通过销售顾问近期跟踪，最后客户买车了。我们称这类客户为新增客户。

（4）未知客户—潜在客户：销售顾问没有客户的联系方式，但是通过活动等渠道找到其联系方式，然后客户也购车了。我们称这类客户为新开发客户。

（5）未知客户—现实客户：销售顾问没有客户的联系方式，但是客户偶然到店就购买了车，销售顾问从而获得了该客户的联系方式。我们称这类客户为偶然成交客户。

（6）现实客户或潜在客户—未知客户：已经购车的客户在购车后更换了电话号码，或者因其他原因，销售顾问找不到这个客户的联系方式了。我们称这类客户为流失客户。

不同类型的客户可以相互转换。销售顾问应该积极地开发、跟踪客户，与客户保持联系，保证正方向的流动，避免负方向的流失。

### 2. 判定潜在客户

销售顾问应有效地利用时间和精力，以求在最短时间内获得最多的销售量，因此就要有准确辨别真正潜在客户的能力，在寻找客户的同时要注意对他们的情况进行分析评价，从中找出潜在客户，以免盲目访问，浪费大量的时间、精力以及财力。在实际工作中，评估潜在客户主要采用 MAN 法则（如表 5-1 所示）。

M：Money，代表“金钱”。所选择的对象必须有一定的购买能力。

A：Authority，代表购买“决定权”。该对象对购买行为有决定、建议或反对的权利。

N：Need，代表“需求”。该对象对汽车产品有需求。

**表 5-1　评估潜在客户的 MAN 法则**

| 购买能力 | 购买决定权 | 购买需求 |
|---|---|---|
| M（有） | A（有） | N（有） |
| m（无） | a（无） | n（无） |

潜在客户应该具备 MAN 法则中的三个基本特征，但在实际操作中，销售顾问常会遇到以下几种状况，这时应根据具体状况采取具体对策。

（1）具有 M+A+N 特征的客户是有希望成交的客户，是理想的销售对象。

（2）对具有 M+A+n 特征的客户，销售顾问可以接触，配合熟练的销售技术，有成功的希望。

（3）对具有 M+a+N 特征的客户，销售顾问可以接触并设法找到具有决定权的人。

（4）对具有 m+A+N 特征的客户，销售顾问可以接触，但需要调查其经济状况、信用条件等，在此基础上可采取信贷方式或融资租赁方式销售。

（5）对具有 m+a+N 特征的客户，销售顾问可以接触并长期观察、培养，等其具备一定条件后即可将其转化为现实客户。

（6）对具有 m+A+n 特征的客户，销售顾问可以接触并长期观察、培养，等其具备一定条件后即可将其转化为现实客户。

（7）对具有 M+a+n 特征的客户，销售顾问可以接触并长期观察、培养，等其具备一定条件后即可将其转化为现实客户。

（8）具有 m+a+n 特征的客户基本上没有购买的可能性，销售顾问可停止与其接触。

由此可见，潜在客户有时欠缺某一条件，如购买力、需求或购买决定权等，这种情况下，销售顾问仍然可以开发，但要应用适当的策略，便能使潜在客户成为现实客户。

### 3. 客户开发环节的目标

通过不同渠道客户开发方案的制订与实施，与客户进行初步沟通，销售顾问可了解客户的需求，获取客户信息；为不同购车需求的客户提供有价值的信息与服务，邀约客户到店。

（1）通过提供迅速、专业、有价值的服务，树立品牌和经销店形象，吸引客户光临经销店。

（2）通过提供客户关心的品牌、产品、服务等信息，邀请客户到店体验，从而赢得销售机会。

（3）通过各种渠道挖掘和获取更多客户资源。

### 4. 客户开发环节客户的期望

从心理学角度看，一般客户都有心理预期，在进行购买决策的过程中，如果能超过心理预期，客户购买的可能性就大，因此销售顾问应该了解客户的心理预期。在客户开发环节，一般来说，客户的期望主要有以下几个：

（1）能够通过不同的沟通渠道，顺畅地与经销商取得联系。

（2）销售顾问能及时热情地应答，并能为客户提供全面准确的信息。

（3）销售顾问在客户许可的时间内与客户保持联系；在客户需要帮助的时候，销售顾问能够及时耐心地提供帮助。

### 5. 客户开发环节的重要性

在客户开发环节，汽车 4S 店要进行资源整合、对客户资源进行分级并安排相关人员

进行跟进。在这个过程中，销售顾问会主动获取客户，同时也会接到客户打来的电话，面对不同的情况，销售顾问应该如何应对呢？在图 5-1 中，我们可以清晰地看到本环节各岗位的关键执行点。

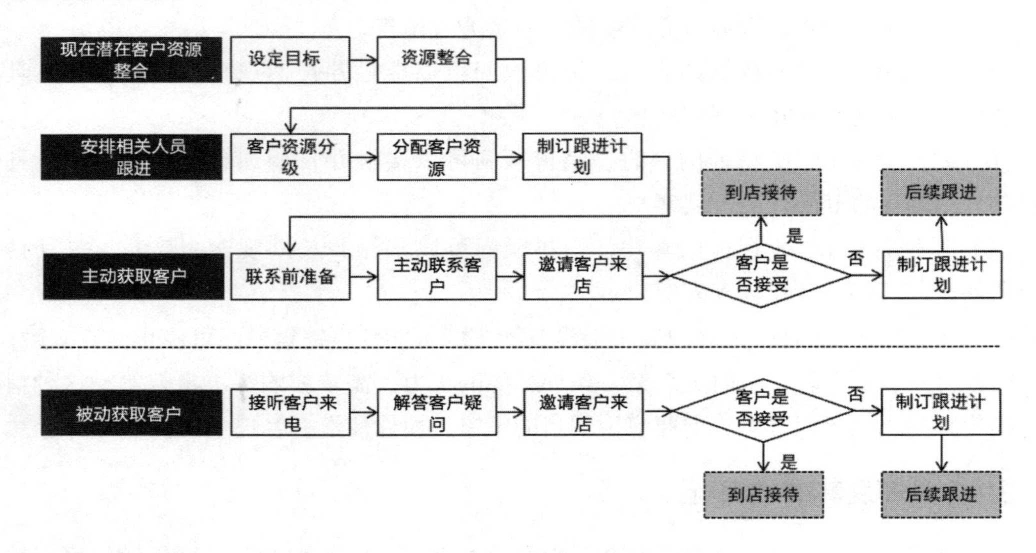


图 5-1　客户开发环节流程

要想将汽车产品销售出去，销售顾问首先要找到客户。企业拥有再好、再多的汽车产品，如果没有客户，就不能形成销售，从而造成积压。过去那种所谓的“酒香不怕巷子深”的说法，在当今的市场经济条件下遇到了严峻的挑战。图 5-2 为销售业绩计算的方法。

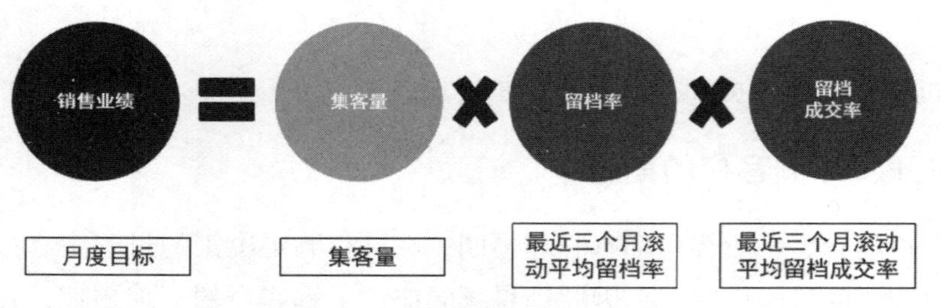


图 5-2　销售业绩计算

图 5-2 中：

集客量=首次进店/来电留档客户+未留档客户

留档率=（当期留档客户÷当期集客量）×100%

留档成交率=（当期成交数量÷当期留档数量）×100%

由图 5-2 我们可以看出，销售顾问的销售业绩与集客量密切相关，因此汽车 4S 店销售经理会对销售顾问的留档率进行考核，一般要求留档率不低于 60%。基于上述状况我们可以得出结论：要想销售业绩好，就要有大的基盘客户。

### 6. 客户开发渠道

客户开发的渠道主要有如下几个（如图 5-3 所示）。

**图 5-3　客户开发渠道**

（1）自然到店渠道：包含自然到店及店内活动。当前我国的汽车销售模式决定了展厅是销售人员获取客户的主要渠道。销售人员也可以不定期在店内搞各种活动，如试乘试驾活动、体验式营销活动，通过活动获取客户的联系方式。

（2）DCC（Digital Car Care，数字化车辆关怀）渠道：包含呼叫中心热线、总部和区域的广告日常投放、电商平台以及互联网（垂直媒体、经销商合作媒体及自媒体）等。网络获取客户的方法比较多，通过经销商的官方网站、汽车垂直网站广宣推广、门户网站汽车频道、微信平台推广服务、经销商官方微博推送实时资讯、QQ 群等生活栏目、网站论坛等方式，都可以获取客户（如图 5-4 所示）。

| 通过经销商的官方网站获取客户资源 |
|---|
| 通过汽车垂直网站广宣推广获取客户资源 |
| 通过门户网站汽车频道获取客户资源 |
| 通过微信平台推广服务获取客户资源 |
| 通过经销商官方微博推送实时资讯来获取客户资源 |
| 通过即时通信工具、群、生活服务栏目获取客户资源 |
| 通过网站论坛、论坛搜索寻找客户资源 |

**图 5-4　DDC 渠道获取客户资源**

（3）开拓渠道：包含车展、外展、巡展、扫街、商展等外拓活动。销售人员可以在每年或者定期举办的车展活动中获得客户的联系方式；还可以通过市场部进行市场开拓、异业联盟、团购、广告宣传等获得客户的联系方式，进行客户开发。

(4) 保客渠道：包含再购及推荐。现有的有车一族是较好的潜在客户。不要以为他们已经有车了，不可能再次购车。因为他们中的一部分是高收入群体，他们不一定仅仅满足于拥有一部车，很可能想拥有更多的车。有一些资深的汽车销售顾问，其工作压力不大，主要源于其有一定的基盘客户，基盘客户会转介绍自己的亲戚、朋友或者同事等前来购车。此外，还会有同行不同品牌的销售顾问转介绍的客户。

另外还有哪些人最可能成为介绍人呢？银行的贷款员、汽车厂的修理人员、处理汽车理赔的保险公司职员，这些人几乎天天都能接触到有意购买新车的客户，这些人最有可能成为介绍人。

## 7. 电话邀约

通过电话获取客户分为两种方式，一种是销售顾问给客户打电话主动获取客户，另一种是接听客户来电被动获取客户。

### 7.1 主动获取客户

行为规范：

(1) 联系前准备：在 CRM 中查阅客户信息；如客户有异议，联系前应做好准备。

(2) 联系客户：自报家门，包括经销商名称、本人姓名及职务；询问是否方便接听电话；主动询问客户需求，回答客户的问题。

(3) 邀约客户来店：主动邀约；电话结束前感谢客户接听电话，等客户先挂断电话。

(4) 更新记录：无论客户是否答应到店，尽可能预约下一次联系的时间，便于下次联系；更新 CRM 中的客户信息与状态，形成下一次跟进计划。

执行参考：

(1) 以姓氏称呼对方。

(2) 应耐心、专业、迅速地回答客户的问题；如无法立刻回答，应告知客户并取得客户的谅解，约定时间再回复客户。

(3) 客户不方便接听时，可预约下一次联系时间。

(4) 多次打电话无法联系上客户时，可以短信告知客户，短信内容应简单明了，能激发客户的兴趣。

(5) 利用店端活动、试乘试驾、二手车置换、金融衍生或近期优惠活动邀约客户。

销售顾问给客户打电话时应注意遵循行为规范，另外还需掌握一些拨打客户电话的技巧（如表 5-2 所示）。

**表 5-2　拨打客户电话的技巧**

| 序号 | 步骤 | 话术 | 注意事项 |
|---|---|---|---|
| 1 | 打出电话准备 | — | 电话内容；<br>可能需要的资料、文件等；<br>明确通话对象背景和客户价值 |

（续表）

| 序号 | 步骤 | 话术 | 注意事项 |
|---|---|---|---|
| 2 | 拨打、问、告知自己姓名 | “您好！我是××经销商销售顾问。” | 电话中一定要报出自己的姓名，以示礼貌 |
| 3 | 确认电话对象 | “请问××先生在吗?”“麻烦您，我要找××先生。”“您好！我是××经销店的×××。” | 应确认对方为何人，与客户联系上后，应该再次问候 |
| 4 | 电话内容沟通 | “今天打电话是想确认一下关于明天您来店看车的时间。” | 应先将沟通理由告知客户；<br>在告知客户时间、地点等信息前，提醒客户做记录；<br>电话沟通后要进行总结确认 |
| 5 | 结束语 | “谢谢，麻烦您了。”“那就拜托了。” | 语气诚恳，态度和蔼 |
| 6 | 挂断电话 | — | 请客户先挂断电话 |

7.2 被动获取客户

行为规范：

（1）接听客户电话/网络提问：应在30分钟内回应客户的网络咨询；第一时间（铃音响三次或15秒内）接听电话；接听电话时应先问候客户，感谢客户致电，自报家门，确认客户来电目的。

（2）解答客户疑问：询问客户需求，迅速、专业、准确地解答客户的问题。

（3）邀约客户来店：主动邀约客户到店体验；电话结束前，感谢客户致电，待客户挂断电话后再挂电话。

（4）记录客户信息：准确记录客户信息，包括姓名、联系方式、意向车型等；登记《集客量登记表》；将客户信息录入CRM系统，设置回访计划。

执行参考：

（1）非营业时间内，展厅电话应设置为自动留言，网络应设置为自动答复。

（2）与客户进行电话沟通时，应争取多了解客户的信息，包括姓名、联系方式、意向车型、预购时间等，便于后续跟进。

（3）如对客户的疑问无法立刻提供答案，可与客户预约跟进答复的时间。

（4）利用店端活动、试乘试驾、二手车置换和金融衍生等方式邀约客户。

销售顾问在接听客户来电时应注意遵循行为规范，另外还需掌握一些接听客户来电的技巧（如表5-3所示）。

**表5-3　接听客户来电的技巧**

| 序号 | 顺序 | 话术 | 注意事项 |
|---|---|---|---|
| 1 | 接听电话，礼貌问候，告知客户经销商名称、自己的职位、姓名 | “您好，××经销商，我是销售顾问××，请问有什么能帮到您?” | 在电话机旁准备好纸笔；<br>保持正确的站姿和坐姿；<br>在语音和语调上与客户保持一致；<br>音量适度，保持微笑 |

（续表）

| 序号 | 顺序 | 话术 | 注意事项 |
|---|---|---|---|
| 2 | 听取客户来电的用意 | 用“是”“好的““清楚”等回答 | 交流中牢记主题，适时记录 |
| 3 | 确认客户的姓名、意图 | “先生如何称呼？……是××女士”“我再和您确认一下，明天上午 10 点左右来看车对吗？” | 确认相关事宜；<br>简要回答问题；<br>确认时间、地点、对象和项目 |
| 4 | 结束语 | “请放心，我一定转达，感谢您的来电，祝您生活愉快，再见！” | 进行问候 |
| 5 | 等客户挂电话后再放下话筒 | — | 请客户先挂断电话 |

电话沟通过程中销售顾问应尽可能多地获得客户的购车信息，以便相对准确地判定客户级别，可参照表 5-4 来综合判定。在汽车行业，一般会把客户分为 H 级，A 级，B 级，C 级。一般来说，H 级表示客户最近就要购买，可以定义为 7 天内购车；A 级表示客户打算最近半个月内购买；B 级表示客户打算在 30 日内购买；C 级表示客户打算在 3 个月内购买。

**表 5-4　判定客户级别**

| 项目 | 参考内容 | 客户级别及跟进计划建议 |
|---|---|---|
| 预购时间 | 该项级别：7 天内>15 天>30 天>30 天以上 | · H 级客户：首次跟进时间为 24 小时一次，持续跟进频率为 2 天至少一次<br>· A 级客户：首次跟进时间为 24 小时一次，持续跟进频率为 3 天至少一次<br>· B 级客户：首次跟进时间为 24 小时一次，持续跟进频率为 4 天至少一次<br>· C 级客户：首次跟进时间为 24 小时一次，持续跟进频率为 7 天至少一次 |
| 购买车型 | 该项级别：明确车型、配置、颜色>明确车型>明确品牌 | |
| 预算 | 该项级别：预算与车型符合度高>预算相对紧张>预算与车型不符合 | |
| 决策人 | 该项级别：自己购车或单位决策人>帮助家人购车>帮助朋友购车 | |
| 购车用途 | 该项级别：用途明确>用途不明 | |
| 看车经历 | 该项级别：有竞品对比经历，且明确了解竞品行情>只看过竞品>没有了解竞品 | |
| 购车方式 | 该项级别：明确全款、贷款、转换、租赁>不明确 | |
| 其他 | 如有购车指标（北京）；库存车；店内促销车型 | |
| 说明：客户级别应综合判定，不应单纯地依据预购时间，可通过将左侧项目按不同级别结合在一起进行判断。例如：一客户虽然表示会在一周内购车，但是除此之外，车型、预算等信息均未明确；另一客户明确表示会在 15 天内购车，已经咨询过后期还款相关问题，显然后者的客户级别应高于前者 | | |

## 任务实施

### ☞ 任务准备

（1）防护装备：服装、抹布、灭火器。

（2）工具设备：整车，计算机或网络终端。

（3）辅助资料：卡片、记号笔、翻纸板、参考书、《客户信息登记表》。

☞ **实施步骤**

（1）结合电话邀约成功案例，分析各类客户开发渠道的优势与不足。

（2）上网查询实际车企成功的电话邀约案例，并记录分析。

利用搜索工具搜索“电话邀约成功案例”等关键词，查询并记录和分析的信息包括：

· 具体成功的案例是什么？

· 从案例中能得到什么启发？

（3）根据查询的信息完成任务报告。

任务报告

<table>
<tr><td colspan="4">任务五、客户开发</td></tr>
<tr><td>班级</td><td></td><td>姓名</td><td></td></tr>
<tr><td>组别</td><td></td><td>组长</td><td></td></tr>
<tr><td colspan="2">1. 接受任务（5 分）</td><td colspan="2">得分：</td></tr>
<tr><td colspan="4">客户在哪里？这是 4S 店乃至每一个汽车销售顾问所面临的一个非常重要的问题，首先需要了解客户开发渠道。请利用教材、参考书及网络资源搜索电话邀约成功的案例，并记录总结到报告中。</td></tr>
<tr><td colspan="2">2. 信息收集（20 分）</td><td colspan="2">得分：</td></tr>
<tr><td colspan="4">（1）客户开发渠道有________、________、________、________。<br>（2）电话沟通是我们获取客户的主要渠道，通过电话获取客户分为两种方式，一种是____________，另一种是____________。</td></tr>
<tr><td colspan="2">3. 制订计划（15 分）</td><td colspan="2">得分：</td></tr>
<tr><td colspan="4">请根据工作任务制订工作计划及任务分工。<br><table><tr><td>序号</td><td>工作内容</td><td>工作要点</td><td>负责人</td></tr><tr><td></td><td></td><td></td><td></td></tr><tr><td></td><td></td><td></td><td></td></tr><tr><td></td><td></td><td></td><td></td></tr></table></td></tr>
<tr><td colspan="2">4. 计划实施（50 分）</td><td colspan="2">得分：</td></tr>
<tr><td colspan="4">（1）结合电话邀约成功案例分析各类客户开发渠道的优缺点。(40 分)</td></tr>
<tr><td colspan="4"><table><tr><td>开发渠道</td><td>优势</td><td>不足</td></tr><tr><td></td><td></td><td></td></tr><tr><td></td><td></td><td></td></tr><tr><td></td><td></td><td></td></tr><tr><td></td><td></td><td></td></tr></table></td></tr>
</table>

（续表）

<table>
<tr><td colspan="2">（2）查询并记录电话邀约成功案例。（10 分）</td></tr>
<tr><td>具体成功的案例是什么？</td><td></td></tr>
<tr><td>从案例中能得到什么启发？</td><td></td></tr>
<tr><td>5. 检查评价（10 分）</td><td>得分：</td></tr>
<tr><td colspan="2">请根据小组成员在完成任务中的表现及工作结果进行评价。<br>自我评价：________________________________。<br>小组评价：________________________________。</td></tr>
<tr><td colspan="2">任务总成绩：</td></tr>
</table>

## 实操训练

<table>
<tr><td colspan="2">模块：汽车营销评估与金融保险服务技术（初级）</td><td colspan="2">考核时间：50 分钟</td></tr>
<tr><td>姓名：</td><td>班级：</td><td>学号：</td><td rowspan="3">考评员签字：</td></tr>
<tr><td>初评：□合格<br>□不合格</td><td>复评：□合格<br>□不合格</td><td>师评：□合格<br>□不合格</td></tr>
<tr><td>日期：</td><td>日期：</td><td>日期：</td></tr>
<tr><td colspan="4">考核项目四：客户关系管理与网络营销［实操考核报告］</td></tr>
</table>

**客户信息表格**

| 客户来源 | 客户姓名 | 联系电话 | 客户职业 | 是否有车 | 购车用途 | 预计金额 | 潜客判别 |
|---|---|---|---|---|---|---|---|
| 进店 | 王小伟 | 1309920×××× | 医生 | 否 | 通勤 | 20 万 | C |
| | 李小莉 | 1382947×××× | 护士 | 否 | 通勤 | 15 万 | B |
| | 刘小亮 | 1849284×××× | 个体 | 是 | 跑业务 | 20 万 | H |
| | 赵小鹏 | 1870294×××× | 律师 | 是 | 接送孩子 | 18 万 | H |
| | 孙小梅 | 1308227×××× | 教师 | 否 | 通勤 | 15 万 | A |
| 车展 | 周小亮 | 1391058×××× | 公务员 | 是 | 通勤 | 18 万 | B |
| | 裴小娜 | 1582059×××× | 公司职员 | 否 | 代步 | 10 万 | C |
| | 王小良 | 1719395×××× | 经理 | 是 | 商用 | 25 万 | B |
| | 赵小才 | 1882048×××× | 无业 | 否 | 自驾游 | 30 万 | A |
| | 刘小璐 | 1851048×××× | 自由职业 | 否 | 代步 | 25 万 | C |

一、学生选定某一品牌的某一具体车型，进行车辆信息记录

| 品牌 | | 整车型号 | | 上市日期 | |
|---|---|---|---|---|---|
| 发动机型号 | | 发动机排量 | | 行驶里程 | |
| 车辆识别码 | | | | | |

二、学生根据所提供的客户信息登记表进行录入和分类

| 客户姓名 | 职业 | 联系方式 | 购车用途 | 预算金额 | 意向车型 | 是否邀约 |
|---|---|---|---|---|---|---|
| | | | | | | 是◎ 否◎ |
| | | | | | | 是◎ 否◎ |
| | | | | | | 是◎ 否◎ |
| | | | | | | 是◎ 否◎ |
| | | | | | | 是◎ 否◎ |
| | | | | | | 是◎ 否◎ |
| | | | | | | 是◎ 否◎ |
| | | | | | | 是◎ 否◎ |
| | | | | | | 是◎ 否◎ |
| | | | | | | 是◎ 否◎ |

# 任务六　到店接待

## 任务引导

客户第一次和销售顾问接触时，销售顾问应当采用职业化的欢迎客户的技巧，明确客户的想法和关注的问题，建立咨询服务关系，为车辆的销售奠定良好的基础。

客户预约来店或者未经预约直接来店时，如果你是销售顾问（或者前台接待），你将如何接待并顺利引导客户落座和进行需求分析呢？

## 任务目标

☞ **知识目标**

（1）掌握塑造完美第一印象的要素。

（2）掌握建立良好关系的方式。

（3）掌握到店接待的流程。

☞ **能力目标**

（1）学会成功塑造完美第一印象。

（2）能够和客户建立良好关系。

（3）能够成功接待到店客户。

☞ **素质目标**

（1）培养良好的心理品质，具备建立和谐的人际关系的能力，表现出良好的人际交往能力与合作精神。

（2）培养服务意识，树立精益求精的服务理念。

（3）在学习活动中获得成功的体验，培养锻炼克服困难的意志，建立自信心。

## 任务资讯

### 1. 到店接待环节的目标

预约客户或者未预约客户来到店内时，销售顾问应给予足够的重视，可通过各种方式和手段来感染客户，并达成到店接待环节的目标。

（1）针对不同渠道客户特点，提供及时、热情、专业、礼貌的接待。

（2）消除客户的疑虑和戒备心理，逐步建立信任关系。

（3）给客户留下良好的第一印象，树立品牌形象。

## 2. 到店接待环节客户的期望

客户能够亲历展厅，说明其购买动机强烈，同时对本次到访展厅充满了期待，具体期望如下：

（1）能够得到销售顾问及时、热情、专业、礼貌的接待。

（2）有疑问时能够得到销售顾问耐心的解答。

（3）经销商能提供舒适又愉悦的购车环境。

## 3. 到店接待环节的重要性

客户进入4S店展厅，就意味着销售顾问的接待工作开始了。一般来说，在客户进入4S店展厅前，相关工作人员要做好接待准备工作：值班保安要对来访客户进行问候，并为客户指引展厅入口；如果客户是开车来店的，值班保安要引导客户将车辆停放到停车场，并安排相关人员为客户擦洗清洁车辆；如果下雨的话，值班保安要主动拿出雨伞出门迎接客户。4S店展厅接待流程起始于此，汽车销售顾问要做好汽车销售工作，也必须从这里开始做好到店接待工作，到店接待流程如图6-1所示。

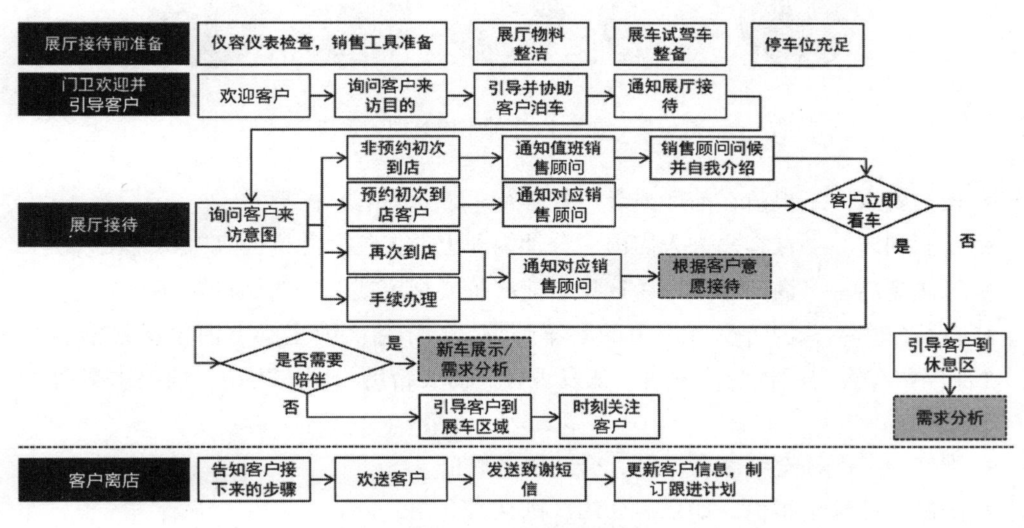


图6-1　到店接待流程

## 4. 到店接待工作

4.1 到店接待前准备

从汽车销售的角度看，想要塑造完美的第一印象，应抓住以下三个关键点：展厅、展车和销售顾问。

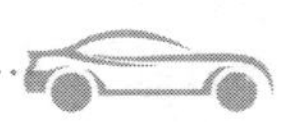

（1）展厅。

①展厅人员。

进入展厅的客户很多，并不是每一个人都是为了买车而来。但是，任何一个人都是4S店的潜在客户，在他进入展厅的时候，有没有得到礼貌的对待，直接影响着他对4S店的印象。这是一个重要的时刻，展厅工作人员应给予重视。这里，展厅工作人员不仅仅包括销售顾问，也包括保洁、保安等。展厅工作人员见到客户时应做到“十步内向客户点头示意，五步内向客户微笑打招呼”，让客户感觉备受欢迎、关注、尊重。针对不同类型的到店客户（如图6-2所示），销售顾问的接待方式也不一样。

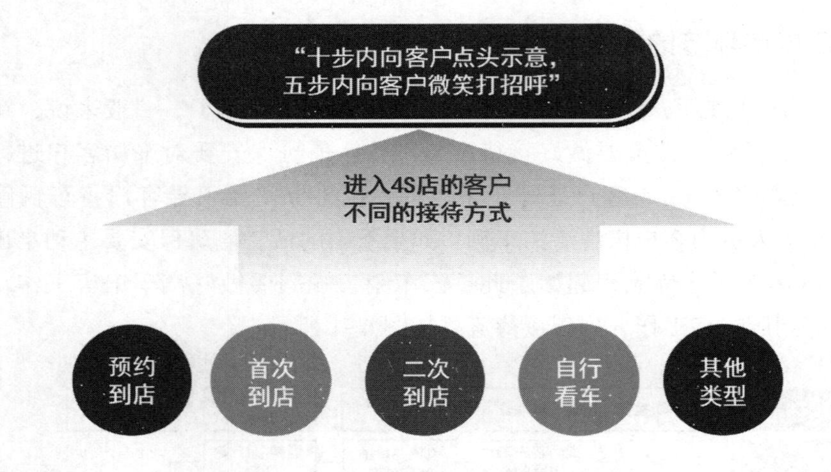


**图6-2　进入4S店的不同类型的客户**

- 预约到店——提前在前厅或者门外等待，以示对客户的尊重。
- 首次到店——在客户进入店内一分钟内即上前接待，并询问其来访意图。
- 二次到店——询问客户是否选择之前接待或指定或偏好的销售顾问。
- 自行看车——创造没有压力的看车环境，3分钟之内主动上前再次接洽客户。同时，确保停留在客户的视线范围内，如发现客户需要帮助，则应主动上前提供帮助。

其他类型：

- 维修——引领至维修服务区，介绍服务顾问。
- 闲逛——给予指引，如果需介绍，则认真介绍。
- 寻找厕所——给予指引。
- 询价——如果客户进店后直接询价议价，建议销售顾问通过与客户沟通，了解客户是否已经在其他4S店有过看车或者询价经历，适当赞美客户，在恰当的时机通过二手车置换或者金融等增值服务激发客户的兴趣，告知客户也许还有更佳的选择，恰当地切入需求分析，避免简单的议价。如果客户对这些政策以及车型都很了解，并表达出强烈的购车愿望，销售顾问应在权限范围内合理报价。

②展厅环境。

展厅环境要保持设施整洁，物料整齐：展区墙面整洁，地面干净，资料架、色板架、海报架底座应表面无灰尘；客户休息区沙发、茶几摆放整齐；洽谈区的洽谈桌上摆放鲜花，鲜花不得有枯萎和灰尘，花盆里不得有烟头等杂物，客户离开洽谈桌后三分钟内，应完成对洽谈桌椅的重新摆放和清洁；办公室内物品摆放整齐；保持洗手间没有异味，保持地面、墙面、洗手台等清洁。

展厅是客户参观挑选车辆的地方，展厅环境应该令人舒适，所以展厅的布置应该做到以下几点。

• 整理。要区分工作环境中的物品，哪些是有用的（或再细分为常用和不常用，急用和缓用），哪些是无用的。将有用的物品进行合理布置和摆放，将无用的物品和明显的垃圾及时清除掉。

• 保持清洁。在整理的基础上，根据工作环境、物品的作用和重要性等，进一步进行清除细微垃圾、灰尘等活动。

• 进一步美化。除了达到整齐、干净等基本要求外，还应使环境符合美学要求，与工作场合协调，并经常性地督促员工，使员工形成习惯。

• 汽车总成。展厅除了摆放新车之外，还可以根据特定的意图摆放汽车发动机、变速器等总成部件。例如，摆放车用发动机的剖切模型，以展示介绍和突出本品牌汽车的高科技含量。

• 展厅灯光设置。灯光对于美化展厅起着举足轻重的作用。灯光设计一般由专业公司来完成。顶灯用于展厅整体的照明，标识灯用于形象墙的照明，展车射灯用于展车的美化，地灯用于展台、展车底部和展厅内植物的照明，墙面射灯用于墙面背景画、招贴画的照明，夜灯用于夜间照明。

• 接待总台。总台的台面要清洁整齐，一般只摆放电话、文件夹、装饰品（如鲜花）等。

• 客户休息区。客户休息区一般配置沙发、茶几、电视、电脑等，休息区的整体氛围应温馨，区别于展厅内其他区域。例如，地面可铺木质地板，沙发尽量舒服，色调柔和，电脑应能连接因特网。

• 儿童娱乐区。儿童娱乐区按规定设置设施，应特别注意杜绝安全隐患。

• 洽谈桌一般是一桌四椅，桌面清洁，烟灰缸随时清洗干净。

• 资料架应保持干净、整洁。

• 雨伞架上应准备若干把大雨伞，用于接待客人。

• 展厅内必须有足够的绿色植物，桌面茶几应以小的植物点缀。

• 室内空气要保持清新，经常通风，每周至少两次喷洒空气清新剂，注意经常灭蚊灭虫；卫生间必须随时保持干净，无异味。

（2）展车。

展车要摆放整齐、保持干净，符合标准。

①车轮装饰盖上的品牌标识始终保持水平，方向盘上的品牌标识保持向上。

②按要求摆放展车参数表。展车参数表应为最新状态的参数表，并用彩色打印机打印出来。

③营业期间展车不上锁。

④展车应去除内外各种保护膜，如座椅、方向盘、收音机、遮阳板、阅读灯、迎宾踏板等。

⑤展车轮胎应干净、无灰尘，展车内和行李箱应干净、整洁、无杂物，发动机室应干净、无灰尘。

⑥展车内外玻璃应干净，无手印或水痕。

（3）销售顾问。

销售顾问要想给客户留下完美的第一印象，就要做好充分的准备工作。

①知识的准备。

- 企业知识。要熟悉本公司对汽车产品销售的政策、条件和方式。
- 产品知识。这里的产品知识包括本品、竞品的专业知识，如产品的品牌、车型、技术参数、配置，竞品与本品的差异等。对于客户提出的相关问题，要做到能正确、流利地回答。
- 汽车相关专业知识。汽车相关专业知识包括汽车相关法律法规、汽车养护使用知识、相关金融知识、相关保险知识。
- 用户知识。用户知识主要包括客户心理、消费习惯、客户的购买动机、客户的爱好、客户的决策人、客户的购买力等。销售顾问要了解客户属于哪个类型，这样才能在与客户进行交流的时候做到有的放矢，占据主动。
- 社会知识。销售顾问应关注当前社会热点新闻，以便与客户有沟通话题。

②心态的准备。

销售顾问除了要做好以上准备工作外，还需要具备良好的心态，与客户建立良好的关系。同时，汽车销售顾问还应具备诚实之心、敬业之心、坦然之心。在接待客户时，一名优秀的汽车销售顾问应该认识到，站在自己面前的客户无论是何种职业，都是自己应尊敬的客户。另外，销售顾问面对工作压力，自信心也是必不可少的。

③工具的准备。

销售顾问在进行汽车销售时，合理地使用销售工具，可以使交易更加顺利地进行。所以，销售顾问应该提前准备好以下内容：

- iPad：录入 CRM 系统客户信息。
- 工具夹：品牌历史资料；车型对比纸质资料、销售支持资料（车贷流程、车险、上车牌、精品卖点及惠民补贴、二手车置换流程）、大众车型常规保养报价单、配件报价表；文件包（洽谈卡、试乘试驾协议书、路线图、报价单）；其他文件。

④沟通的准备。

加州大学教授艾伯特·梅拉比安于1971年所做的心理学研究揭露有效的沟通技巧都包含三大要素：肢体语言、声调和说话内容。这就是著名的梅拉比安法则，具体表述为：在信息的全部表达中，肢体语言占55%，说话内容占7%，声调占38%。所以，销售顾问应在这三个方面不断完善，以提升沟通效果。

在肢体语言方面，销售顾问应表达出开放和包容的信息，如手心向上，可以传达出坦诚和友好的态度，避免使用封闭或防御性的手势。

在说话内容方面，销售顾问应做到礼貌用语不离口，使用令客户感觉舒适的语言，使用通俗易懂的语言，说话时要把握分寸，给客户以专业且令人舒适的感觉。

在声调方面，销售顾问应懂得克制自己的音调，不能太高；懂得控制气息，让气息更稳定；能做到调整声音形象应对不同的客户。

4.2 欢迎问候

（1）门卫/保安。

行为规范：

①敬礼并热情问候客户，如统一用“欢迎光临”作为问候语。

②询问客户到店目的，根据来访目的，指引客户到展厅或服务接待区。

③如果客户开车，应主动引导客户停车。

执行建议：

①一视同仁地接待所有客户，而非根据外表、来店方式等区别对待客户。

②同一时间应保证有两名门卫在岗，一人负责欢迎客户，另一个人负责泊车。

③统一安排好停车位，确保停车安全有序，如停车位紧张，可提供代客泊车服务或设置包含客户姓名与联系电话的泊车卡，便于移车和留档，同时也可以获得客户信息。

话术参考：

①门卫/保安：“欢迎光临××××经销店。您是看车还是办理其他事宜?”（办理其他事宜的客户不计入集客）

②门卫/保安：“请锁好车门并携带随身物品。”

（2）前台（可由销售顾问轮岗）。

行为规范：

①在客户进店的第一时间，应微笑问候，主动接待客户，给予客户关注与引导。

②如遇雨雪等特殊天气，应打伞出门迎接客户至展厅。

③询问客户姓名，始终以姓氏尊称客户。

④询问客户来访意图，是否首次来店。对于首次进店的客户，应按排班顺序分配并通知销售顾问来接待。

⑤对于非预约再次进店的老客户，应通知相应的销售顾问/在线销售顾问进行接待。

⑥对于预约进店的客户，应询问其销售顾问/在线销售顾问的姓名，若客户无法记起，可提醒客户查看微信/短信，或帮助客户查询。

⑦对于电话营销专员邀约进店的客户，需通知相应的电话营销专员进行接待。

⑧如销售顾问暂时无法接待客户，应及时告知客户原因并请求客户谅解，同时提供解决方案（如继续等待或接受其他销售顾问的服务）。

⑨对于从服务区前来展厅的保有客户及随行人员，需及时安排人员接待。

执行建议：

遇客流高峰期，多批客户同时入店，前台接待应接不暇时，可通知其他人员给予支持。

话术参考：

前台接待："请问先生贵姓？……请问您是第一次来我们店吗？……请问之前联系过我们店吗？您有熟悉的销售顾问吗？有预约过销售顾问吗？"

4.3 客户接待

行为规范：

(1) 做好接待客户的准备，如有客户到店或接到前台的通知，应第一时间前往接待。对于首次到店客户，销售顾问应在一分钟内递上名片并自我介绍。

(2) 对于电话营销专员邀约进店的客户，需由电话营销专员将客户引荐给在线销售顾问。

(3) 交谈时应以姓氏尊称客户，若客户和其他人员一同前来，也应一一问候，避免冷落客户的同行人员。

(4) 主动向客户提供饮品（饮品种类至少两冷两热）以及休闲饼干或糖果。

(5) 告知客户店内有免费无线网络。

(6) 如客户表示想自行看车，在销售顾问充足的情况下，可随时关注客户，当观察到客户需要服务时，销售顾问应主动上前询问；若客户自行看车超过三分钟，仍无寻求服务的意愿，销售顾问应主动接触客户并进行引导。

(7) 与客户在洽谈区就座时，尽量将朝向客户意向展车的座位留给客户，同时坐在客户的右手边。

(8) 遇到特殊情况，如手机响、有事需离开等，需征得客户同意后再接听电话或暂时离开；避免让客户长时间等待（≤5 分钟），如紧急情况需长时间离开（>5 分钟），应在征得客户同意的前提下，推荐其他销售顾问/在线销售顾问进行接待。

(9) 销售顾问与其他客户面对面并有眼神对视时，应微笑点头示意。

执行建议：

(1) 对于保客转介绍来的潜在客户进店，分为"有保客陪同进店"和"没有保客陪同进店"两种情况，无论保客是否在场，都需要给予保客足够的面子，让潜在客户感受到他的亲朋（保客）在店内受到重视。

（2）如果客户进店后直接询价议价，从为客户提供良好的购车体验、提高满意度的角度出发，销售顾问应与客户积极沟通，以便了解其是否有过看车或者询价经历，询问客户是否需要提供车辆讲解或是否需要提供试乘试驾等服务，恰当地切入需求分析，避免简单的议价。如客户明确表示不需要或对车辆很了解并表达出购车意愿，在恰当的时机推荐店内二手车置换或金融增值服务等，结合客户实际情况在权限范围内合理报价。

（3）关于添加客户微信：在展车区、客户休息区、售后维修区布置物料上突出二维码，方便客户添加。

（4）关于手机号码获取：可提供免费 Wi-Fi，在客户添加 Wi-Fi 时，通过设置客户填写手机号码进行验证等方式间接获得客户的手机号码。

（5）接待过程中要善于抓住时机对客户进行赞美。可以在晨会时，让销售顾问互相赞美，这不仅能够练习赞美的技巧，还能达到增进团队感情的效果。

话术参考：

（1）"×先生/女士，非常抱歉，由于销售顾问×××正在接待其他客户，两位请到休息区稍等片刻，我马上通知销售顾问×××您已到达（体现预约客户专属化接待）。"

（2）"好的，您可以先自己看看车，如有任何需要，我随时为您服务（客户可自行看车，但我们的服务始终相伴）。"

（3）"您好，欢迎光临×××经销店！我是销售顾问×××，这是我的名片。请问怎么称呼您？"

客户进入一个陌生的环境时，由于不熟悉环境，客户可能会有一定的压力，就需要有充足的空间去缓解压力。这时，销售顾问应尊重客户的意愿，创造缓冲的环境，让客户适应展厅的环境。具体做法如下：

（1）关怀客户。

- 对客户表示欢迎。
- 询问客户的来访意图，并按客户类型接待。
- 根据客户意愿（看车/入座）接待客户
- 关怀客户（交通、天气等）。

（2）寻找共同话题。

- 运用客户喜欢的沟通方式。
- 谈论客户感兴趣的内容。
- 找到共同话题（如时事热点、流行词汇及其他共同点）。

对于第一次进店客户，销售顾问应当采用职业化的欢迎客户的技巧，明确客户的想法和关注的问题，建立咨询服务关系，为车辆的销售奠定良好的基础。可参考 1+X 客户接待标准（如表 6-1 所示）。

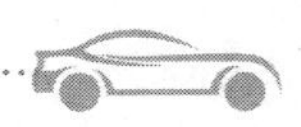

**表 6-1　1+X 客户接待标准**

| 序号 | 项目 | 标准 |
| --- | --- | --- |
| 1 | 安全/7S/态度 | 1. 能正确佩戴胸牌<br>2. 能正确穿着制服和皮鞋<br>3. 能正确遵守礼仪礼节<br>4. 能正确与客户交谈，语气适中<br>5. 能正确做好个人的卫生和形象 |
| 2 | 专业技能 | 1. 能正确欢迎进店客户<br>2. 能正确自我介绍及递交名片<br>3. 能正确询问和记录客户信息<br>4. 能正确询问客户到店目的<br>5. 能正确引导客户入座<br>6. 能正确询问和提供客户所需茶水 |
| 3 | 工具及设备的使用 | 1. 能正确使用客户信息登记表<br>2. 能正确使用平板电脑 |
| 4 | 资料、信息查询 | 能正确记录所需信息 |
| 5 | 数据的判断和分析 | 能判断客户的类型 |
| 6 | 表单填写与报告的撰写 | 1. 字迹清晰<br>2. 语句通顺<br>3. 无错别字<br>4. 无涂改 |

4.4 客户离店

行为规范：

（1）在客户离开前，应询问客户是否有未尽事宜和没有做出决策的原因，确认已向客户提供其所需信息。

（2）告知客户接下来会联系客户，确定客户偏好的联系方式和联系时间。

（3）如客户未添加微信，邀请客户关注微信公众号并说明关注微信公众号的好处。

（4）提醒客户拿好随身携带物品，以免遗漏。

（5）将客户送至展厅门外，使用统一的送别感谢用语“感谢光临，请慢走”，目视客户离开。

（6）对于已获得其微信号但还未添加的客户，在客户离店后应在第一时间添加。

（7）在客户离店 30 分钟之内，应向客户发送微信/短信，对他/她的光临表示感谢。

（8）在 CRM 系统中及时更新客户信息，对客户级别进行判定，设置客户回访计划。

执行建议：

（1）若客户开车前来，应在客户离店时将其送至停车场，再与客户道别。

（2）客户离店时，销售顾问应表现出与最初接待时一样的热情，对客户保持始终如一的接待态度，给客户留下深刻的印象，创造销售机会。

参考话术：

×先生/女士，您好！我是×××经销商销售顾问×××，感谢您对×××产品的关注。若有任何问题，请与我联络，我们将为您提供满意的产品和服务。热诚欢迎您再次光临！

## 任务实施

☞ **任务准备**

（1）防护装备：服装、抹布、灭火器。

（2）工具设备：整车、计算机或网络终端、洽谈桌。

（3）辅助资料：名片、工单夹、产品手册、客户信息登记表。

☞ **实施步骤**

（1）将学生进行分组，4～5 人一组，小组进行演练模仿。每组有扮演销售顾问的，有扮演客户的，还有充当观察者的。

（2）小组将模仿演练话术写在任务报告里。

（3）每组选派代表 2 人，一人扮演销售顾问，另一人扮演客户，依次轮流模仿演练，其他人做观察员，记录优点和不足。

（4）完成任务报告。

任务报告

<table>
<tr><td colspan="4">任务六、到店接待</td></tr>
<tr><td>班级</td><td></td><td>姓名</td><td></td></tr>
<tr><td>组别</td><td></td><td>组长</td><td></td></tr>
<tr><td colspan="2">1. 接受任务（5 分）</td><td colspan="2">得分：</td></tr>
<tr><td colspan="4">客户张先生如约来到×××4S 店，但是作为销售顾问的你正在接待一位老客户，你将如何接待张先生？请利用教材、参考书及网络资源完成到店接待话术脚本，并记录到报告中。</td></tr>
<tr><td colspan="2">2. 信息收集（20 分）</td><td colspan="2">得分：</td></tr>
<tr><td colspan="4">（1）展厅环境要保持设施整洁，物料整齐：展区____________；客户休息区____________；洽谈区____________；办公室内____________；洗手间____________。<br>（2）销售顾问在接待前应当做好以下知识准备：________、________、________、________、________、________。<br>（3）从汽车销售的角度看，塑造完美的第一印象应抓住的三个关键点分别是：________、________、________。<br>（4）与客户建立良好关系的方法有：________、________。</td></tr>
<tr><td colspan="2">3. 制订计划（15 分）</td><td colspan="2">得分：</td></tr>
<tr><td colspan="4">请根据工作任务制订工作计划及任务分工。</td></tr>
</table>

（续表）

<table>
<tr><td colspan="2">

| 序号 | 工作内容 | 工作要点 | 负责人 |
|---|---|---|---|
| | | | |
| | | | |
| | | | |
| | | | |
| | | | |
| | | | |

</td></tr>
<tr><td>4. 计划实施（50 分）</td><td>得分：</td></tr>
<tr><td colspan="2">（1）完成到店接待话术脚本（20 分）<br><br>（2）到店接待模拟演练（30 分）</td></tr>
<tr><td>5. 检查评价(10 分)</td><td>得分：</td></tr>
<tr><td colspan="2">请根据小组成员在完成任务中的表现及工作结果进行评价。<br>自我评价：________________________。<br>小组评价：________________________。</td></tr>
<tr><td colspan="2">任务总成绩：</td></tr>
</table>

## 实操训练

<table>
<tr><td colspan="3">模块：汽车营销评估与金融保险服务技术（初级）</td><td colspan="2">考核时间：50 分钟</td></tr>
<tr><td>姓名：</td><td>班级：</td><td colspan="2">学号：</td><td rowspan="3">考评员签字：</td></tr>
<tr><td>初评：□合格<br>□不合格</td><td>复评：□合格<br>□不合格</td><td colspan="2">师评：□合格<br>□不合格</td></tr>
<tr><td>日期：</td><td>日期：</td><td colspan="2">日期：</td></tr>
<tr><td colspan="5">考核项目四：客户关系管理与网络营销［实操考核报告］</td></tr>
</table>

一、学员选定某一品牌的某一具体车型，进行车辆信息记录

| 品牌 | | 整车型号 | | 上市日期 | |
|---|---|---|---|---|---|
| 发动机型号 | | 发动机排量 | | 行驶里程 | |

二、根据所选择的车辆销售信息，以及任务实施中的情景模拟填写来店客户登记表

| 客户姓名 | 电话号码 | 客户职业 | 来店途径 | 意向车型 | 意向级别 | 接待过程说明<br>（不少于 30 字） |
| --- | --- | --- | --- | --- | --- | --- |
| | | | | | | |

# 任务七　需求分析

## 任务引导

要想为客户提供合理的购车方案，销售顾问不仅要观察客户的性格类型、了解客户的购车背景及购车用途，还要分析客户购车行为中的参与角色、掌握客户的购车重点及汽车金融业务需求。

销售顾问小王的预约客户到店看车，小王需要为客户推荐一款合适的车型并为客户提供购车解决方案。

## 任务目标

☞ **知识目标**

（1）了解需求分析环节的目标。

（2）掌握需求分析信息内容。

（3）掌握需求分析沟通技巧。

☞ **能力目标**

（1）能够根据客户需求信息判别客户级别。

（2）能够根据客户意向推荐适合的车型。

（3）能够从客户的谈话中获取其需求信息。

☞ **素质目标**

（1）培养良好的团队合作精神和客户服务意识，树立精益求精的服务理念。

（2）培养重视团队的意识，培养与人协作的能力。

（3）培养良好的心理品质，具备建立和谐的人际关系的能力，具有良好的人际交往能力与合作精神。

## 任务资讯

### 1. 需求分析环节的目标

需求分析环节的目标就是针对不同渠道、不同类型的客户，展开有效沟通，从客户的显性需求入手，深入挖掘其隐性需求，从而提供最能满足或接近客户需求的解决方案，引导客户做出购买决策。汽车4S店衍生业务较多，所以需要注意的是这里的“解决方案”

不仅仅是推荐一款适合的车型。在需求分析结束后，销售顾问除了向客户推荐一款颜色、内饰、性能、装备、预算等符合客户需求的车型外，还要和客户确定下来是否贷款、是否进行二手车置换、是否加装等。所以，预约客户或者未预约客户来到店内时，销售顾问应给予足够的重视：

（1）了解并深入挖掘客户的需求。

（2）应对好不同性格类型的客户。

（3）总结确认客户的需求，推荐适合的车型及服务。

### 2. 需求分析环节客户的期望

在需求分析环节，客户和销售顾问开心地交流，销售顾问完全理解客户，这样就可以顺利过渡到下一个环节。也就是说，在需求分析环节，销售顾问要满足或者超过客户的心理预期，才有利于销售的顺利推进。客户的心理预期一般如下：

（1）客户对于车辆及相关的个性化需求被充分理解、尊重和响应。

（2）销售顾问按照客户的需求和实际情况进行产品推荐及服务，向客户提供真诚、客观的建议。

（3）能够考虑客户对建议的反馈，并能及时调整，为客户购车、用车问题提供解决方案。

### 3. 需求分类

美国心理治疗师维琴尼亚·萨提亚用了一个非常形象的比喻：需求就像一座漂浮在水面上的巨大冰山，能够被外界看到的行为表现或应对方式，只是露在水面上很小的一部分，大约只有八分之一露出水面，另外的八分之七藏在水中。而暗涌在水面之下更大的山体，则是长期压抑并被自己忽略的“内在”。揭开冰山的秘密，我们会看到生命中的渴望、期待、观点和感受，看到真正的自我。

客户的需求有两个层次：显性需求和隐性需求。

显性需求都具有可衡量性，属于冰山露在水上的部分，如车型、配置、颜色等。隐性需求则相反，属于冰山隐藏在水下的部分，如彰显地位、表明实力、显示品位等（如图7-1所示）。

客户所表现出来的明显需求有时并非其真实想法，销售顾问需要挖掘隐藏在水面以下的冰山。例如，很多时候客户并不需要车，因为家和单位的距离很近，也很少驾车出游，只是因为别人都有车，为了面子才买车。了解到这一点，销售顾问应该强调的重点就是车的大气和宽敞的空间等感性的因素。有时候，客户之所以更换车，并非是原来的车不能用了，很可能是因为客户的地位变了，需要通过车来显示出来。了解到这一点，销售顾问应该强调车的档次、性能的先进等因素。

在实际的销售过程中，客户不仅仅要求新车是代步工具，更期望新车是自己形象、地

图 7-1 显性需求和隐性需求

位、身份的象征。根据冰山理论，销售顾问会发现，有时客户的隐性需求支撑了客户的显性需求，也就是说，起决定性作用的是客户的隐性需求。

## 4. 需求分析信息获取

为了达到需求分析环节的目标——在了解客户需求及购买动机的基础上，为客户提供合理的购车解决方案。这就需要销售顾问先获取以下三个方面的信息：购买角色信息、客户类型信息及客户购车相关信息。

4.1 购买角色信息

在汽车销售实践中，对于进店的客户，销售顾问要快速识别使用者、购买者、决策者及影响者身份，有针对性地进行接待和应对，从而提高需求分析效果。

(1) 快速找到决策者。

一组客户进店时：

① 一组客户进店，通常走在第一位或第二位的是决策者，使用者可能在中间位置。

② 销售顾问主动递名片，大部分人不接，而接受名片的往往是决策者；如果大部分人都接受名片，则需主动询问哪位客户买车。

③ 如果客户均不回答，销售顾问要观察客户之间的交流，如果大家均和某一人沟通，那个人就是决策者。

客户一个人进店时：

① 与客户沟通中，销售顾问可以适当询问客户是否需要听取身边朋友或家人的建议，如客户回答“不用，我一个人看就好”，则可确定客户更接近为决策者。

② 如客户回答“带家人再来看” “我先看看”，则可初步判定客户不一定是决策者，销售顾问在报价时应注意不要报底价。

（2）应对影响者。

影响者是决策者随同带入的伴随人员，其身份为“受决策者信任的建议提供者”，并对决策者的决定产生明显影响。同时，接近半数情况下，影响者与经销店的立场是对立的，影响者可能会以非客观的评价证明其自身价值，因此对于不同类型的影响者，销售顾问需要采取不同的应对措施。

①在影响者的评价较为客观的情况下，销售顾问可直接适度赞美影响者。如“×哥/姐，您确实挺专业的。”

②在影响者的评价较为客观的情况下，销售顾问可以对着决策者赞美影响者。如“×先生/女士，您看您带来的这位朋友对车确实很了解，确实给了您一些专业的意见。”

③为影响者续杯或提供饮品（言外之意是减少影响者对决策者的影响）。如“我再给您续杯”“×哥/姐，这边还有其他饮料，您看喝哪一种？”

④如有机会，当决策者不在场时，销售顾问可以单独和影响者说介绍买车有礼品（意在拉近与影响者的关系）。如“×哥/姐，要是您有朋友来买车，您也一起过来啊，到时候我送您一份精美的小礼品。”

⑤在影响者不专业和评价不客观的情况下，销售顾问可以提供专业的信息，与影响者产生对比。如“×哥/姐，可能您对这种情况还不是非常了解，请让我从专业的角度为您介绍一下。”

4.2 客户类型信息

我们可以从表达度和情感度两个维度将客户划分为四个类型，借四种动物图片进行形象的表达（如图 7-2 所示），四种客户类型分别是主导型、社交型、友善型、思考型。

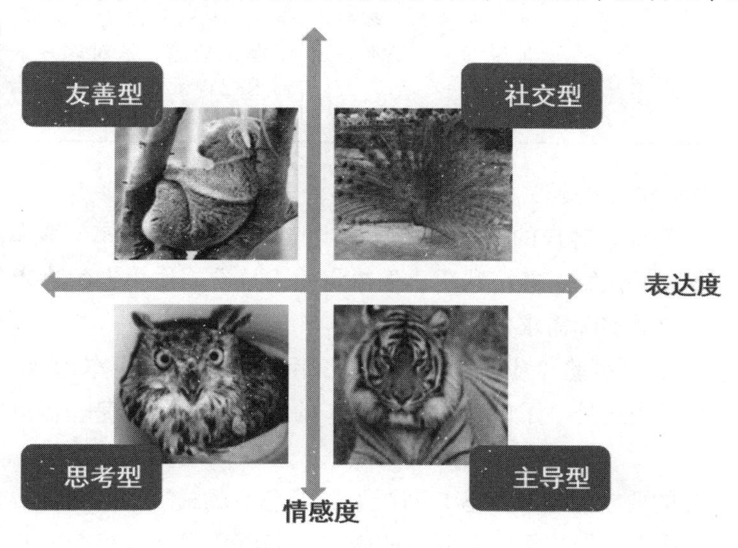


图 7-2　客户分类

每种类型客户的性格特征、需求、恐惧等都有所不同，销售顾问要能够快速辨别以采

取有针对性的应对策略（如表 7–1 所示）。

**表 7–1　客户类型**

| 类型 | 主导型 | 社交型 | 友善型 | 思考型 |
| --- | --- | --- | --- | --- |
| 特征 | • 强势好胜<br>• 富有竞争性<br>• 好奇、武断<br>• 不够有耐心，感情用事 | • 情感外露<br>• 喜欢诉说<br>• 永不休止<br>• 活跃，能言善辩 | • 和蔼<br>• 容易相处，善于倾听<br>• 犹豫不决，依赖，善解人意 | • 多疑，精确<br>• 较少表露感情<br>• 询问很多问题<br>• 讲究逻辑，仔细，严肃 |
| 需求 | • 直接的回答及解决措施<br>• 新的想法，事实依据 | • 公众的认可<br>• 充分的表达<br>• 有人帮助实现自己的想法 | • 安全感，真诚的赞赏<br>• 传统的方式，有序可遵 | • 严谨有序 |
| 恐惧 | • 犯错误，无结果 | • 失去大家的赞同 | • 被欺骗、被疏远 | • 混乱、不专业<br>• 条理不清晰，新技术及方法 |
| 应对策略 | • 尊重他的权利和威信<br>• 关注他的内心感受<br>• 要强有力，但应避免正面冲突<br>• 让客户感觉到存在感和价值的实现<br>• 从结果的角度谈，给客户提 2～3 个方案供其选择 | • 表达你独特的见解<br>• 给客户说话的时间<br>• 经常对客户的思想表示肯定<br>• 要有耐心，表现出你对客户的关心和兴趣<br>• 以书面的形式与客户确认<br>• 做好预案，客户可能说到，但是不一定做到 | • 表达你的友好，适当赞美客户<br>• 向客户提供你的个人帮助、培养信任<br>• 不要长时间不联络，不要向对方施压<br>• 放慢语速，以友好但是非正式的方式沟通交流<br>• 从随行人员入手<br>• 适当地施加压力（前提：把握充分，一是对客户的需求把握充分，二是对当前市场情况把握清楚） | • 放慢语速，陈述有条理，逻辑清晰<br>• 提供直接数据和证明，细节具体细致<br>• 不要催促客户做出决策<br>• 做好准备工作<br>• 讲事实，运用第三方观点提升说服力与可信度 |

4.3 客户购车相关信息

（1）客户的情况。客户的情况包括：集体购车还是个人购车、购车的主要用途、生活方式、职业、职务、预算、经济状况、作决定的人是谁、作决定的过程等。了解客户的情况有助于掌握客户的实际需求。

（2）过去用车的经验。应了解客户过去用的什么车、购车原因、对过去用车的态度，重点掌握其不满之处。了解客户过去用车的经验，有助于理解客户再买车时究竟想要什么，不要什么。

（3）对新车的要求。应了解客户对配置、颜色、款式、选装等的要求。了解客户的需求和购买动机有助于销售顾问针对客户的需求，突出介绍具体车型的相关特点，以便更好地为客户服务。

## 5. 需求分析流程

实际购车中客户对车型是否感兴趣，对车型是否了解，都会影响需求分析的进展状况。需求分析的具体执行方案可根据实际情形按图 7-3 所示去操作。

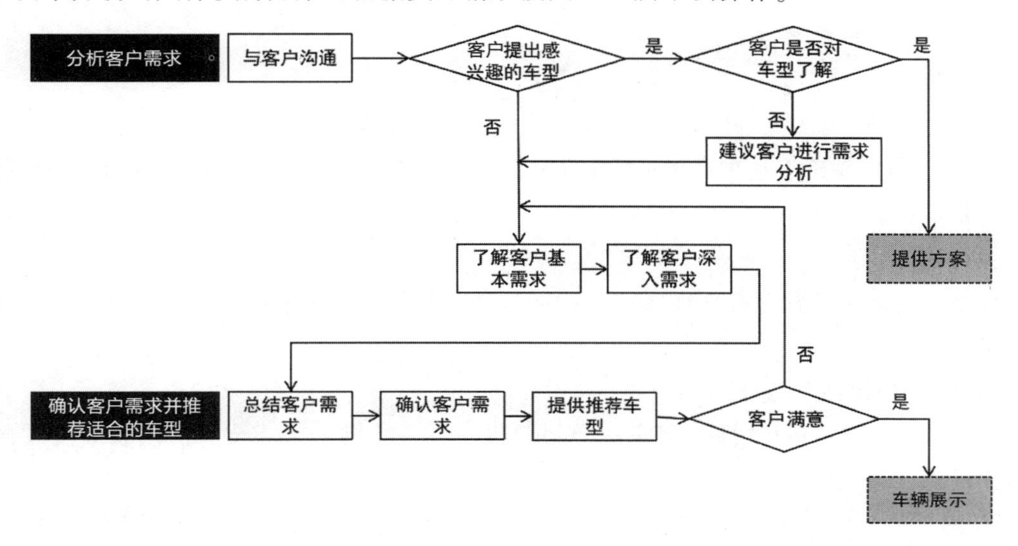


**图 7-3　需求分析流程**

5.1 分析客户需求

行为规范：

（1）寻找客户感兴趣的话题，适当赞美客户，拉近与客户的关系。

（2）如客户到店询问的是竞品的车辆信息，应及时告知本品牌同类型的车辆，引领客户参观展厅并为其介绍，在介绍过程中循序渐进地进行需求分析。

（3）通过开放和封闭的问题，发掘客户的购车需求（显性需求和隐性需求），详细记录客户的个人信息和购车需求信息。

（4）了解客户的预计购车时间、关注事项（如车型、动力、舒适性、安全性、操控性）、使用者、购车预算、有无金融保险的需求、有无二手车置换及评估的需求。

（5）了解客户获取信息的渠道，如网络、报纸、电视、广播、亲朋好友推荐等。

（6）了解客户的看车经历，以判断客户目前正在做比较的品牌、车型及了解程度。

（7）基于前期的需求把握，对客户级别进行初步判定。

执行建议：

（1）客户的需求会受到外界的影响，在不同的阶段可能会有所变化，所以时刻不能放松对客户需求的挖掘和引导。

（2）需求分析不单纯是一个独立的环节，未必能一次做完，可以穿插于车辆展示等后续环节中。

（3）识别谁做购买决定，谁对购买决定有重大影响，从而能够有针对性地开展接待工作。

（4）关注客户的隐性需求，如追求面子、档次，希望得到赞美、尊重，从众心理、攀比等。

5.2 确认客户需求

行为规范：

（1）总结客户需求，并与客户达成一致意见，询问客户是否还有其他需求。

（2）如客户明确表达出有置换的需求，则引导客户进行二手车评估，通知二手车部门做好评估准备。

执行建议：

切勿一味地为消化库存而向客户推荐不适合的车型，引起客户抵触和不满，应合理利用话术。

与客户沟通时应注意以下事项：

① 提问一定要有目的性，问完一个问题再问下一个问题，不要一次问多个问题而导致客户反感。

② 可以采用“提问+客户回答+赞美/寒暄+提问下一个问题……”的方式来提问。

③ 表达要简洁，让客户听得清楚明白。

④ 微笑要真诚，但签合同时不要笑。

⑤ 要有同理心，能站在客户的角度思考问题。

话术参考：

“刚才跟您沟通了这么多，基本了解了您的需求，我总结一下……您看我是否正确？不知道您还有其他的需求吗？”

5.3 推荐适合的车型

行为规范：

（1）实时掌握产品库存状态以及客户期望的交车时间，为客户推荐适合的车型，向客户解释推荐原因（针对适合客户的车型，优先推荐库存车型）。

（2）提供相应的车型资料，强化该车型对客户需求的满足，如客户提出异议或对车型不满意，则应迅速响应或重新询问并确认客户的个性需求。

（3）如客户离店，则应在系统中及时更新客户信息，对客户级别进行判定，设置客户回访计划。

话术参考：

“基于以上您的需求，结合我对您的了解，选择×××金融提供的贷款方案是最为合适的，既可以通过较低的首付比例购车，又能享受非常低的利率，特别符合您对于资金规划的需求。我们也开展二手车业务，可以请专业的评估师为您的爱车做一次免费评估，我这就帮您安排一下，可以吗？如果您没有其他问题，接下来我详细为您介绍一下新车，我们可以边看边聊，您也可以判断这款车是不是真正符合您的需求。”

每位购车客户的需求都是不一样的，销售顾问要能够很好地分析客户的真正需求，对症下药，找到好的突破口，最终促成销售的成功。以下为1+X客户需求分析标准（如表7-2所示）。

表7-2　1+X客户需求分析标准

| 序号 | 项目 | 标准 |
|---|---|---|
| 1 | 安全/7S/态度 | 1. 能正确佩戴胸牌<br>2. 能正确穿着制服和皮鞋<br>3. 能正确遵守礼仪礼节<br>4. 能正确与客户交谈，语气适中<br>5. 能正确做好个人的卫生和形象 |
| 2 | 专业技能 | 1. 能正确探询客户购车用途和价位<br>2. 能正确探询客户对车辆喜好和要求<br>3. 能正确向客户推荐意向车型<br>4. 能正确向客户说明车型相关信息<br>5. 能正确引导客户观摩意向车型<br>6. 能正确提醒客户带走产品资料和名片<br>7. 能正确送客户离开展厅，并感谢客户惠顾<br>8. 能正确邀约客户到店看车<br>9. 能正确清洁车辆和洽谈桌 |
| 3 | 工具及设备的使用 | 1. 能正确使用客户信息登记表<br>2. 能正确使用平板电脑<br>3. 能正确使用产品手册 |
| 4 | 资料、信息查询 | 1. 能正确记录所需信息<br>2. 能正确记录所查询资料章节页码 |
| 5 | 数据的判断和分析 | 1. 能判断客户的类型<br>2. 能判断客户的购车意向 |
| 6 | 表单填写与报告的撰写 | 1. 字迹清晰<br>2. 语句通顺<br>3. 无错别字<br>4. 无涂改 |

## 6. 需求分析方法

6.1 观察法

学会观察并正确判断客户在销售中至关重要。那么销售顾问应观察客户的哪些信息呢？

- 衣着。衣着可在一定程度上反映客户的经济能力、品位、职业、喜好。
- 肢体形态，包括身体、眼神、肤色、站坐行等特点。
- 随身物品，包括手机、手表、皮包、首饰等。

- 随行人员。随人员与客户的关系会影响客户的购买需求。
- 步行/搭车/开车。可根据步行/搭车/开车情况判断置换、预购车型等信息。

6.2 倾听

倾听很有讲究。销售顾问会不会听，自己可能不知道，但客户知道。如果销售顾问在很认真地听客户讲，客户会感到自己被尊重；如果客户在讲，而销售顾问三心二意，客户会认为销售顾问不尊重他。销售顾问的最终目的是让客户尽快购买，所以要处理好每一个细节，其中之一就是要会倾听。

（1）听的类型。

主动地听。客户要买车，他需要买什么样的车，有什么样的顾虑，有什么样的要求，他都想告诉销售顾问，让销售顾问给他建议。可是当他发现销售顾问没有仔细听他讲，那个时候他可能会心生不满，后果可想而知。

被动地听。人们会主动去听与自己切身利益有关的信息，但有一种听是被动地听，被动地听实际上是一种假象，如假装听。

（2）听的方法。

- 耳到：仔细听客户说话。
- 眼到：仔细观察客户说话时的肢体语言。
- 心到：以同理心理解客户所说的内容。
- 脑到：大脑思考，结合看到和听到的去思考客户真正想表达的含义。
- 口到：积极用语言、肢体动作回应客户，配合客户；如果没听明白，可适时提问，再次确认客户说的意思。
- 手到：勤做记录。

另外，销售顾问在听的过程中，还需注意以下几点。

第一，注意与客户的距离。

有的客户很敏感。人与人之间的距离也是很微妙的。那么，什么距离才会使客户有安全感呢？当一个人的视线能够看到一个完完整整的人，这时候的距离才会让人有安全感。心理学中基本的安全感是出自这个角度。与客户谈话时，如果双方还没有取得信任，马上走得很近，客户会有一种自然的抗拒、抵触心理。心理学中有这样的案例：当一个人对另一个人反感的时候，他连对方身体散发出来的气味都觉得厌恶；当这个人对对方有好感的时候，他会很乐于与其沟通。

第二，注意与客户交流的技巧。

其一，认同对方的观点。销售顾问要认同对方的观点，不管对方是否正确，只要与买车没有什么原则上的冲突，销售顾问就没有必要去否定客户。销售顾问可以说：“对，您说得有道理。”同时还要点头、微笑予以肯定，这样客户才会感觉到销售顾问的和蔼可亲。

其二，善于应用心理学。销售顾问学习一些心理学知识是非常必要的。从心理学角度讲，两个人要想成为朋友，一个人会把自己心里的秘密告诉另一个人，达到这种熟悉程度需要多少时间呢？相关机构在世界范围内调查的结果是：最少需要一个月。销售顾问要想在客户到店以后的短短几十分钟内与客户确立和巩固关系显然是很不容易的，不仅需要掌握交流技巧，还应适当掌握一些心理学的知识。销售顾问要本着以客户为中心的顾问式销售的原则，对客户的需求进行分析，本着对客户的购买负责任的态度，给客户提供一款适合客户需求的汽车，绝不能运用心理学欺骗客户。

6.3 询问

销售顾问应多询问客户的看车经历和用车经历。尤其是在客户对意向车型、预算等信息不明确表态时，销售顾问可以旁敲侧击，通过询问其看车经历和用车经历获得更多的信息；在询问时要“多问一个问题”，深入一层了解。

（1）询问的目的。

① 了解信息。

② 引导谈话。

③ 让客户感觉被重视。

④ 为产品介绍做充分准备。

（2）提问的方式（如表 7-3 所示）。

**表 7-3 提问的方式**

| 问题类型 | 形式 | 作用 | 弊端 |
|---|---|---|---|
| 开放式问题 | 需求分析的角度：5W2H<br>• WHY —满意/不满意的原因是什么？<br>• WHAT —做什么工作？关心的竞品有哪些？意向车型及配置是什么？联系方式和联系时间是怎样的？客户关心的其他问题？关心的服务有哪些？购买方式是什么？<br>• WHERE—车主要用于哪里？获得信息的渠道是什么？<br>• WHEN —预计购车日期是哪天？客户的时间怎么安排？是否需要调整自己服务的节奏？<br>• WHO —谁来用车？联系人是谁？<br>• HOW —怎样使用？怎样办理手续？<br>• HOW MUCH ——价格如何？质量水平如何？性能如何？后续保养保修的费用如何？ | 收集信息 | 有效信息和无效信息均会收集 |
| 封闭式问题 | 问：您要加装选装包吗？答：是/否。 | 指向性非常强，帮助确认 | 全用封闭式问题，会显得咄咄逼人 |
| 选择式问题 | 问：您是选择高配还是低配呢？答：A 或 B。 | 便于客户回答 | — |

（3）提问的顺序。

① 一般性问题。询问客户有关过去的一些问题，可以了解其购买动机即通过了解客户过去的经验来确定现在的情况。如：“您过去开过什么车？”

② 确定性问题。询问客户有关现在的问题，可以了解其购买需求，需求背后的理性动机和思想动机。如“您现在希望买一台什么样的车？”

③ 联系性问题。询问客户有关将来的问题，可以了解其购买标准。把客户的需求和产品的特性利益联系起来，让客户知道产品的特性利益和他的需求的关系，使客户建立信心，让客户了解产品的价值。如：“您觉得 2.0T 的发动机怎么样？”

## 任务实施

**☞ 任务准备**

（1）防护装备：服装、抹布、灭火器。

（2）工具设备：整车、计算机或网络终端、洽谈桌。

（3）辅助资料：名片、工单夹、产品手册、客户信息登记表。

**☞ 实施步骤**

（1）将学生进行分组，4～5 人一组，小组进行演练模仿。小组成员有的扮演销售顾问，有的扮演客户，有的充当观察员。

（2）小组将模仿演练话术写在任务报告里。

（3）每组选派代表 2 人，一个人扮演销售顾问，另一个人扮演客户，依次轮流模仿演练，其他人做观察员，记录演练的优点和不足。

（4）完成任务报告。

任务报告

<table>
<tr><td colspan="4">任务七、需求分析</td></tr>
<tr><td>班级</td><td></td><td>姓名</td><td></td></tr>
<tr><td>组别</td><td></td><td>组长</td><td></td></tr>
<tr><td colspan="2">1. 接受任务（5 分）</td><td colspan="2">得分：</td></tr>
<tr><td colspan="4">孙先生和孙太太要购买一部车，他们来到了×××4S 店。孙先生是大学教授，孙太太是医生。此次购车是孙先生为孙太太选车。孙太太平时喜欢郊游，节假日也会回老家看望父母。二人准备花 20 万元购车。如果看好，近期就交款。请你以销售顾问的身份对孙先生和孙太太进行需求了解。请利用教材、参考书及网络资源完成需求分析话术脚本，并记录到报告中。</td></tr>
<tr><td colspan="2">2. 信息收集（20 分）</td><td colspan="2">得分：</td></tr>
<tr><td colspan="4">（1）显性需求都具有可衡量性，属于冰山露在水上的部分，如________、________、________等。隐性需求则相反，属于冰山隐藏在水下的部分，如________、________、________等。<br>（2）在汽车的销售中，对于进店的客户，销售顾问要快速识别________、________、________及________身份，有针对性地进行接待和应对，从而提高需求分析效果。<br>（3）我们根据表达度和情感度可以将客户划分为四个类型，借四种动物图片进行形象的表达，分别是________、________、________、________。<br>（4）在需求分析过程中要收集客户的三类购车相关信息，分别是________、________、________。</td></tr>
<tr><td colspan="2">3. 制订计划（15 分）</td><td colspan="2">得分：</td></tr>
</table>

（续表）

<table>
<tr><td colspan="2">请根据工作任务制订工作计划及任务分工。

| 序号 | 工作内容 | 工作要点 | 负责人 |
| --- | --- | --- | --- |
| | | | |
| | | | |
| | | | |
| | | | |
| | | | |
| | | | |
</td></tr>
<tr><td>4. 计划实施（50 分）</td><td>得分：</td></tr>
<tr><td colspan="2">（1）完成需求分析话术脚本（20 分）<br><br>（2）需求分析模拟演练（30 分）</td></tr>
<tr><td>5. 检查评价(10 分)</td><td>得分：</td></tr>
<tr><td colspan="2">请根据小组成员在完成任务中的表现及工作结果进行评价。<br>自我评价：________________________________________。<br>小组评价：________________________________________。</td></tr>
<tr><td colspan="2">任务总成绩：</td></tr>
</table>

## 实操训练

<table>
<tr><td colspan="2">模块：汽车营销评估与金融保险服务技术（初级）</td><td colspan="2">考核时间：50 分钟</td></tr>
<tr><td>姓名：</td><td>班级：</td><td>学号：</td><td rowspan="3">考评员签字：</td></tr>
<tr><td>初评：□合格<br>□不合格</td><td>复评：□合格<br>□不合格</td><td>师评：□合格<br>□不合格</td></tr>
<tr><td>日期：</td><td>日期：</td><td>日期：</td></tr>
<tr><td colspan="4">考核项目四：客户关系管理与网络营销［实操考核报告］</td></tr>
</table>

一、学员选定某一品牌某一具体车型，进行车辆信息记录

| 品牌 | | 整车型号 | | 上市日期 | |
|---|---|---|---|---|---|
| 发动机型号 | | 发动机排量 | | 行驶里程 | |
| 车辆识别码 | | | | | |

二、根据所选择的车辆销售信息，以及任务实施中的情景模拟填写客户需求分析表

| | | | | |
|---|---|---|---|---|
| 购车需求事项 | 考虑车种 | | | |
| | 信息来源 | □报纸 □电视 □广播 □杂志 □夹报 □传单 □外展 □网络 □亲友介绍 □其他： | | |
| | 新车用途 | □车主上下班自用 □休闲用车 □营业用车 □公司用车 □其他： | | |
| | 使用者 | □本人用车 □公司用车 □公司主管用车 □其他： | | |
| | 重视要件 | □外形 □配备 □安全 □操控 □省油 □性能 □售后服务 □口碑 □整体价值 □购车方式 □促销优惠 □其他： | | |
| | 配备需求 | □皮椅 □铝圈 □CD □VCD □天窗 □安全气囊 □ABS □倒车雷达 □雾灯 □隔热纸 □其他： | | |
| | 购买方式 | □现金购买 □分期购买 | 预计头款： | 预计月付款： |
| | 领牌方式 | □公司 □个人 | 领牌区域： | |
| | 试车安排 | □今日 □预约时间： 年 月 日 时 | | |
| | 购车决定 | □今日 □本周内 □本月内 □两个月内 □三个月内 □其他： | | |
| | 保险需求 | | | |
| | 附　注 | 新车乘客数： 人 | 家庭人员数： 人 | 小孩： 人 |
| | | 决定者： | | |

| | | | |
|---|---|---|---|
| 比较车种 | 厂　牌 | | |
| | 车　种 | | 排气量： |
| | 考虑原因 | □外型 □配备 □安全 □操控 □省油 □性能 □售后服务 □口碑 □整体价值 □购车方式 □促销优惠 □其他 | |
| | 附　注 | | |

| | | | |
|---|---|---|---|
| 其他附记 | 职业类别 | □企业业主 □专业会计师，律师，医师，工程师 □企业主管 □企业上班族 □军职 □学生 □公职、教职人员 □家庭主妇 □自耕农，渔，牧 □自由职业 □其他： | |
| | 客户来源 | □来店客 □来电客 □旧客介绍 □亲友介绍 □售后介绍 □续购 □外展 □陌生拜访 | |
| | 来店人数 | □1人 □2人 □3人（含）以上 | 接洽时间： |
| | 联系事项 | | |

# 任务八 新车展示

## 任务引导

要想成功引导客户看车，而且在看车后能够顺利过渡到试乘试驾环节，销售顾问除了需要掌握产品知识外，还需要掌握车辆展示的方法和技巧等。

销售顾问小王对客户刘先生进行了需求分析，之后为刘先生推荐了合适的车型，并提供了购车解决方案。接下来请你以小王的身份，结合客户需求，体现客户利益，运用“6+1”绕车法，为客户进行车辆展示。

## 任务目标

☞ **知识目标**

（1）了解新车展示环节的目标。

（2）掌握新车展示方法及要点。

（3）掌握新车展示技巧。

☞ **能力目标**

（1）能够灵活使用“6+1”绕车法。

（2）能够结合客户需求，运用恰当的新车展示技巧为客户进行产品介绍。

（3）能够在新车展示环节突出本品优势，激发客户试乘试驾的兴趣。

☞ **素质目标**

（1）培养严格遵守安全操作规程的安全意识。

（2）培养求真务实、勇于实践的工匠精神和创新的精神。

（3）树立深厚的家国情怀、国家认同感、民族自豪感和社会责任感。

## 任务资讯

### 1. 新车展示环节的目标

（1）建立客户需求与产品配置之间的联系。

（2）结合客户需求，通过针对性的展示讲解，促进客户对产品、技术及服务的理解与信赖。

（3）通过有效的说服和异议处理，消除客户疑虑，增强客户购买信心。

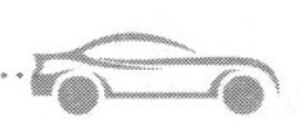

## 2. 新车展示环节客户的期望

（1）销售顾问能够清晰地说明产品的功能配置以及与竞品的差异，并能够结合客户的需求，以客户容易理解的方式展示客户感兴趣的内容。

（2）销售顾问借助一切可能的辅助工具向客户展示车辆，提高车辆讲解的直观性与体验感。

（3）通过车辆展示能够解决客户的疑惑，使客户容易做出判断。

## 3. 新车展示环节的流程

不同的客户对车辆展示所持的态度不一样，有的客户同意由销售顾问引导，有的客户则因为之前看过车辆展示或者不想看车辆展示，只想去试乘试驾，销售顾问要尽量灵活应对。从理论上来说，只有经历了“听——看——体验”的过程，才能真正感受车的品质。新车展示环节的流程如图 8-1 所示。

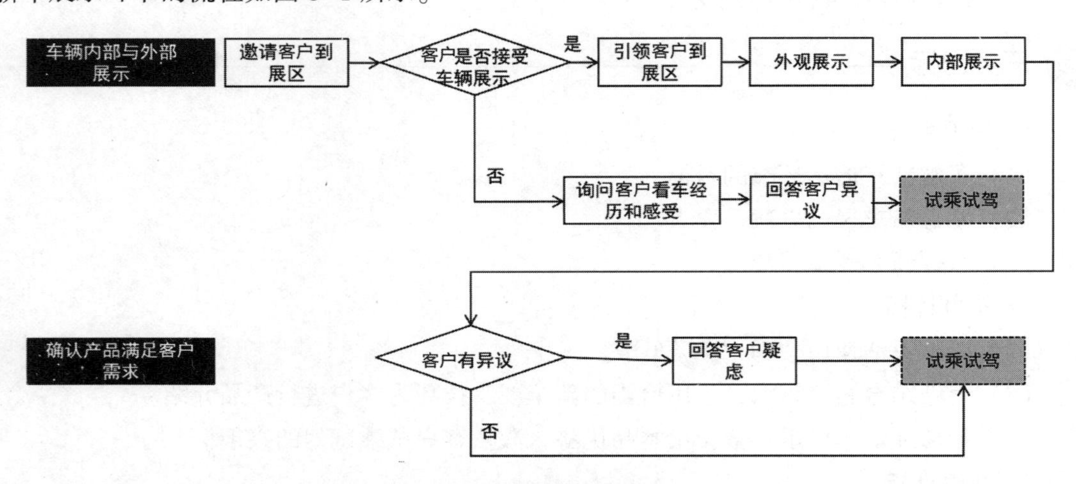


**图 8-1　新车展示环节的流程**

3.1 *产品介绍准备*

（1）展厅布置规范。

① 对于提前加装附件的展车，在显著位置标示附件加装明细、附件套装售价。

② 销售顾问要把方便客户参观与操作作为要点来执行。

③ 要注意车辆的颜色搭配，展示区域不能配备相同颜色的车辆，几种颜色的汽车搭配展示，效果会更好。

④ 注意车辆型号的搭配，同一个品牌的车，可能有不同的系列，有的车从小到大，有的车配置天窗，有的车没有配置天窗，不同型号的车应搭配展示。

⑤ 要注意车辆摆放的角度。

⑥ 要有重点推广的车型。

（2）产品知识准备。

① 熟练掌握本品车辆配置，功能实际操作演示。

② 熟练掌握竞品相关知识，本品和竞品的对比优势。

③ 熟练掌握“6+1”绕车法、灵活运用场景展示方法（如 FAB 方法）、竞品对比方法（如 ACE 方法）、异议处理方法（如 CPR 方法），具体见本书 3. 2。

（3）客户需求分析准备。

了解客户的购买偏好以及关心的问题。

3. 2 产品介绍

（1）产品介绍时的注意事项。

① 引导客户到展车区域，行走过程中应与客户并排走，可从客户需求优先级最高的配置开始重点讲解；如客户对车辆完全不了解或客户有需求，可采用“6+1”绕车法进行车辆的全面展示，充分展示车辆品质和造车工艺。

② 展示车辆时动作应规范专业，切勿单指指示，应五指并拢。

③ 结合客户生活需求、习惯、用车场景进行车辆讲解，凸显能为客户带来的利益、好处，寻求客户共鸣，可借助多种方式进行产品展示。在介绍过程中，应时刻关注客户状态，关注客户眼神停留之处、手触摸的方位，以更加准确地掌握客户兴趣点。

④ 介绍过程中要引导客户提问，继续发掘客户的需求。

⑤ 积极鼓励客户参与车辆展示互动，如讲解内饰时，为客户打开车门并用手护住车门框上沿，邀请客户坐到驾驶座上，尝试座椅调节操作并询问客户的感受，这时可采取半蹲式进行介绍，在征得客户同意后可以坐到副驾驶位置。

⑥ 若客户已经通过网络等渠道了解产品/竞品信息，可主动询问客户的评价、感兴趣的话题并展开针对性的说明，探查客户对产品/竞品的了解程度，回应客户关注点，如需展示与竞品对比的优势，可提前准备竞品照片以便给客户直观感受。

⑦ 介绍服务优势、备件供应和 24 小时救援服务以及其他增值业务（金融、保险、延保、置换、俱乐部等），凸显品牌的实力和给客户带来的增值。

话术参考：

①“×先生/女士，刚才通过和您的沟通，我觉得 CC2. 0T 自动豪华比较符合您的需求，下面我们利用 10 多分钟的时间一起来了解一下 CC 这款车。您有什么问题，可以随时问我。”

②“您刚才提到每天大概需要一个半小时的时间在上下班的路上，很注重车辆的舒适性，因此我觉得 CC 在舒适性方面完全满足您的需求。如果您不介意，我想坐在副驾驶座上，为您做更详细的介绍，可以吗?”

（2）新车展示内容。

容易引起客户兴趣的展示内容有：树立品牌形象的内容，与客户需求直接相关的产品卖点，相对于竞品的亮点，与客户异议相关的内容。

①展示不求无所不包，而要有所侧重，有的放矢。

话术示例："×先生/女士，之前您提到了您特别喜欢带着家人自驾游，请您移驾到后排来，我给您详细介绍一下这款车的后排空间和配置。"

②展示的内容要合理有序，切勿想到哪里讲到哪里。

话术示例："×先生/女士，这款车的中控台本着简约而不简单的设念……用料和做工上乘……方向盘采用了平底运动风格的设计……左面这个是大灯调节旋钮……中控台彩色大屏可以显示当前媒体信息……这里是座椅加热的按钮……下面则是双区独立空调……右侧的手套箱内部还采用了植绒设计……"

③展示的过程不仅仅是销售顾问的个人讲解，还要与客户形成有效的互动。

话术示例："×先生/女士，这款车前排的座椅头枕采用四向调节，您可以根据您的偏好将头枕调整到最舒适的位置（同时将调整方法演示给客户），您自己动手调整感受一下……是不是非常方便？"

④展示的方法不是数据上的简单罗列和灌输，重要的是为客户提供直观感受。

话术示例："×先生/女士，这款车的离地间隙高达 145 毫米，在同级别汽车中已经非常不错了。您看（把手中的本夹竖着插入展车下），这么宽的本夹都能放进去，应对我们生活中能遇到的路况都是没有任何问题的。"

（3）新车展示方法及要点。

车辆展示的方法主要是六方位绕车法，不同品牌六方位绕车有细微差别。有的品牌的绕车方法六方位顺序是：正前方、侧方、侧后方、后方、后排、驾驶舱，而还有些品牌则按"6+1"绕车法展示，本书用后者来介绍展示方法（如图 8–2 所示）和展示要点（如表 8–1 所示）。

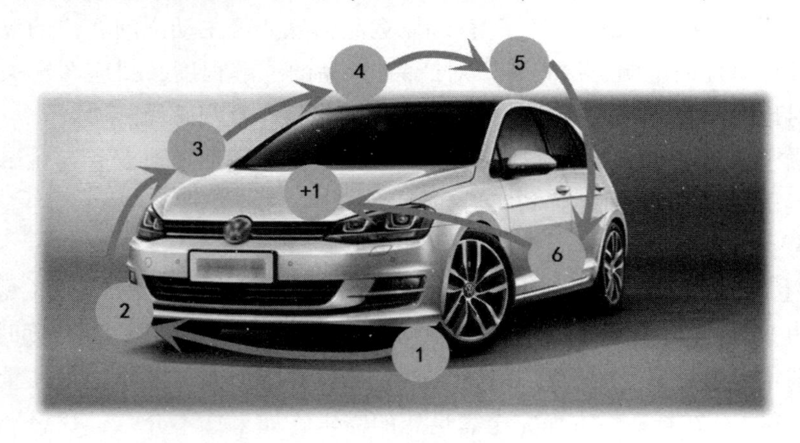


**图 8–2　新车展示方位**

"6+1"绕车法是一种全面展示车辆的方法，适用于对展示的车辆不熟悉的客户；如果客户表示对车辆比较了解，销售顾问可根据客户需求有重点地进行介绍。

"6+1"绕车法的展示顺序是可以根据实际情况灵活调整的，避免展示过程过于僵化，导致给客户带来不好的体验。

“6+1”绕车法便于对零散的产品卖点进行梳理，从而有助于我们记忆，同时也给出了相应卖点最合适的展示方位。

**表 8-1　新车展示要点**

| 方位 | | 展示要点 |
| --- | --- | --- |
| 1 | 左前方 | 品牌、历史、荣誉 |
| 2 | 正前方 | 图形、设计 |
| 3 | 右前方 | 车身工艺<br>外形设计<br>安全 |
| 4 | 正后方 | 尾部设计、后备箱 |
| 5 | 车内后排 | 后排座椅、空间、内部设计 |
| 6 | 驾驶员席 | 中控台外形设计、环保材料<br>储物空间设计<br>天窗、变速箱等配置 |
| +1 | 发动机舱 | 小排量、大动力、高效节油的 1.4TSI<br>技术领先于同级别车的 1.6MPI |

（4）新车展示技巧。

①FAB（常用于新车展示）。

特征（F-Feature）：

- 产品的参数、配置等信息。
- 对于信息参数及专业术语，结合客户理解能力予以专业化解释。

优势（A-Advantage）：

- 解释某项具体参数、配置的作用或工作原理。
- 在讲解时应言简意赅，对客户感兴趣的原理应详细讲解。

利益（B-Benefit）：

结合客户的需求，利用情景化的描述来放大产品功能所带来的好处，借以进一步提升车型和品牌的形象与价值。

话术示例 1：

- “×先生，我们全新 MT 的轴距达到 2871 毫米。”（F-特征）
- “轴距对于车辆内部乘坐空间的影响是最直接的，同时也能体现出这台车的档次和定位。”（A-优势）
- “当您的生意伙伴坐进 MT 的后排时，跷二郎腿绰绰有余，既舒适又有面子，您说是吧。”（B-利益）

话术示例 2：

- “×女士，您关注的这款车型，全系都标配了 ESP 电子随速助力转向系统，简单地

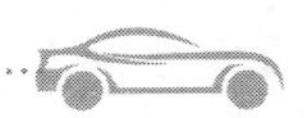

说，它决定了您打方向盘所需要的力道。”（F-特征）

● “它能根据车速对方向盘的助力进行调整，在高速的时候方向盘会表现得非常沉稳，而在低速的时候方向盘又会变得非常轻便。”（A-优势）

● “这个技术大大提升了您驾驶的安全性和舒适性，而且是所有车型全系标配的，体现出了此品牌以人为本的造车理念。”（B-利益）

②ACE（常用于竞品对比）。

认可（A-Acknowledge）：

● 通过适度的认可，让客户从情感上接受销售顾问，为后续接受销售顾问的观点做好铺垫。

● 认可客户的判断或观点。

● 认可竞品的某些优点。

与竞品比较（C-Compare）：

● 车辆本身（配置、参数、销量、口碑等）。

● 厂家（声誉、历史）。

● 经销商（规模、信誉、地理位置、增值服务等）。

提升（E-Elevate）：

通过产品或服务相对于竞争品牌的优势，进一步升华车型和品牌在客户心目中的形象，塑造品牌价值。

话术示例：

背景：客户×先生来店之前去 FT 店里看了 FS 这款车，认可该车的操控性。

● “×先生，现在来店的客户大多数只看外观或配置，而您关注的是操控性，说明您很懂车。”（A-认可）

● “GF 和 FS 同为两厢车，但是 GF 拥有短前悬的设计并全系标配了 XDS 电子差速锁，从而保证了更好的操控性，尤其是在过弯的时候。”（C-比较）

● “除了这些用于提升操控性的先进技术之外，GF 还全系标配了 20 项子功能的 ESP 车身电子稳定程序 EPB/AutoHold、MKB 多次碰撞预防系统等功能，另外车身大量采用了激光焊接和热成型钢板，并且内饰的做工和用料在同级车里也属上乘，GF 是 DZ 品牌的灵魂车型，您也能看得出厂家在这款车上面的投入。”（E-提升）

③CPR（常用于异议处理）。

澄清（C-Clarify）：

● 通过开放式问题进一步锁定和甄别客户的异议。

● 给自己一个思考对策的时间。

转述（P-Paraphrase）：

● 帮助客户重新评估、调整和确认他们的担忧。

● 在此过程中要尽量把客户的异议转化为相对容易解决的表述形式。

解决（R-Resolve）：

● 表现出同理心，客户的担忧或疑惑都是可以理解的。

● 结合“澄清”和“转述”过程中的沟通内容，给出解决办法。

话术示例：

背景：客户对发动机动力参数认可，但是听朋友说涡轮增压发动机烧机油。

●“×先生，您为什么有这个看法呢？是听您朋友说的还是网上了解到的呢？”/“您朋友的那款车是什么时候购买的？开了多少里程了？您朋友说的烧机油是排气管冒蓝烟吗？”（C-澄清）

●“哦，我明白了，您是从网上了解到的这个信息。也就是说，您朋友遇到的所谓的烧机油，其实是每次保养的时候机油消耗量比日系车大一些，但是并没有影响正常使用，对吧？”（P-转述）

●“现在网络上各种信息都有，确实容易让您产生这样的担忧，这很正常，毕竟买车是件大事。我们的发动机为了保证对缸体进行更好的润滑，机油消耗量会偏高一些，但这些都是在国家标准范围内，只要您按时进行保养，是不会对您的日常用车产生任何影响的。”（R-解决）

④SPIN。

背景询问（Situation）：为了解客户的购车状况和背景而提出的问题。

探究问题（Problem）：针对客户可能经历的难点与不满，站在客户的角度提出问题、进行询问，深入挖掘。

暗示引导（Implication）：让客户感受到问题的重要性和解决的急迫性，放大客户需求的迫切程度（挖掘痛苦）。

问题解决（Need-payoff）：基于客户的问题，提供能够满足需求或解决问题的相应方案，将需求转化为利益。

话术示例：

●“您目前开什么车？和家人经常一起自驾游吗？”（S-状况）

●“如您所说，虽然现在驾驶的是中级车，但是每当家庭出游的时候，空间总是显得不够用，对吧？”（P-问题）

●“虽然全家出游的热情都很高，但每当全家人和行李挤在一个空间里的时候，总会感到不尽兴，对吧？”（I-暗示）

●“向您推荐 DZ 品牌 XX 车型，除了性能与油耗方面表现出色之外，还拥有媲美 SUV 的车内空间以及行李空间，使您的出游变得轻松简单，现在我为您详细介绍一下这款车，好吗？”（N-解决）

3.3 确认客户满意

（1）如客户对展示过程有异议，可采用异议处理方法（如 CPR 方法）化解客户异议。

（2）如客户对某些功能还不熟悉，可采用场景展示方法（如 FAB 方法）突出这些功

能给客户带来的好处。

（3）如客户提及竞品，可采用竞品对比方法（如 ACE 方法）进行对比，强调本品配置满足客户需求。

（4）为客户展示新车后，主要询问客户对推荐车型的认可度，总结客户关注的车型和配置，提炼出最重要的 2～3 个客户的关注点。

（5）为客户展示新车后，要主动邀请客户试乘试驾，如客户对推荐的车型认可且同意参加试乘试驾，则进入试乘试驾环节（需将客户关注点传递给试驾专员，予以重点体验）。对于因客观原因在试乘试驾环节无法体验的功能，可提前准备视频向客户进行视觉展示说明。

（6）如客户已试驾过或不符合试驾条件，按照客户意愿，在销售顾问适当引导下进入流程其他环节。

话术参考：

（1）“您对刚才介绍的××车型感觉如何？还有没有想要进一步了解的方面？”

（2）“刚才介绍的××车型与您的需求非常匹配，不知还有没有遗漏的地方呢？”

（3）“为了让您能够亲身体验这款车的动态特性，我们特别为您安排了试乘试驾服务，您可以对车辆进行全面的了解和体验。我这就为您安排一下，可以吗？”

3.4 确认需求，重新推荐

（1）如客户对推荐车型不认可，销售顾问应询问客户原因，如有异议，则应化解客户异议。例如，可尝试主动邀请客户进入试乘试驾环节，通过强化动态体验消除客户疑虑。

（2）如客户仍不满意，则应重新确认客户需求点，推荐新的车型方案，在取得客户认可后再次进行产品介绍。

话术参考：

（1）“×先生/女士，这款车的显示屏确实按钮很多，但是功能是否强大并不取决于按钮的多少。这款车的多功能显示器采用的是跑车化的外观设计，集成行车电脑，功能强大。从车门的开启方式到驾驶辅助系统参数设置、导航显示……”

（2）“根据您的需求，我向您推荐另外一款××车型，可能更符合您的需求。”

## 任务实施

**☞ 任务准备**

（1）防护装备：服装、抹布、手套、灭火器。

（2）工具设备：整车、计算机或网络终端、洽谈桌。

（3）辅助资料：工单夹、产品手册。

**☞ 实施步骤**

（1）将学生进行分组，4～5 人一组，小组进行演练模仿。小组成员有的扮演销售顾问，有扮演客户，有的充当观察员。

（2）小组将模仿演练话术写在任务报告里。

（3）每组选派代表 3 人，分别扮演销售顾问和客户刘先生、刘太太，依次轮流模仿演练，其他人做观察员，记录优点和不足。

（4）完成任务报告。

任务报告

<table>
<tr><td colspan="4">任务八、新车展示</td></tr>
<tr><td>班级</td><td></td><td>姓名</td><td></td></tr>
<tr><td>组别</td><td></td><td>组长</td><td></td></tr>
<tr><td colspan="2">1. 接受任务（5 分）</td><td colspan="2">得分：</td></tr>
<tr><td colspan="4">销售顾问小王针对客户刘先生进行了需求了解，确定客户对安全性、舒适性有要求，重点关注导航、天窗、行李箱、发动机等，现在请你以小王的身份，带领客户刘先生看车，运用 FAB 法及车辆展示技巧，突出客户需求利益，进行车辆展示。请利用教材、参考书及网络资源完成车辆展示话术脚本，并记录到报告中。</td></tr>
<tr><td colspan="2">2. 信息收集（20 分）</td><td colspan="2">得分：</td></tr>
<tr><td colspan="4">（1）“6+1”绕车法各方位分别是________、________、________、________、________、________、________。<br>（2）常用于竞品对比的新车展示方法为________，分别代表含义是______、________、________。<br>（3）常用于异议处理的新车展示方法为______，分别代表含义是________、________、________。<br>（4）容易引起客户兴趣的展示内容有______________、________________、________________、________________。</td></tr>
<tr><td colspan="2">3. 制订计划（15 分）</td><td colspan="2">得分：</td></tr>
<tr><td colspan="4">请根据工作任务制订工作计划及任务分工。<br><table><tr><td>序号</td><td>工作内容</td><td>工作要点</td><td>负责人</td></tr><tr><td></td><td></td><td></td><td></td></tr><tr><td></td><td></td><td></td><td></td></tr><tr><td></td><td></td><td></td><td></td></tr></table></td></tr>
<tr><td colspan="2">4. 计划实施（50 分）</td><td colspan="2">得分：</td></tr>
<tr><td colspan="4">（1）完成需求分析话术脚本（20 分）<br><br><br>（2）需求分析模拟演练（30 分）<br><br><br></td></tr>
</table>

（续表）

<table>
<tr><td>5. 检查评价(10 分)</td><td>得分：</td></tr>
<tr><td colspan="2">请根据小组成员在完成任务中的表现及工作结果进行评价。<br>自我评价：________________________________。<br>小组评价：________________________________。</td></tr>
<tr><td colspan="2">任务总成绩：</td></tr>
</table>

## 实操训练

<table>
<tr><td colspan="2">模块：汽车营销评估与金融保险服务技术（初级）</td><td colspan="2">考核时间：50 分钟</td></tr>
<tr><td>姓名：</td><td>班级：</td><td>学号：</td><td rowspan="3">考评员签字：</td></tr>
<tr><td>初评：□合格<br>□不合格</td><td>复评：□合格<br>□不合格</td><td>师评：□合格<br>□不合格</td></tr>
<tr><td>日期：</td><td>日期：</td><td>日期：</td></tr>
<tr><td colspan="4">考核项目四：客户关系管理与网络营销［实操考核报告］</td></tr>
</table>

一、学员选定某一品牌的某一具体车型，进行车辆信息记录

<table>
<tr><td>品牌</td><td></td><td>整车型号</td><td></td><td>生产年月</td><td></td></tr>
<tr><td>发动机型号</td><td></td><td>发动机排量</td><td></td><td>行驶里程</td><td></td></tr>
<tr><td>车辆识别码</td><td colspan="5"></td></tr>
</table>

二、查询车型数据，分析两种不同品牌同级别车型的优势及卖点

| 品牌 | 车型 | 差异参数记录 | 优势及卖点 |
|---|---|---|---|
| | | | |
| | | | |

# 任务九　试乘试驾

## 任务引导

在分析了客户需求并进行车辆展示后就进入试乘试驾环节，要想让客户的重点需求得到强化，印证销售顾问所推荐的车辆能满足客户的需求，还需要销售顾问做好试乘试驾前的准备、掌握试乘试驾路线和试乘试驾技巧等。

假设销售顾问对客户进行了需求分析和车辆展示，在客户愿意试乘试驾的条件下，请你以试乘试驾专员的身份，带领客户试乘试驾。

## 任务目标

☞ **知识目标**

（1）了解试乘试驾环节的目标。

（2）掌握试乘试驾流程。

（3）掌握试乘试驾技巧。

☞ **能力目标**

（1）能够清楚地向客户说明试乘试驾流程、路线、时间及注意事项。

（2）能够处理试乘试驾过程中的突发状况。

（3）能够成功导向具体的汽车销售活动。

☞ **素质目标**

（1）养成严格遵守安全操作规程的安全意识。

（2）养成吃苦耐劳、爱岗敬业的铁牛精神。

（3）具有良好的团队合作精神和客户服务意识，养成精益求精的服务理念。

## 任务资讯

### 1. 试乘试驾环节的目标

（1）基于客户个性需求完成车辆的动态体验，消除客户的疑虑，增强客户的购买信心，提升客户的满意度。

（2）充分调动客户对新车的感官接触，培养客户对品牌和新车的感情。

（3）试驾过程中通过进一步的需求探寻与解答客户疑问，更加明确客户需求，更深入

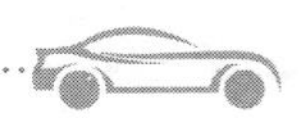

地介绍车辆特点，让客户对需求的满足感到满意。

（4）激发客户的购买意愿，提高试乘试驾转化率。

### 2. 试乘试驾环节客户的期望

销售顾问只有了解客户的心理预期，才能想办法达到阶段目标。在试乘试驾环节，客户的期望主要表现在如下几个方面：

（1）试乘试驾的办理过程顺畅高效，没有因为书面手续或车辆准备而耽搁时间。

（2）经销店提供不同选择的试驾路线、路况、时间等，满足个性化的试驾服务和体验要求。

（3）通过试乘试驾，验证了车辆的实际表现与车辆展示及宣传中描述的一致。

### 3. 试乘试驾环节的重要性

（1）试乘试驾是消费者购车必不可少的环节和重要参考依据。当前，互联网等渠道可以提供配置、价格等信息，但难以让消费者对车辆有实际的体验，因此试乘试驾成为吸引客户到店和体现服务差异化的重点环节。

（2）试乘试驾可以延长客户的留店时间。销售顾问可与客户明确车辆满足其哪些需求。另外，试乘试驾评估中客户回答的问题可作为后续跟进理由，为以后的试乘试驾工作改善提供参考。

### 4. 试乘试驾流程

为了达到试乘试驾的目的和目标，试乘试驾要按照一定的流程和规范去做。试乘试驾流程如图 9-1 所示。

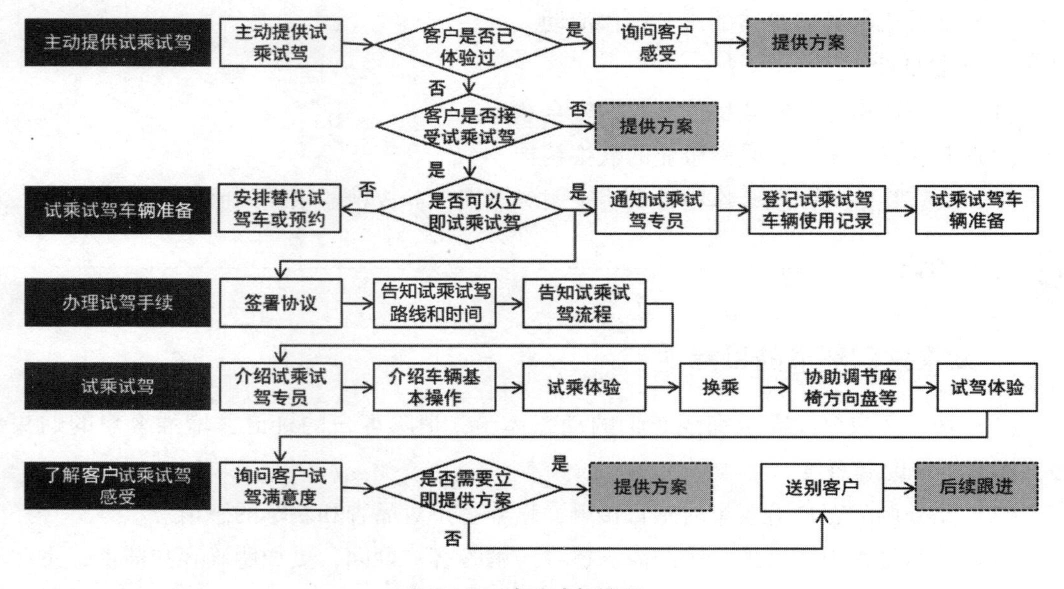


图 9-1 试乘试驾流程

4.1 试乘试驾前准备

（1）试乘试驾方案的准备。

由于客户需求不同，试乘试驾体验的重点也不一样，为了使客户的重点需求通过驾乘感受得以强化，销售顾问要提前和试乘试驾专员沟通客户需求重点，从而准备相应的试乘试驾方案。目前，汽车销售更多地推崇销售顾问带领客户试乘试驾，这样能更好地保证客户的需求在试乘试驾中得到印证、强化。

（2）试乘试驾人员的准备。

专职或兼职的试乘试驾专员须具备销售和产品知识，了解竞品信息，以便满足客户试乘试驾需求。试乘试驾专员应着工装，随身携带驾驶证件。为了提高试乘试驾效率，节省时间，试乘试驾专员与销售顾问应实时保持沟通，从而保证试乘试驾专员有针对性地进行准备工作，给客户创造良好的试乘试驾体验。

（3）试乘试驾车辆的准备。

试乘驾车辆应保持车贴完整、清洁无污渍，车身光亮、光滑、无划痕，车内和行李箱整洁、无杂物、无异味，去除车辆内、外各种保护膜，摆放原厂脚垫，保证燃油充足（半箱油以上）；为确保试乘试驾车辆的安全运行，应对其定期进行技术检查；车内空调应设置适宜的温度；确认车内物品齐全，保证车内音响音量适合，准备不同风格的音乐，试乘试驾时供客户选择播放（U盘/车载蓝牙/CD）。接收到客户试乘试驾需求后，在《试乘试驾使用登记表》上准确记录试乘试驾车辆使用信息。试乘试驾专员将车辆准备完毕后开至展厅门口，下车等待客户；若客户是预约试乘试驾，则在约定时间前10分钟准备好车辆（如车辆正在使用中，不能提前准备好，需要向客户解释并取得谅解）。

（4）试乘试驾时间的准备。

试乘试驾时间根据客户的时间而定，如果客户没有要求，那么我们就按合适的时间，如避开上下班高峰期或夏季天气比较炎热的时段，如果客户只有比较炎热的时段有时间，那么我们一定要调节好空调温度，保证车内的舒适度。

（5）客户驾驶资格的确认。

销售顾问应向客户确认是否带驾照，还应询问客户是否有两年以上真实驾龄，以保证试驾的安全性，如没有，建议其试乘或者再约时间试乘试驾。

4.2 主动邀请客户

行为规范：

（1）介绍试乘试驾带给客户的好处，告知客户大概所需要的时间。

（2）主动邀请客户参加试乘试驾活动，如客户接受，需确认客户是否具备试驾资质，如是否携带驾照、是否饮酒等；如客户资质不符合，可建议客户进行试乘体验或预约试驾。

（3）若客户没有时间，可以在征得客户同意的情况下为其预约下一次试乘试驾。

（4）通过查看《试乘试驾车使用登记表》确认车辆使用状态

（5）如相应车型的试驾车被占用，应告知客户需要等待的时间，询问客户是否等待或

考虑试乘试驾其他车型。

（6）若客户在别处有过试乘试驾体验，可从询问其试乘试驾体验的感受切入，视情况再次邀约客户试乘试驾。

（7）若客户为增购、换购客户，可通过意向车型与现有车型的动态对比说明引导。如果对客户的疑问无法提供满意的答复，可以寻求技术人员的帮助。

（8）若店里没有配备相应的试乘试驾车型，可推荐类似的替代车型，并确认客户是否接受替代方案。

（9）暂时不能提供试乘试驾服务的，需向客户解释并征得客户谅解，询问客户是否愿意再次来店体验试驾或参加经销商组织的体验活动，若客户接受，需进行预约。

执行建议：

（1）展厅或销售办公室可摆放试乘试驾车状态看板，供销售顾问实时查看。

（2）需求分析、新车展示环节应为试乘试驾邀请做好铺垫，如以客户关注点展开情景描述，激发客户试乘试驾的兴趣。

（3）路线选择需覆盖试乘试驾每个体验点。

话术参考：

（1）“×先生/女士，我们提供多种车型的试乘试驾服务，您可以亲身体验 MT 的卓越性能，如果时间允许的话，我会立刻为您安排试乘试驾。”

（2）“×先生/女士，您已经在其他店体验过试乘试驾了？不知道您感受如何？是否还有什么疑问我可以帮您解答……如果您希望再一次试乘试驾，我非常愿意帮您立刻安排，也许您会有更深刻的感受。”

（3）“×先生/女士，非常抱歉，CC 试驾车目前正在试驾，您还需要等待大概 20 分钟。您可以到休息区稍等片刻，我帮您拿一杯饮料好吗？……你也可以试驾我们另一款车型 MT，两款车排量相同，会有相似的驾驶感受。”

（4）“×先生/女士，非常抱歉，如果您今天时间不允许的话，您也可以预约，这样我们会为您预留车辆，对您来说也无须等待。”

（5）“×先生/女士，您预约明天的试乘试驾服务，我们已经为您安排妥当，提醒您尽量按时来店，同时提醒您带上驾照。也诚挚地邀请您的家人或者朋友一同来试乘试驾，我会在店恭候您的光临。”

4.3 手续办理与讲解

行为规范：

（1）核对并复印客户证件。

复印符合试驾资质客户的驾照，也可以请其他同事帮忙复印，尽量避免让客户等待。

（2）协议讲解及签署。

签署《试乘试驾协议》（如表 9-1 所示）之前，向客户讲解协议内容要点以及签署协议的必要性，解答客户疑问；对不符合试驾条件的客户，向其说明只能试乘。

**表 9-1　试乘试驾协议**

××××特许经销店名称________________________________________

试乘试驾车型：________________________________________

本人于______年______月______日在××××特许经销店（　　）自愿参加__________车型的试乘试驾活动，特作以下陈述与声明：

本人保证在试乘试驾过程中严格遵守交通法规以及本次试乘试驾活动要求；

完全服从经销店的指挥和安排，安全、文明驾驶；

如因本人违背上述声明或者非所驾车辆之瑕疵的其他原因（1）给本人或者他人造成了人身伤害或损失（2）给所试驾车辆造成了损失（3）给其他车辆或道路、场地等设施造成损失，超出保险公司赔付的部分将皆由本人承担全部责任，与经销店无关。试乘试驾人已阅读并理解了以上内容。

试乘试驾人签字：______ ______年______月______日

驾驶证号：________________　联系电话：__________

（3）路线讲解

① 对照《试乘试驾路线图》向客户介绍试乘试驾路线。

②《试乘试驾路线图》应包含以下内容：路线长度，时间，每一路段的体验重点以及注意事项等。

③ 提供两条及两条以上路线，告知客户试乘试驾路线是可选择的，并介绍每条路线的体验重点，给客户建议并询问客户的选择。

④ 告知客户整个试乘试驾流程和时长，为了让客户更好地熟悉车辆操作以及行驶路线，强调先试乘、后试驾，同时告知客户换乘点。

⑤ 告知客户在试乘试驾结束后回到展厅，给客户提供更为详细的方案介绍。

话术参考：

（1）证件复印。

①“×先生/女士，在试乘试驾之前需要复印您的驾照，麻烦您提供一下，谢谢！”

②“×先生/女士，您的驾照符合试驾的要求，请您稍等片刻，我去复印一下您的驾照。”

（2）协议签署。

①“×先生/女士，首先我们需要复印您的驾照，同时也需要您签署一份《试乘试驾协议》，为了您的安全，我也会向您介绍试乘试驾过程中的注意事项。”

②“如果您对《试乘试驾协议》没有异议，烦请您在这里签字确认，谢谢您的配合。”

（3）路线及时间讲解。

①“×先生/女士，这是我们的试乘试驾路线图，我们将提供两条路线供您选择。结合您之前对车辆的需求，我推荐您选择 A 路线。这条路线包含了多个体验点，您可以充分体验这款车的动态性能，您看可以吗？”

②“×先生/女士，整个试乘试驾所需时间大概是 25 分钟左右。我还为您安排了专业的试乘试驾专员，一定能让您充分感受这款车的特性。”

4.4 客户试乘体验

（1）销售顾问/在线销售顾问行为规范。

① 销售顾问需向客户引荐本次试乘试驾的试乘试驾专员，同时向试乘试驾专员介绍客户。

② 将路线选择和三个客户重点体验点告知试驾专员。

（2）试乘试驾专员静态讲解。

① 针对车辆的某些功能，如无钥匙进入，可在客户进入主驾驶位置前为客户讲解并鼓励客户动手操作。

② 邀请客户进入主驾驶位置，主动为客户开车门并做遮挡，防止撞头。

③ 若有多位客户参与，则安排其他人员坐在车辆后排座位。

④ 采取半蹲式在车外讲解车辆的基本操作（如多功能仪表、座椅、内外后视镜、多功能方向盘、遥控钥匙、音响系统、空调系统、导航系统等）。对客户感兴趣的内容应有针对性地重点介绍。

⑤ 协助客户调节座椅、后视镜以及方向盘，以达到理想、舒适的驾驶位置；询问客户座椅、后视镜以及方向盘舒适程度，邀请客户亲自动手体验。

⑥ 打开娱乐系统，根据客户喜好播放音乐，营造轻松的氛围。

（3）安全提醒。

邀请客户进入副驾驶位，提醒前后排客户系好安全带，必要时协助客户系好安全带。

（4）试乘体验。

① 结合客户的用车场景和需求进行重点的动态说明和演示，结合客户感兴趣的功能有所侧重地进行展示（如车辆智能装备、操控性、平顺性、制动性、通过性等）并提醒客户关注，动态展示后询问客户感受，寻求客户试乘体验认同。

② 在体验不同项目前向客户简单介绍接下来的体验重点。

③ 在紧急制动、急加速或者急转弯等体验项目前，提醒前后排客户系好安全带，扶稳座椅。

（5）执行建议。

① 建议销售顾问全程陪同客户进行试乘试驾，在客流量较大时，为保证展厅的接待能力充足，销售顾问需把客户的需求提前告知试乘试驾专员。

② 随行人员中的孕妇及儿童，建议由展厅其他工作人员进行照顾。

③ 车上如有打领带的人员，需提醒将其领带放置安全带外。

④ 如有智能泊车功能，可以在较大的停车场进行体验。

⑤ 隔音效果可以对比测试，在喧嚣的环境下打开和关闭车窗进行体验（建议装载手机 App 进行噪声测试）。

（6）话术参考。

①“×先生/女士，您好。我是本次为您提供试乘试驾服务的××。非常高兴今天能与您

分享本次试乘试驾体验，在试乘试驾前，我先带领您熟悉一下车辆的主要功能……”

②“接下来的路段是××，我们将进行××体验，您可以重点体验一下车辆的××性能……”

③“刚刚为您展示的××体验，您感觉还满意吗？如果您有疑问，我将为您解答。”

4.5 客户试驾体验

（1）安全换乘。

① 试乘结束后在指定的安全地点停车熄火，开启双闪灯，拉手刹，取下钥匙，邀请客户进入驾驶室，试乘试驾专员坐副驾驶，确认系上安全带。

② 引导客户调整座椅、倒车镜、方向盘位置并简要介绍功能操作。

③ 提醒客户安全事项，确保车内人员系好安全带后，向客户递交钥匙，引导客户启动、挂挡、打灯、上路。

（2）试驾体验。

① 在每个试驾路段告知客户体验的重点，指示试驾路线。

② 在不妨碍客户试驾的情况下，回答客户提问，强调车辆的优点。

③ 观察客户的驾车特点，发现并记住客户的兴趣点和评论（如销售顾问没有陪同，结束后需传达给销售顾问）。

④ 结合车辆的性能及装备，适度赞美客户的驾驶技术。

⑤ 如果试驾路线不能满足客户的体验需求，应解释原因并在试乘试驾结束后向客户进行展示和解说。

（3）安全保障。

若客户有危险驾驶动作，应及时并礼貌提醒客户安全驾驶；如有必要，终止客户试驾，并由试乘试驾专员驾驶车辆回展厅。

（4）执行建议。

① 试乘试驾换乘为临时停车，为保证人员安全，应提醒客户注意安全。

② 在下车换位时，试乘试驾专员在车的前方绕行，体现对客户的尊重，提升客户的感性化体验。

③ 不同路况的测试与体验重点如图 9-2 所示。

- 市区路况：起步、加速、前中段动力性、灵巧性、市区变换车道
- 快速路：0~100公里加速能力、紧急制动、制动能力
- 高速路：中高速巡航能力、超车、风噪、隔音
- 爬坡路：负重、发动机扭矩、操控性
- 一般弯路：转向性能、抗侧倾性能
- 急转弯道：转向性能、抗侧倾性能、操控性
- 泥泞湿滑路面：电子安全配备、抗湿滑能力
- 颠簸路面：舒适性、通过性
- 大桥路面：风噪、稳定性
- 乡间小路：制动能力、换挡性能、综合测试

**图 9-2　不同路况的测试和体验重点**

（5）话术参考。

①“×先生/女士，这里是我们的换乘点，接下来将由您驾驶，进行动态体验。刚才给您介绍了车辆的基本操作，现在您可以亲自试着调节座椅到合适的位置……方向盘和外后视镜您也可以自己试着调节。”

②“请您以及车上其他人员系好安全带，之后我们将开始启动车辆，进行动态试驾体验。”

③“×先生/女士，我们将进入快速路段，体验车辆加速性能和制动性能。请注意来往车辆。”

④“×先生/女士，前方路口左转，请注意提前减速……我们即将进入快速路段，您可以加速，体验一下车辆的动力性能……这个路口请减速。”

4.6 了解客户的试乘试驾感受

（1）试乘试驾专员行为规范。

① 试乘试驾结束后主动提醒客户带好随身物品。

② 针对车辆的某些功能，如后备箱感应开启，可在试驾结束后为客户讲解并鼓励客户亲自操作。

③ 感谢客户的试乘试驾，与客户告别。

④ 将试乘试驾车停放至指定地点，进行清洁整理。

⑤ 将试乘试驾车钥匙归还并完成《试乘试驾车使用登记表》的填写。

⑥ 如销售顾问/在线销售顾问没有陪同客户试乘试驾，试乘试驾专员需要把客户试乘试驾的信息（如感受、特殊关注的功能或配置等）告知销售顾问/在线销售顾问。

（2）销售顾问/在线销售顾问行为规范。

① 及时引导客户至展厅洽谈区，询问客户是否需要饮品，按客户的喜好提供饮品。

② 主动询问客户试乘试驾感受，记录反馈并赞许客户驾驶技术（如客户已试驾），重点指出在新车介绍环节所讨论的特性和特点，引导客户做出正面评价。

③ 利用《试乘试驾意见反馈表》记录客户的试乘试驾反馈。

④ 结合客户的感受进一步介绍车辆性能，同时回答客户的疑问，了解客户对车辆的认可程度，倾听客户反馈，探询客户意愿，主动邀约成交。

⑤ 如试乘试驾车不符合客户的需求，应修正客户需求并向客户确认，推荐另一款适合的车型，依据客户意愿执行流程。

⑥ 如客户离店，应约定跟进时间，及时在系统中更新维护客户试乘试驾信息，包括体验关注、试驾抱怨等，并制订后续跟进计划。

（3）执行建议。

（1）试乘试驾结束后，试乘试驾专员主动为客户打开车门，销售顾问为陪同人员打开车门。

（2）试乘试驾结束后，引导客户体验车辆高端配置（如自动泊车、后备箱自动开启功能等)。

(3) 试乘试驾结束后往往是客户情感最高涨的时刻，这个时刻也是客户对车辆最有认同感的时刻，销售顾问应利用这个时刻加深与客户的沟通，获取客户的订单。若客户为置换客户，应避免贬低客户现在使用的车辆。

(4) 话术参考。

①“×先生/女士，下车前请您带好随身物品，感谢您参加本次试乘试驾，很高兴为您服务，期待下次与您相见。”

②“×先生/女士，我们刚才已经体验了 CC 车的性能，不知道二位对 CC 还满意吗?比较喜欢哪些方面?”

③“希望二位能够对我们本次试乘试驾服务给予评价和建议，以便我们今后能够为客户提供更优质的试乘试驾服务。”

④“根据刚刚试乘试驾体验后您的反馈，同时结合您的需求，我们向您推荐××车型，您看如何?”

### 5. 试乘试驾时注意事项

(1) 销售顾问应陪同客户试乘试驾，若不能陪同，销售顾问应与试驾专员进行详细的沟通，以便做好准备工作。

没有人会浪费时间去做没有意义的事。进行试乘试驾的客户也必然带着其目的。所以，销售顾问了解的客户需求方面的信息，试驾专员也应全面了解。

(2) 抓住需求，放大亮点。

试乘试驾的体验点丰富，不同的客户各有侧重。在试乘试驾过程中，应抓住客户兴趣点，着重放大车的性能亮点。

## 任务实施

**☞ 任务准备**

(1) 防护装备：服装、抹布、灭火器。

(2) 工具设备：整车、计算机或网络终端、洽谈桌。

(3) 辅助资料：名片、工单夹、产品手册、《试乘试驾协议书》。

**☞ 实施步骤**

(1) 将学生进行分组，5 人一组，结合客户需求进行需求重点体验话术设计（FAB 话术)。

(2) 不同路段展示技巧应用，寻求客户认同感话术设计。

(3) 套用试乘试驾流程，应用 FAB 话术和寻求客户认同感话术，完善流程脚本。

(4) 每组 5 人中，一位扮演试乘试驾专员，一位扮演客户，一位扮演销售顾问，营造良好的氛围进行模拟演练，另外两人扮演观察员，记录优点和不足。

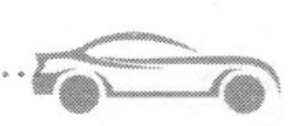

（5）完成任务报告。

## 任务报告

| 任务九、试乘试驾 | | | |
|---|---|---|---|
| 班级 | | 姓名 | |
| 组别 | | 组长 | |

| 1. 接受任务（5 分） | 得分： |
|---|---|

销售顾问小王在车辆展示环节向客户展示了体现安全性、舒适性等的技术装备，如车身电子稳定系统（ESP）、独立悬架、紧急制动系统、预碰撞系统、自适应系统、无钥匙进入、一键启动、座椅的人体工程学设计、方向盘的 12 项可调节功能等。假设你是小王，请根据客户需求重点，运用试乘试驾技巧，陪同客户试乘试驾。请利用教材、参考书及网络资源完成试乘试驾话术脚本，并记录到报告中。

| 2. 信息收集（20 分） | 得分： |
|---|---|

试乘试驾前需要做如下几个方面准备，分别是____________、____________、______________、____________、____________。

试乘试驾车应保持__________、__________，车身__________、__________、__________，车内和行李箱整洁、无__________、无__________，去除车辆内外各种保护膜，摆放原厂脚垫，保证燃油充足（半箱油以上）。

试乘时应结合客户感兴趣的功能有所侧重地进行展示（如车辆智能装备、________、________、制动性、________等）并提醒客户关注，动态展示后询问客户感受。

| 3. 制订计划（15 分） | 得分： |
|---|---|

请根据工作任务制订工作计划及任务分工。

| 序号 | 工作内容 | 工作要点 | 负责人 |
|---|---|---|---|
| | | | |
| | | | |
| | | | |
| | | | |
| | | | |

| 4. 计划实施（50 分） | 得分： |
|---|---|

（1）完成试乘试驾话术脚本（20 分）

（2）试乘试驾模拟演练（30 分）

（续表）

| 5. 检查评价（10 分） | 得分： |
| --- | --- |
| 请对小组成员在完成任务中的表现及工作结果进行评价。<br>自我评价：________________。<br>小组评价：________________。 | |
| 任务总成绩： | |

## 实操训练

| 模块：汽车营销评估与金融保险服务技术（初级） | | 考核时间：50 分钟 | |
| --- | --- | --- | --- |
| 姓名： | 班级： | 学号： | 考评员签字： |
| 初评：□合格<br>□不合格 | 复评：□合格<br>□不合格 | 师评：□合格<br>□不合格 | |
| 日期： | 日期： | 日期： | |
| 考核项目四：客户关系管理与网络营销［实操考核报告］ | | | |

一、学员选定某一品牌的某一具体车型，进行车辆信息记录

| 品牌 | | 整车型号 | | 上市日期 | |
| --- | --- | --- | --- | --- | --- |
| 发动机型号 | | 发动机排量 | | 行驶里程 | |
| 车辆识别码 | | | | | |

二、根据所选择的车辆销售信息，完成《试乘试驾评估表》的设计，并模拟填写一份

| |
| --- |
| |

# 任务十 提供方案

## 任务引导

销售顾问小李在4S店内热情接待了客户王先生，并进行了详细的需求了解，得知王先生想买一辆白色SUV，对动力、安全、舒适等方面有较高的要求，王先生是私企老板，购车预算是15万～20万元，买车主要为了接送客户和自驾旅游。销售顾问小李最终为王先生推荐了HF的H6，并带王先生看了车，安排了试乘试驾，王先生很满意，但表示还要进行比对。接下来销售顾问小李给王先生提供了一份购车方案，并给出了专业的建议和讲解，最后王先生购买了此款汽车。

从上述资料我们可以看到，销售顾问小王之所以能够成功销售，除了因为有多年的销售经验，还有哪些影响因素？你认为如何为客户提供一份合理优化的购车方案呢？

## 任务目标

☞ **知识目标**

（1）掌握提供方案环节的目标。

（2）掌握提供方案环节的工作重点：产品确认、二手车置换、衍生服务等。

☞ **能力目标**

（1）能够根据店内情况、客户需求灵活地给出客户购车建议并推荐二手车置换及衍生服务等。

（2）能够根据客户需求提供合理优化的购车方案，促进销售的成功。

☞ **素质目标**

（1）培养科学严谨的探索精神和实事求是、独立思考的工作态度。

（2）培养服务意识，树立精益求精的服务理念。

## 任务资讯

对于大多数客户来说，试乘试驾后是热情度最高的时刻，因此对销售顾问来说，这时是推荐新车的最佳时刻。在提供方案环节，推荐一款合适的车辆对于后续成交尤为重要，而要想推荐一款适合客户的车辆，就务必了解客户真实的需求和感受，从而给客户提供合理、优化的购车方案。

### 1. 提供方案环节的目标

销售顾问和客户接触并建立了良好关系、了解了客户的需求，通过车辆展示，在客户心里也成功建立起厂家、品牌、产品、经销商及销售顾问等方面的价值，试乘试驾结束后客户也很满意，那么接下来就会顺利进入提供方案环节。此环节的目标如下：

（1）在车辆展示和试乘试驾后，客户认同产品的价值，此时应有效管理客户的价格预期，便于提供详细、专业的报价方案。

（2）充分诠释方案，包括贷款、保险、二手车置换等增值服务，并将这些转化为报价的优势。

（3）通过向客户清楚解释报价，让客户以合理的价格买到适合的车辆和服务。

### 2. 提供方案环节客户的期望

为了达到上述目标，销售顾问必须深入挖掘提供方案环节客户的心理期望，并想尽办法超出客户心理预期，这样才有利于销售的顺利推进。通过实践调研观察，该环节客户的期望主要有如下几点：

（1）期望专业、坦率和诚实的销售顾问为自己提供服务，满足其需求。

（2）自己的购车价格不高于其他客户的购买价格。

（3）清楚地了解（包括所需额外配置价格在内的）最终价格是如何构成的。

### 3. 提供方案环节的工作要点

（1）确认客户的需求并推荐车型。

该环节销售顾问要再次和客户确认车型，并解释推荐该车型的原因。如果客户有疑问，销售顾问要耐心解答，帮助客户消除疑虑，抓住合适的机会推进成交。

（2）推荐二手车服务。

销售顾问要主动向客户介绍汽车 4S 店二手车置换优惠政策，询问客户是否需要置换，如果需要，则可向客户推荐二手车评估师，进行车辆评估并给出评估价格，作为购买新车的一部分资金。

（3）推荐贷款服务。

无论客户是否进行二手车置换，销售顾问都应该主动向客户推荐贷款服务，向客户解释贷款优惠政策及优点，并根据客户实际情况进行贷款方案介绍。

（4）推荐保险服务。

客户购车后需要有一份安全的保障，此环节销售顾问要主动向客户推荐新车保险，告诉客户在汽车 4S 店购买保险的优势，努力说服客户在店内购买保险。

（5）推荐精品附件。

销售顾问需进行产品确认，其中包括根据客户需求合理推荐精品附件，这也是汽车 4S

店增加收入的一个渠道。

(6) 解释方案报价。

在完成上述工作后，销售顾问要制作并打印报价单，向客户解释本次购车的价格组成。如客户认同，则进入洽谈环节，否则客户会离店，切记此时要热情地送别客户，并进行后续跟进。提供方案环节的流程如图 10-1 所示。

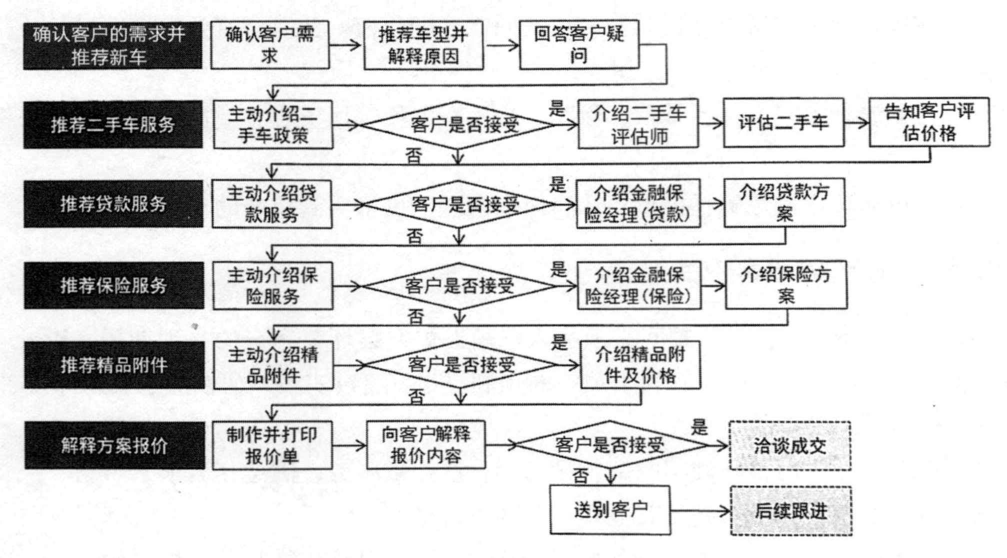


图 10-1 提供方案环节的流程

## 4. 提供方案环节产品确认

销售顾问在充分了解客户需求后才能进行产品确认，而客户在最终确定产品配置时，可能会希望销售顾问提供专业的意见，而专业的意见的提供必须基于客户的需求，并且该产品配置符合客户的预算。另外，关于精品附件，销售顾问不能强行推销。

4.1 产品确认前的准备工作

(1) 动态化掌握车辆库存。

销售顾问必须对店内车辆库存、车辆在途状况等有清晰的了解，这样才能在销售中合理利用店内资源进行推介。

(2) 准确把握客户的需求与预算。

销售顾问推荐车型时必须综合考虑客户需求和预算两个因素，在销售中紧紧围绕这两个因素进行合理优化推荐，提高客户满意度。

(3) 在需求分析、车辆展示、试乘试驾等环节引导客户的需求。

在需求分析、车辆展示及试乘试驾环节，销售顾问可以根据店内车辆库存状况对客户的需求进行引导，尽量让客户购买有现车的车型。

4.2 产品确认内容

在提供方案环节，销售顾问和客户进行产品确认的内容有：发动机和变速器搭配（发动机和变速器如何搭配能给客户带来最大利益）、车辆颜色（和客户探讨车辆不同颜色的优缺点，让客户选择车辆颜色）、精品及选购件（选择哪些精品及选购件，会给客户带来哪些利益。对不购买或者不在店内购买精品或选购件的客户，销售顾问应该全面了解客户需求，从客户需求出发进行推荐。建议：销售顾问新手可推荐导航和倒车雷达，还可利用客户爱护新车的心理，推荐底盘装甲、发动机护板等）。

4.3 产品确认方法

在客户需求和预算两个因素的制约下，为了避免出现客户想要的产品没有货的情形，销售顾问必须做到实时了解车辆库存情况，在产品确认前的几个环节中，有意识地引导客户购买现车。销售顾问应清楚客户的预算，如果车的价格高于客户的预算，可以适时提及贷款购车业务，可以利用的方法为：和客户分享不同发动机和变速器组合的独特优点，引导客户，让客户认可销售顾问所推荐的车型；和客户分享各种颜色的优缺点，引导客户，让客户认可销售顾问所推荐的有现车的颜色，但不能欺骗客户。

## 5. 提供方案环节推荐二手车置换服务

在欧美、日本等成熟的汽车市场，二手车的交易量远远高于新车的交易量。虽然短期内国内二手车置换和买卖的成交量不会很大，但是从发展的角度看，二手车业务所占的比重必将会越来越高。另外，二手车经营还能带动新车销售和售后维修等其他相关业务的增长。

我国汽车市场的发展较欧美国家落后，但一些企业也意识到二手车置换业务对促进新车销售的作用，因此也大力发展二手车业务。

5.1 二手车置换的好处

二手车置换可以给厂家、经销商、销售顾问及客户带来诸多好处，可以说二手车置换很容易创造一个多赢的局面。在与客户交流时，销售顾问可从客户的角度出发，多关注与客户利益相关的事项。

（1）周期短、速度快。

车主只需将旧车开到4S店，现场评估师20分钟左右就能对旧车评估出价格，车主选好心仪的新车后，只要缴纳中间的差价即可完成置换手续，剩下的所有手续都由4S店代为办理，并且免代办费，大概一周左右就能完成新车置换。

（2）4S店二手车置换品质有保证，风险小。

4S店按照厂家要求收购客户的二手车，收购对象涵盖所有品牌及车型。对于消费者而言，在4S店所买的车都是汽车厂商直供销售的，没有中间商，车况、品质有保证，消除了不知道怎么挑选车的疑虑。

以往卖旧车买新车，要经过二手车谈价、旧车过户、收钱、与汽车经销商谈新车价

格、交钱购车等一系列操作。现在有专业人士为客户提供专业、透明的车辆评估及报价服务，所有手续都由经销商代办，二手车车价抵扣新车车价，客户补齐差价，即可开着新车走了。4S 店二手车置换服务大大方便了消费者，同时促进了汽车市场中产品和资金流通的速度。

（3）有利于净化市场，增强市场竞争力。

客户对 4S 店的信任，会让一大批违规操作的组织和个人在这个领域没有立足之地。以汽车厂商为主导的品牌二手车置换模式，打破了二手车市场“自由散漫”的传统，重新构建了二手车交易新的规则。

（4）厂商的多重促销手段让车主受益。

随着汽车国产化技术的成熟，以及限购政策的制约，汽车厂商把二手车置换作为角逐的主战场，并配合国家出台的政策补贴，纷纷在打出降价的同时，又推出“原价”置换，置换送高额补贴，再送礼品或免费活动等四重优惠活动，这是引发众多车主换车冲动的根源。

5.2 销售顾问在二手车置换业务中的职责

（1）正确地向客户推荐置换服务。

客户的核心诉求一般涉及以下四个方面：一是价格诉求，希望自己的旧车能卖个好价钱，同时也希望 4S 店对新车价格给予优惠；二是安全诉求，希望交易合法，自己的车辆在交易过程中不被用于违法违规违章的事情，自己的各种信息、资料安全，即使出现问题，也可以追溯和有方便的合理解决渠道；三是便捷诉求，便捷有两个意思，一是方便，二是快捷。方便是指对于客户来讲，流程简单，烦琐的事情都由经销商代理；快捷是指用时短，经销商在二手车过户手续的办理上要能够实现一个“快”字。

（2）介绍二手车评估师和客户认识。

在需求分析环节应尽早了解客户对于旧车的态度，公正地向客户讲述二手车置换三种不同途径的优缺点，强调在 4S 店进行置换具有方便、节省时间、规范、专业、流程透明等特点，可以利用店内所举办的各种二手车置换的优惠活动。客户如想置换，销售顾问应介绍二手车评估师与客户认识，进行车辆评估。当客户进行二手车置换时，尽管很多专业的问题需要二手车评估师来处理，销售顾问最好也能在场，关注客户在这个过程中可能遇到的问题，及时进行外部沟通和内部沟通，以尽量维护好客户。

## 6. 推荐衍生服务

衍生服务最终产生的是一个多赢的局面。销售顾问是直接和客户接触的人，因此销售顾问有责任和义务在销售中推荐衍生服务，也应该有动力主动向客户推荐衍生服务，给需要衍生服务的客户提供更专业、便捷、有利的服务。

6.1 金融信贷销售技巧

汽车贷款是一种很有效的融资渠道，办理手续简单，审批时间短。贷款购车可以使资金在不断的运转中实现更大的价值，产生更多的利益。通过贷款，客户可以实现车型升级。金融信贷购车的优点如图 10-2 所示。

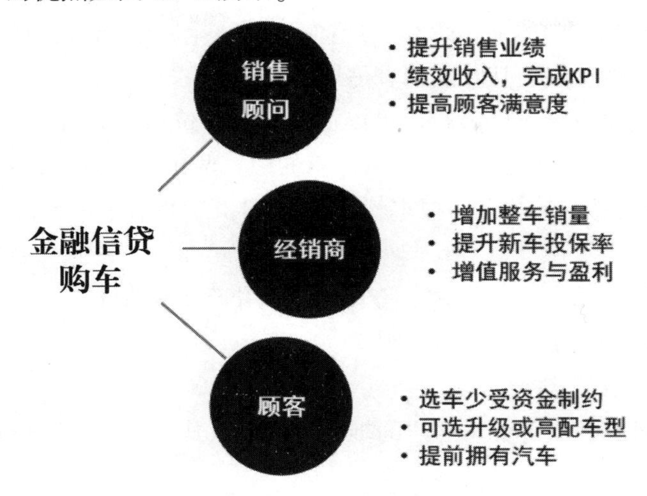


图 10-2　金融信贷购车的优点

贷款购车销售话术推荐使用 FABE 法则。贷款种类繁多，针对不同的客户，有不同的特点，同样，不同种类贷款的特点对不同的客户的吸引力也是不同的。FABE 法则应用如图 10-3 所示。

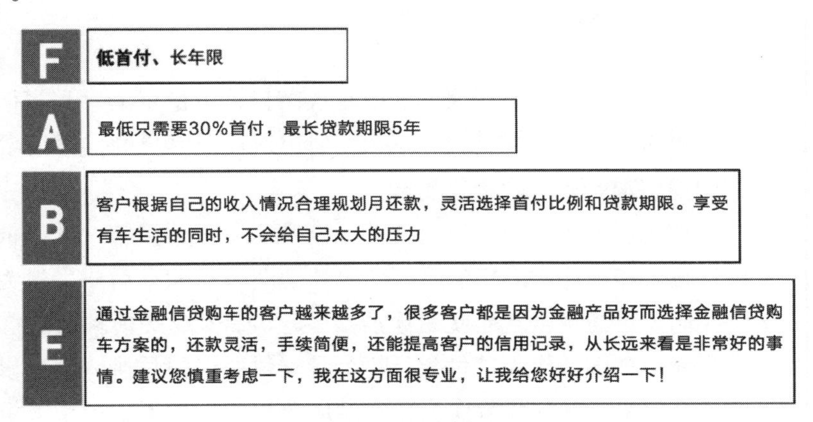


图 10-3　FABE 法则应用举例

（1）针对不同客户群体销售话术的关键点。

- 针对全款客户——理财、储蓄、投资回报。
- 针对优质客户——自我价值的实现。
- 针对白领上班族——拥有更多，享受生活。
- 针对外地户口客户——政策灵活，轻松拥有。
- 针对私营业主——更多的现金周转。

（2）金融业务话术举例。

①针对全款客户。

对有近期换车计划客户的推荐话术："汽车不是一个升值产品，而您手中的现金可以留着做其他能够升值的投资，从长远来看是划算的。"

针对对月供、利息有异议的客户，可以提出 CPI 物价指数的概念。推荐话术："钱是会贬值，现在每个月 1000 元的月供，贷款三年的话，两年后的月供还是 1000 元，但两年后的 1000 元由于通货膨胀的关系，根本就不值 1000 元。相对来讲，您所支付的月供是越来越少的。"

对中年客户的推荐话术："手中要有一些现金用于日常的开支，如教育、培训、医疗等方面。手里留一部分现金以备不时之需。"

②针对优质客户群体。

对公务员、教师，医生等优质客户的推荐重点可从其优质的贷款资质入手，给客户以优越感、自豪感。

推荐话术："×××先生/小姐，您的工作背景使您具备很好的贷款资质，属于金融机构力争的优质贷款客户，所以办理的速度比一般的客户快很多。在贷款年限和首付比例上也有特别的放宽。您只需要付很少的首付款，再每月支付对您来说几乎没有压力的月供，就可以梦想"贷动"生活了 。现在很多人都是通过贷款来购车的，但并不是谁都能申请到特殊贷款条件，您有这样的优势，还等什么呢?"

③针对白领、上班族。

此类客户若是考虑买车，一定属于该人群中收入高且较为稳定的一类，但他们没有大量的积蓄，而且意识较前卫，容易接受新的事物，所以对此类客户的推荐话术可从"轻轻松松，提前拥有"的前卫消费观念角度来整理。

推荐话术："×××先生/小姐，中国消费者的传统观念是努力攒够一大笔钱再一次性付款购买，这样不但延长了实现购车理想的时间，也让消费者在购车后压力过大，甚至影响现有的生活质量。我们公司的贷款产品就是让消费者轻轻松松，提前拥有。您只需要从现有的购车储备金中拿出一小部分作为首付款，每个月支付一定的月供，就可以立刻开走爱车。这样，您手中还会保留足够的积蓄作为生活的应急储备。根据您的个人资质，我们的信贷专员帮您选择了一个合适的月供，确保不会给您带来过大的还款压力，更不会因为买车而影响您现有的生活质量，您还可以像以前一样和朋友聚会或在节假日旅游等。而且，您拥有了汽车，生活范围也随之扩大，生活质量会有一个质的飞跃。"

销售顾问应做到主动介绍贷款业务，主动向客户推荐贷款购车方式，介绍贷款购车给客户带来的好处，并提供合理的贷款方案，在适当的时机向客户推荐专业的金融保险经理。

### 6.2 利用销售工具向客户介绍汽车保险方案

销售顾问要能够利用汽车保险计算公式及销售工具如计算器等，向客户介绍汽车保险并能够根据客户需求提供合理、优化的汽车保险方案。

销售顾问要做到以下几点：

①主动介绍保险业务，包括：阐明新车保险的必要，告知客户经销商保险增值服务。

②提供保险方案及合理建议。销售顾问提供保险方案时需注意，如果客户对保险感兴趣，则应向其推荐专业的金融保险经理。

金融保险经理行为规范：

①向客户介绍可选择的保险公司，询问客户的建议，根据客户的实际情况推荐多种方案供客户选择。

②对每种方案进行详细的解释说明，尤其要重点说明每个险种的内容。

③及时解答客户的疑问。

执行参考：无论客户是否选择保险，他们都应获得相同的交易条件。不应让客户产生心理落差。

个性化建议：建议金融保险经理针对当地客户的购车意识、购车习惯及不同群体开发贷款、保险产品和租赁产品及销售话术。

6.3 推荐精品附件

销售顾问应主动介绍选装配件。选装配件种类很多，要根据客户的需求介绍和推荐。

行为规范：

①主动向客户介绍选装配件，询问客户是否对选装配件感兴趣。执行参考：告知客户店内提供给客户的精品附件都是通过正规渠道进货的。

②利用 iPad 向客户展示精品附件并给予合理建议。行为规范：及时更新 iPad 上的精品附件的内容；利用 iPad 向客户详细展示精品附件，以及各种精品附件在用车过程中带给客户的好处。执行参考：要站在客户的角度帮助客户推荐合适的选装配件，切勿强加买卖，造成客户抵触情绪。

③向客户报价，磋商最终价格，并向客户解释说明。行为规范：精品附件报价的各项说明务必详尽；客户如有疑问，应及时给予解答。

## 7. 解决方案报价

行为规范：

①询问客户是否还有其他需求，确认客户所选车型。

②在 iPad 中制作报价单并打印。

③提供不同报价方案供客户选择。

④合理解释不同报价方案。

⑤把报价单连同产品资料和名片交给客户。

⑥如果客户不想当天成交，应通过合理话术给予引导并感谢客户来店。

在解决方案报价过程中，注意要说明报价单的有效期，如果客户不想当天成交，切勿给客户施加压力。

## 任务实施

### ☞ 任务准备

（1）防护装备：服装、抹布、灭火器。

（2）工具设备：整车、计算机或网络终端。

（3）辅助资料：卡片、记号笔、参考书、白纸。

### ☞ 实施步骤

（1）分析并讨论二手车置换、贷款、保险、精品附件等方面的服务优势和推荐话术。

（2）如果你是销售顾问小李，你将如何为任务导入中的客户提供一份合理优化的购车方案。以小组为单位完成任务报告。

任务报告

<table>
<tr><td colspan="4">任务十、提供方案</td></tr>
<tr><td>班级</td><td></td><td>姓名</td><td></td></tr>
<tr><td>组别</td><td></td><td>组长</td><td></td></tr>
<tr><td colspan="2">1. 接受任务（15 分）</td><td colspan="2">得分：</td></tr>
<tr><td colspan="4">销售顾问小李在 4S 店内热情接待了客户王先生，并进行了详细的需求了解，得知王先生想买一辆白色 SUV，对动力、安全、舒适等方面有较高要求，王先生是私企老板，购车预算是 15 万～20 万元，买车主要为了接送客户和自驾旅游。销售顾问小李最终为客户推荐了 HF 的 H6，并带王先生看了车，安排了试乘试驾，客户王先生很满意，但表示还要进行比对。接下来销售顾问小李给王先生提供了一份购车方案。如果你是销售顾问小李，在二手车置换、贷款服务、保险服务、精品附件中任选 2～3 种方案，为王先生设计并讲解购车方案。</td></tr>
<tr><td colspan="2">2. 信息收集（15 分）</td><td colspan="2">得分：</td></tr>
<tr><td colspan="4">分析二手车置换、贷款服务、保险服务、精品附件各自的服务优势和针对的客户有哪些。<br>针对案例中客户的情况，思考推荐话术并记录。</td></tr>
<tr><td colspan="2">3. 制订计划（5 分）</td><td colspan="2">得分：</td></tr>
<tr><td colspan="4">请根据工作任务制订工作计划及任务分工。</td></tr>
</table>

| 序号 | 工作内容 | 工作要点 | 负责人 |
|---|---|---|---|
| | | | |
| | | | |
| | | | |
| | | | |
| | | | |
| | | | |

（续表）

| 4. 计划实施（55 分） | 得分： |
|---|---|
| （1）分析二手车置换、贷款服务、保险服务、精品附件各自的服务优势和针对的客户有哪些。(20 分) | |

| 二手车置换 | |
|---|---|
| 贷款服务 | |
| 保险服务 | |
| 精品附件 | |

（2）针对案例中客户的情况，思考推荐话术并记录。(20 分)

| 二手车置换 | |
|---|---|
| 贷款服务 | |
| 保险服务 | |
| 精品附件 | |

（3）形成购车方案并向客户做出讲解。(15 分)

| 购车方案讲解 | |
|---|---|
| 客户的异议处理 | |

| 5. 检查评价(10 分) | 得分： |
|---|---|
| 请根据小组成员在完成任务中的表现及工作结果进行评价。<br>自我评价：________________。<br>小组评价：________________。 | |
| 任务总成绩： | |

## 实操训练

| 模块：汽车营销评估与金融保险服务技术（初级） | | 考核时间：50 分钟 | |
|---|---|---|---|
| 姓名： | 班级： | 学号： | 考评员签字： |
| 初评：□合格<br>□不合格 | 复评：□合格<br>□不合格 | 师评：□合格<br>□不合格 | |
| 日期： | 日期： | 日期： | |
| 考核项目二：汽车保险与按揭作业流程［实操考核报告］ | | | |

根据以下资料内容，完成实操内容。

销售顾问小李在 4S 店内热情接待了客户王先生，并进行了详细的需求了解，得知王先生想买一辆白色 SUV，对动力、安全、舒适等方面有较高要求，王先生是私企老板，购车预算是 15 万～20 万元，买车主要为了接送客户和自驾旅游。销售顾问小李最终为王先生推荐了 HF 的 H6，并带王先生看了车，安排了试乘试驾，客户王先生很满意，但表示还要进行比对。接下来销售顾问小李给王先生提供了一份购车方案。如果你是销售顾问小李，在二手车置换、贷款服务、保险服务、精品附件中任选 2～3 种方案，为王先设计并讲解购车方案。

一、能正确地介绍各类汽车保险和险种的种类，在下面写出汽车保险险种

二、请查询相关规定及客户信息，计算按揭费用并说明办理按揭所需材料

# 任务十一　洽谈成交

## 任务引导

销售顾问小李已经了解过客户王先生的需求，也引导其了解了新车并完成了试乘试驾，回到展厅后小李向王先生提供了购车方案，并向王先生详细讲解了其中的内容。王先生又向小李咨询了很多关于购车方面的问题和售后服务等事宜。

如果你是销售顾问小李，你将如何推进销售？依据是什么？最终你要达到什么目的？

## 任务目标

☞ **知识目标**

（1）了解洽谈成交环节的目标。

（2）掌握洽谈成交的重要性。

（3）掌握主动洽谈成交时机。

（4）掌握洽谈成交价格处理方法。

☞ **能力目标**

（1）能够利用主动成交的方法主动成交。

（2）能够灵活应对客户的议价促成销售。

☞ **素质目标**

（1）培养求真务实、勇于实践的工匠精神和创新精神。

（2）在学习活动中获得成功的体验，锻炼克服困难的意志，建立自信心。

## 任务资讯

### 1. 洽谈成交环节的目标

1.1 谈判成交环节客户的期望

在此环节，客户会更多地关注价格、价值的相关事宜，无论销售顾问做什么，客户都会事先有一个心理预期。

（1）客户希望专业、坦率和诚实的销售顾问为自己提供服务，满足自己的需求。

（2）在洽谈过程中，客户希望销售顾问能给出所有必要的信息以便自己能做出明智的决定。

(3) 客户希望自己的购买价格不高于其他客户的购买价格，而且要清楚地了解最终价格（包括所需额外配置的价格）是如何构成的。

(4) 销售顾问明确告知客户交车时间，并让客户提前了解交车流程。

客户来购车，就说明客户对该款车比较感兴趣，因此一旦走入洽谈成交环节，客户的购买欲望也就达到了极限，想在价格合理的条件下以最快的速度拥有爱车。因此，销售顾问应对库存和在途等状况有比较准确的把握，这样才不至于在承诺的交车时间内无法履约，造成客户不满或抱怨。

1.2 洽谈成交环节的目标

(1) 通过车辆展示和试乘试驾，客户充分认同产品价值，在此基础上，销售顾问向客户提供包括贷款、保险和二手车置换等增值业务在内的解决方案。

(2) 通过向客户解释报价，让客户感知此次购车是物超所值的购买经历。

(3) 通过对成交信号的把握，积极促成交易。

## 2. 洽谈成交的条件

2.1 洽谈成交的前提

(1) 决策者必须在场。

客户买车，购买决定来自决策者。到了谈判成交环节，如果决策者不在，那么任何谈判都是无效的。所以，从客户进店那一刻起，销售顾问就要通过观察了解和识别哪位是购买决策者，如果决策者没到场，那么销售顾问就可以问“今天能定吗”，通过客户的回答来再次判断决策者是否在谈判现场。

(2) 客户对品牌、车型已经明确表示认可。

任何消费者在做购买决定时，都要对购买的品牌、购买的产品、购买数量及购买地等做决策。如果客户对品牌和产品都认可，便可进行洽谈。也就是说，客户对车型、颜色、配置、特殊装备和精品附件以及发动机、变速器的特点等都有比较扎实的认可后，洽谈才更有效。如果此时客户还说：“你看某某品牌的某个车型，它的外观我觉得更适合我，您觉得是不是?”这时候销售顾问就要重新梳理，看到底哪里出了问题，只有上述关于产品的各个方面都得到客户认可，方可继续执行销售流程。

(3) 如需置换，需完成评估。

在此环节，如果客户考虑置换，就必须完成评估，如不在本店评估，也要在其他地方进行评估。客户对自己原有车辆的评估价格心中有数，知道如果购买新车自己还需要加多少钱，此时客户购买汽车的可能性非常大，所以洽谈是可以进行下去的。反之，如果客户只说自己的车值钱，而不做评估，那么谈判就无法进行，这时销售顾问要进行梳理，看客户还存在哪些疑虑、问题，导致其不做评估，待评估后再进行洽谈。

2.2 洽谈成交信号

成交信号是指客户在语言、表情、行为等方面所表露出来的打算购买车辆的一切暗示或提示。在实际销售谈判中，客户为了保证实现自己所提出的交易条件，取得交易谈判的主动权，一般不会首先提出成交，更不愿主动、明确地提出成交。但是客户的购买意向总会通过各种方式表现出来，所以销售顾问必须善于观察客户的言行，捕捉各种成交信号，及时促成交易。

客户表现出来的成交信号主要有表情信号、语言信号、肢体语言等。

（1）表情信号。

表情信号是指从客户的面部表情和体态中所表现出来的一种成交信号，如在洽谈中面带微笑、下意识地点头表示同意、对汽车产品的不足表现出包容和理解的神情、对汽车产品表示兴趣和关注的神情等。

（2）语言信号。

客户在询问使用方法、价格、保养方法、使用注意事项、售后服务、交车时间、交车手续、支付方式、竞品对比及市场评价后，说出“喜欢”和“的确能解决我这个困扰”等，属于由语言所表露出来的成交信号。以下几种情况都属于成交的语言信号：

①客户对车辆给予一定的肯定或称赞：

②征求别人的意见或者看法；

③询问交易方式、交车时间和付款方式：

④详细询问车辆的具体情况，包括车辆的特点、价格、耗油量等；

⑤对车辆质量及网上的一些恶意评价提出异议；

⑥了解售后服务事项。

语言信号种类很多，销售顾问必须具体情况具体分析，准确捕捉语言信号，顺利促成交易。

（3）肢体语言。

每位客户，不管是购买豪华车还是购买经济型轿车，只要最后涉及付款，客户的情绪都会相对紧张，这时客户一般会有不自觉的肢体语言呈现出来：

①双腿交叠抖动；

②两腿交叉来回换；

③女士喝水；

④男士不停地吸烟；

⑤托腮沉思；

⑥沉默不语；

⑦打电话询问；

⑧拿出银行卡或钱夹。

销售顾问如果听到或者看到上述现象，就要向前推进，抓住成交的大好时机。

2.3 调动客户积极性，促进成交

在谈话中引起客户的兴趣和好奇心，让客户提出问题，是销售顾问赢取客户的方法之一，此时销售顾问可以利用“问问题”的方式，引导客户展开更深入的对话，比如“我对

您的观点很感兴趣，您能给我进一步解释吗?”“您能说说为什么吗？”或“为什么您这样认为呢?”等。无论客户对产品是否满意，只要销售顾问能激起客户对产品的兴趣，让客户把关注点放在产品上，就可逐渐调动起客户的积极性，使销售工作得以顺利进行。

那么，想要让客户变得主动，销售顾问应该如何做呢？销售顾问应从客户角度多思考，着手从下面五个方面入手：

（1）巧妙地向客户提问。

客户之所以用借口来搪塞销售顾问的话，无外乎是不想与销售顾问展开深入的沟通，不愿了解产品。然而对于销售顾问来说，如果无法与客户进行深入沟通，就不可能让客户认识产品的好，更不可能让其对产品产生兴趣。此时，销售顾问要主动出击，根据客户的回应内容，适时地予以提问，尽可能挖深谈话深度，展开谈话宽度，进而从客户那里得到更多对销售工作有用的信息。

在一般情况下，销售员需采用开放式提问的方式，如“如何……”“为什么……”“怎么样”等，以有效地打开客户心扉，尽量少用闭合式的提问方式，不要针对过于具体的问题向客户发问，否则，过于频繁的提问可能会引起客户的反感。

（2）让客户明白成交机会难得。

如果销售顾问能以诚恳的态度向客户表达“成交机会十分难得，很值得珍惜”的信息，往往能激发起客户的购买欲望，增强客户的主动性。然而，在现实销售工作中，销售顾问通过这种方式与客户沟通时，有时会以失败告终。所以，在与客户沟通的过程中，销售顾问不仅要始终保持态度真诚，还需注意自己的表达方式，使用客户易于接受的方式。想要从客户那里寻求更多的答案，就要语气平缓地向客户提问，切不可给客户强势或逼迫的感觉。

（3）引导客户提出问题。

销售顾问要尽量引导客户提出问题，因为客户一旦开始发问，就表示他们已开始考虑购买这件事了。只要客户变得主动，销售工作也就更容易进行下去了。在引导客户提出问题的过程中，销售顾问还需要特别注意以下几个方面：

①在引导客户提问之前，销售顾问最好做足准备，设定正确的谈话方向，将客户的注意力集中在车辆上。

②当发现客户的提问与车辆无实质性的关联时，销售顾问切不可表现出排斥情绪，而要采取适当提问和引导等办法改变客户的谈话重点，将其转移到与车辆销售有关的话题上，并且尽量使用巧妙的语言勾起客户的好奇心，激发客户提问。

（4）注重倾听客户的回答。

如果客户愿意对销售顾问的第一个提问做出回答，那么，销售顾问就要仔细倾听了。因为客户的第一次回答中常包含许多值得销售顾问深入了解的问题。如果销售顾问能仔细倾听，从客户的谈话中找到新的问题，那么销售顾问就能展开新一轮的提问，进而获取更多关于客户的信息，明白其真正的购买需求。所以，在客户第一次开始回应时，销售顾问得拿出耐心与真诚，全神贯注地倾听客户的谈话，尽量不要打断他的话，在必要时抓住时机，回应客户提问，以寻求更深层次的沟通。如此一来，洽谈内容尽可能被延续，而客户的主动性也就渐渐增强了。

（5）利用假设营造成交情景。

有时，销售顾问还可利用假设情景的方式增强客户的主动性。例如："如果您现在准备买车的话，您会采取什么样的付费方式？"销售顾问事先为客户假设交易成功的情景，以促使客户进一步做出成交决定，刺激客户的主动性。

## 3. 洽谈成交前的准备工作

洽谈成交前销售顾问要做好准备工作，准备工作主要包括以下几个方面：

（1）环境准备。

销售顾问应该尽量引导客户到洽谈间、贵宾室进行价格洽谈，因为以上环境从氛围上就传递出一种成交的意识，当然也会让客户感受到洽谈环节谈话内容的私密性、针对性。另外，洽谈桌最好选择圆形桌，因为进行朋友式、伙伴式的洽谈更利于促成交易。

（2）工具准备。

完备的工具可以使整个价格谈判过程事半功倍，而且也能体现销售顾问的专业性。

（3）心态准备。

在销售过程中销售顾问要保持自信，自信主要体现在两个方面：一是对自己自信，二是对产品自信。自信的心态可以感染客户，让客户感觉安全、踏实，从而有利于成交。

## 4. 洽谈成交方法与价格处理技巧

### 4.1 客户议价三阶段

客户议价可能出现在每个销售阶段，这里将其分为初期问价、中期问价、后期问价三个阶段。三个阶段与销售流程对应情况如下：初期问价对应获取客户、展厅接待、需求分析环节，中期问价对应需求分析后的产品展示、试乘试驾环节，后期问价对应产品确认至成交等环节（如表 11-1 所示）。

**表 11-1　客户议价的三个阶段**

| 项目 | 初期问价 | 中期问价 | 后期问价 |
| --- | --- | --- | --- |
| 问价动机 | 购买的习惯 | 理性的比较 | 以尽量低的价格购买 |
| 问价目的 | 了解产品的价格信息，为购买做准备 | 对比竞争产品，衡量最优选择 | 节省资金，尽量以最低的价格满足需求 |
| 应对策略 | 报价不议价，报该车型的区间价格 | 示弱拖延，获取承诺 | 采取 TMD 策略，即：你现在能定下来吗（Time，时间）？你今天龙能交定金吗（Money，钱）？你自己可以决定吗（Decision，决定）？ |

4.2 价格洽谈的方法

（1）报价的要求。

①干净利索，自信坚定。

②知道展厅里每款车的价格。

③如果车辆是加装饰的，应清楚加装的项目和价格，报价时把装饰和车合起来一起报价，不要强调加装的装饰。

（2）价格的定义。

价格是商品的交换价值在流通过程中所取得的转化形式。

（3）客户让渡价值。

客户让渡价值即顾客让渡价值，是指企业转移的，顾客感受得到的实际价值。一般表现为顾客总价值与顾客总成本之间的差额。顾客让渡价值=顾客总价值-顾客总成本（如图 11-1 所示）。

| 顾客总价值 | 顾客总成本 |
| --- | --- |
| 产品 | 货币 |
| 服务 | 时间 |
| 人员 | 体力 |
| 形象 | 精力 |

**图 11-1　顾客总价值与顾客总成本**

客户让渡价值越大，客户越容易接受，也就更愿意在此购车。

4.3 议价环节需要注意的问题

（1）议价时需要注意的问题。

①报价时语言举止要表现得自信果断。

②议价时一定要做好服务工作，博得客户好感，让客户不忍心讨价还价。

③时不时地夸奖客户及其家人，偶尔转移一下话题，不能太执着，欲速则不达。

④不要让自己处于被动地位，总给客户讨价还价的机会，而自己无还手之力。

⑤不要和客户争得面红耳赤，适当的时候应活跃一下气氛。

⑥显示自己处于弱势，博得客户同情。

⑦要明白谈价格就是双方妥协的过程。

⑧让价幅度先多再少，但是有次数限制。明白自己每次让步应带来什么结果，如果没有结果，则不要做无谓的让步。

⑨一定要有耐心，不要因为客户的一再要求而火冒三丈。

（2）议价后需要注意的问题。

①夸奖客户口才好，这个价格是从来没有过的。

②让客户有杀价后的成就感，像打了一场胜仗。

③让客户感觉物超所值，这个价格值了，从而更坚定选这款车的信心。

④继续做好后续的服务，让客户知道这个价格很划算，自己的眼光非常好，从而提高客户满意度。

4.4 报价阶段应遵守的八大原则

（1）价格谈判尽可能放在销售程序的后面阶段。

案例：

客户："小李啊，你们的 DZJD 能便宜多少钱啊？"

销售顾问："王先生，请问您今天订车吗？哪个型号呢？最低配的是 93 800，还有……"

客户："我考虑考虑，感觉还不错，你就说能便宜多少钱吧？"

销售顾问："李先生，您的眼光真不错，JD 虽然外表低调，但性能不凡，车的价位比较低，基本上也没什么利润了。"

在不确定客户有购车或订车意图前尽量不要谈价。

（2）不首先提出任何折扣、优惠。

案例：

客户："新 ST 能优惠多少钱？"

销售顾问："王先生，相信您最近为了买车也看了好多车吧，您能看上新 ST，证明您的眼光相当好，估计您对新 ST 的价格有了很多了解，你觉得什么价位合适呢？"

销售顾问不要首先提出任何折扣或者优惠，否则会处于被动状态。

（3）适度的压力推销。

这是销售顾问常用的方法，常见的压力有以下几个方面。

短缺的压力：产品、颜色、配置的短缺。

客户有面子：这款车没有优惠，利用人性弱点制造压力。

制造竞争氛围：有限库存已经被人订了。

优惠政策的压力：时间有限，政策不明朗。

订车时间：先订者先提车。

（4）销售顾问让步，客户也要让步，取得客户的"相对购买承诺"。

让步时，同样的方法不能重复使用，禁止超过三次。尽量保持价格稳定，让步幅度先大后小，并且语气要自信坚定。

案例：

客户："小李，这样吧，你跟你们领导说说，如果能优惠 3000 元我就提车，不行就算了。"

销售顾问："王先生，3000 元肯定优惠不了，你为了买车肯定不止去过一家店，应该也了解过市场行情。"

客户："那你说能优惠多少？"

销售顾问：“这款车目前比较紧俏，库存很少，需求量很大，以我的销售经验，最多也就优惠 1000 元，您也可以再了解下。”

客户：“优惠那么少，不可能吧，××店还优惠 2000 元呢。”

销售顾问：“王先生，2000 元肯定不可能的，我们最多优惠 1000 元，要不这次我就作主，答应再送您 1000 元礼品，您要是觉得可以接受的话，我就去向领导请示，不管领导同不同意，我一定会说话算数，哪怕我自掏腰包，但您必须确定今天提车，要不我真的没法向领导交差了。”

（5）强调物有所值。

①产品能很好地满足客户的需求。

②售后服务能消除客户的后顾之忧。

③4S 店的信誉和地位具有优势。

④销售顾问与客户信任关系的确立。

（6）使用比较法。

①车辆购买成本。

②车辆使用成本。

③保养/燃油/维修成本。

④汽车残值。

⑤国家相关政策、补助。

（7）使用旁证。

①用户提供的数据和案例。

②媒体公布的数据和案例。

③权威机构发布的内容。

④专业的评语。

⑤已购车客户的体验。

（8）使用转移法。

①如果客户关注价格，就和他谈质量。

②如果客户关注质量，就和他谈服务。

③如果客户关注服务，就和他谈条件。

④如果客户谈条件，就和他谈价格。

4.5 价格处理技巧

（1）理性谈判。

销售顾问和客户经历了初次接触、需求分析、车辆展示、试乘试驾，到谈判成交环节，双方相处往往已经比较融洽，但是在谈判环节，销售顾问一定要保持头脑清醒，在不违背经销商利益和法规政策的前提下，给予客户适当的优惠。

（2）巧用资源。

洽谈成交环节可以利用库存紧张或利用客户从众心理，也可以凭借已有客户订单促进销售成功，但不能依靠让价来挽回客户。另外，还要巧用店内可利用的资源，如小礼品、油卡、售后保养代金券等。

（3）不轻易让价。

客户讨价还价，销售顾问不能轻易做出让步。因为如果销售顾问轻易地让步，客户就很可能步步紧逼，总觉得还会有让步余地。

（4）策略性降价。

客户：“再便宜点吧。”

销售顾问：“如果您能在我们店购买保险的话，我可以试着向经理申请这个价格优惠。”

“关于您讲的赠送精品的要求，我们可以考虑这样的方案，您购买多少精品，我们就可以送您同等价值的精品。”

（5）让价不超过三次。

在谈判成交环节，销售顾问要尽量坚守给客户的报价，如果必须要让价，可遵循先大后小、不超过三次的原则。

（6）使用“加减乘除”的策略方式。

“加”就是强化产品能够给客户带来的利益（产品展示和试乘试驾后），可采用 FFB（Feature 特征，Benefit 利益，Brand 品牌）介绍法，将产品突出的特点转化成利益后总结在一起并传达给客户。

“减”就是在强化利益后，客户的担忧依然存在并需要解决时，销售顾问不能仅局限于价格的争执之中，而应将客户的关注点从价格引导到客户的需求上来。

“乘”指扩大现有的优势，这些优势可以是产品与竞争对手的产品相比所具有的优势，也可以是现在促销政策或价格优惠的优势。总之，要让客户认识到经销店为了成交已经做出了相应的让步。

“除”指做好有条件的置换，即在客户锁定具体车型和配置的前提下，对于价格影响其成交的情况，销售顾问可以做有条件的置换，比如选择新车贷款服务、购买汽车精品等，通过其他业务的达成，进行价格的调整。

### 5. 洽谈成交要求及行为规范

通过后续跟进再次成功邀请客户到店洽谈是成交的关键一步，这时候客户往往有着强烈的期望，期望经销商能够给他们提供额外的附加价值。销售顾问应充分重视本次洽谈，在与客户洽谈前务必准备好所要洽谈的内容、提供的方案及相关文件。洽谈成交流程如图 11-2 所示。

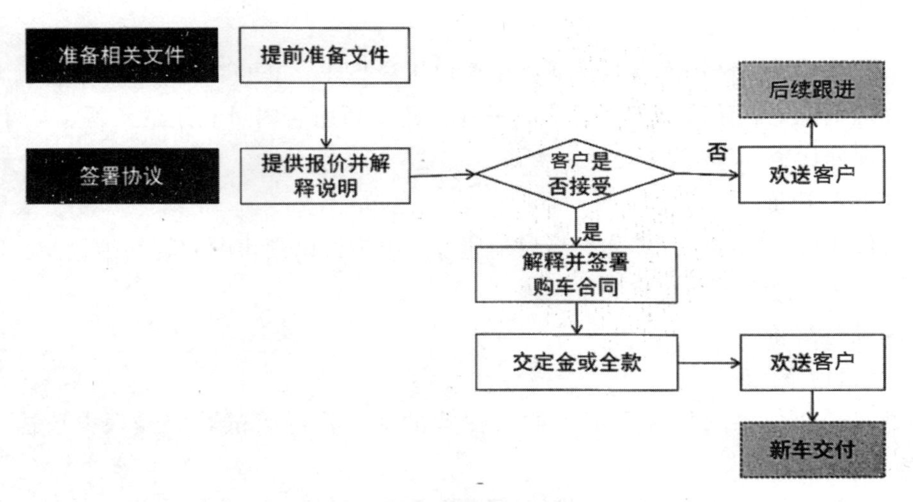


图 11-2 洽谈成交流程

5.1 准备相关文件

(1) 行为规范。

①在客户到店前，要对客户的异议和需求进行分析，并制订相应的解决方案。

②准备相关文件，包括合同、报价单等。可提前在 iPad 中按与客户的约定制作相关文件并打印出来。

(2) 执行参考。

一定要提前准备好相关文件，可设定多种方案，不要在客户到店后再仓促准备而给客户留下不好的印象。

5.2 签订协议

(1) 签订协议前应提供报价单并做详细的介绍。

行为规范：

①在确认车型、配置与颜色之后，结合二手车估价、衍生服务、精品附件等具体情况制作报价单。

②对方案和报价单加以解释，耐心回答客户的问题。

③强调客户可以获得的利益和附加价值。

④如果客户不接受，送别客户，在 CRM 系统中更新客户信息并制订跟进计划。

执行参考：

①应有一个议价权限空间，在该权限范围内有技巧地给客户报价。不建议第一次就报底价，以避免客户对报价有异议时，销售顾问无议价空间。

②避免频繁向上级申请优惠价格而给客户造成还有议价的空间和交易价格不公开透明的错觉。

③在此环节不要过多地给客户施加压力。

（2）签约成交。

行为规范：

①与客户达成一致意向后，销售顾问与展厅经理一起对合同进行确定。

②向客户解释合同细节，请客户签约。

执行参考：

①一定要及时、快速地完成所有购车书面文件。

②如果客户最终选择了某车型，销售顾问除了签订销售合同之外，还需要告知客户必须让客户知道的相关信息。

喜悦点：

如果客户时间有限，经销商可以提供上门咨询或者签单服务，为客户提供方便。

制作精美的带有经销商名称或者品牌 Logo 的文件袋，把报价单、合同等相关文件放在文件袋中提供给客户。

5.3 陪同客户交定金或全款

行为规范：

①签订合同后，引领客户前往财务部门办理付款手续。

②向收银员介绍客户。

③与客户确定剩余款项的付款方式，提醒客户携带所需证件和资料。

④如果有现车，则进入交车环节；如果没有现车，销售顾问告知客户大致的交车时间和流程。

执行参考：

销售顾问要始终面带微笑，热情陪同客户办理手续。

5.4 交车事项沟通

行为规范：

合同签署后，与客户确定合适的联系方式，并告知客户后续的车辆交付流程、手续和所需材料。

执行参考：

一定要对交车事项进行详细确切的沟通，并热情耐心地向客户进行讲解。

在 1+X 职业技能等级测试中，关于报价、成交及交车仪式的标准和要求细则如表 11-2 所示。

**表 11-2　1+X 职业技能等级测试评分细则之报价、成交、交车仪式**

<table>
<tr><td colspan="2">工作一：汽车销售与三包作业流程</td><td colspan="2">实习日期：</td></tr>
<tr><td>自评：□熟练　□不熟练</td><td>互评：□熟练　□不熟练</td><td>师评：□合格　□不合格</td><td rowspan="2">导师签字：</td></tr>
<tr><td>日期：</td><td>日期：</td><td>日期：</td></tr>
</table>

（续表）

<table>
<tr><td colspan="4">工作一：汽车销售与三包作业流程</td><td colspan="4">实习日期：</td></tr>
<tr><td colspan="8">任务三：报价、成交、交车仪式【评分细则】</td></tr>
<tr><td>序号</td><td>评分项</td><td>得分条件</td><td>分值</td><td>评分要求</td><td>自评</td><td>互评</td><td>师评</td></tr>
<tr><td>1</td><td>安全/7S/态度</td><td>□1. 能正确佩戴胸牌<br>□2. 能正确穿着制服和皮鞋<br>□3. 能正确遵守礼仪礼节<br>□4. 能正确与客户交谈，语气适中<br>□5. 能正确做好个人卫生和形象</td><td>15</td><td>未完成 1 项扣 3 分，扣分不得超 15 分</td><td>□熟练<br>□不熟练</td><td>□熟练<br>□不熟练</td><td>□合 格<br>□不合格</td></tr>
<tr><td>2</td><td>专业技能</td><td>□1. 能正确引导客户入座<br>□2. 能正确向客户介绍车型、排量和配置等级的价格差异<br>□3. 能正确根据客户意向推荐车型<br>□4. 能正确计算价格和提供报价单<br>□5. 能正确向客户确认最终报价<br>□6. 能正确询问客户车辆需求、时间限制<br>□7. 能正确告知客户大致提车时间<br>□8. 能正确向客户提供贷款购车服务<br>□9. 能正确向客户提供二手车置换服务<br>□10. 能正确向客户推荐装潢、保险等附加值销售<br>□11. 能正确向客户解释书面文件<br>□12. 能正确解答客户疑问<br>□13. 能正确向客户说明办理手续的时间<br>□14. 能正确引导客户签署文件<br>□15. 能正确引导客户交付定金<br>□16. 能正确告知客户交车时间<br>□17. 能正确做好交车前的准备工作<br>□18. 能正确向客户介绍交车流程</td><td>50</td><td>未完成 1 项扣 5 分，扣分不得超 50 分</td><td>□熟练<br>□不熟练</td><td>□熟练<br>□不熟练</td><td>□合格<br>□不合格</td></tr>
</table>

（续表）

| | | | | | | | |
|---|---|---|---|---|---|---|---|
| | | □19. 能正确向客户说明车辆具体操作<br>□20. 能正确向客户点交文件物品<br>□21. 能正确邀约经理与客户留影 | | | | | |
| 3 | 工具及设备的使用能力 | □1. 能正确使用产品手册<br>□2. 能正确使用平板电脑<br>□3. 能正确使用报价单和订单 | 10 | 未完成 1 项扣 5 分，扣分不得超 10 分 | □熟练<br>□不熟练 | □熟练<br>□不熟练 | □合格<br>□不合格 |
| 4 | 资料、信息查询能力 | □1. 能在规定时间内查询所需资料<br>□2. 能正确记录所需查询资料章节页码<br>□3. 能正确记录所需信息 | 10 | 未完成 1 项扣 5 分，扣分不得超 10 分 | □熟练<br>□不熟练 | □熟练<br>□不熟练 | □合格<br>□不合格 |
| 5 | 数据的判断和分析能力 | □1. 能判断客户是否为潜在客户<br>□2. 能判断客户邀约失败原因<br>□3. 能判断客户邀约成功原因 | 10 | 未完成 1 项扣 5 分，扣分不得超 10 分 | □熟练<br>□不熟练 | □熟练<br>□不熟练 | □合格<br>□不合格 |
| 6 | 表单填写与报告的撰写能力 | □1. 字迹清晰<br>□2. 语句通顺<br>□3. 无错别字<br>□4. 无涂改<br>□5. 无抄袭 | 5 | 未完成 1 项扣 1 分，扣分不得超 5 分 | □熟练<br>□不熟练 | □熟练<br>□不熟练 | □合格<br>□不合格 |
| 总分 | | | | | | | |

## 任务实施

### ☞ 任务准备

（1）防护装备：服装、抹布、灭火器。

（2）工具设备：整车、计算机或网络终端。

（3）辅助资料：卡片、记号笔、翻纸板、参考书、白纸、报价单

### ☞ 实施步骤

根据所给资料进行情景模拟演练并完成任务。资料如下：

一汽大众某 4S 店销售顾问小李接待了预约客户王先生，了解需求、看车、试乘试驾后，王先生表示对车辆很满意，但是一直纠结于价格过高，经过一番艰难的洽谈，小李最后成功地促成交易。

（1）分析并讨论如何进行价格商谈以最终促进销售顺利进行。

（2）如果你是销售顾问小李，你将在洽谈过程中采取哪些议价技巧？

（3）以小组为单位完成任务报告。

## 任务报告

<table>
<tr><td colspan="4">任务十一、洽谈成交</td></tr>
<tr><td>班级</td><td></td><td>姓名</td><td></td></tr>
<tr><td>组别</td><td></td><td>组长</td><td></td></tr>
<tr><td colspan="2">1. 接受任务（15 分）</td><td colspan="2">得分：</td></tr>
<tr><td colspan="4">一汽大众某 4S 店销售顾问小李接待了预约客户王先生，了解需求、看车、试乘试驾后，王先生表示对车辆很满意，但是一直纠结于价格过高，经过一番艰难的洽谈，小李最后成功地促成交易。<br>（1）分析并讨论如何进行价格商谈以最终促进销售顺利进行。<br>（2）如果你是销售顾问小李，你将在洽谈过程中采取哪些议价技巧？</td></tr>
<tr><td colspan="2">2. 信息收集（15 分）</td><td colspan="2">得分：</td></tr>
<tr><td colspan="4">（1）分析洽谈成交过程中的议价技巧并形成相应话术。<br>（2）针对案例中的客户情况，思考如何主动成交。</td></tr>
<tr><td colspan="2">3. 制订计划（5 分）</td><td colspan="2">得分：</td></tr>
<tr><td colspan="4">请根据工作任务制订工作计划及任务分工。</td></tr>
</table>

| 序号 | 工作内容 | 工作要点 | 负责人 |
|---|---|---|---|
| | | | |
| | | | |
| | | | |

<table>
<tr><td>4. 计划实施（55 分）</td><td>得分：</td></tr>
</table>

（1）分析并讨论如何进行价格商谈以最终促进销售顺利进行。（20 分）

| 购买信号 | |
|---|---|
| 议价前准备 | |
| 议价中 | |
| 议价后 | |

（2）如果你是销售顾问小李，你将在洽谈过程中采取哪些议价技巧？（20 分）

| 议价技巧 1 | |
|---|---|
| 议价技巧 2 | |
| 议价技巧 3 | |
| 议价技巧 4 | |

（3）制订提案，促成交易。（15 分）

| 洽谈成交提案 | |
|---|---|
| 客户的异议处理 | |

（续表）

| 5. 检查评价（10 分） | 得分： |
| --- | --- |
| 请根据小组成员在完成任务中的表现及工作结果进行评价。<br>自我评价：______________________________。<br>小组评价：______________________________。 | |
| 任务总成绩： | |

## 实操训练

| 模块：汽车营销评估与金融保险服务技术（初级） | | 考核时间：50 分钟 | |
| --- | --- | --- | --- |
| 姓名： | 班级： | 学号： | 考评员签字： |
| 初评：□合格<br>□不合格 | 复评：□合格<br>□不合格 | 师评：□合格<br>□不合格 | |
| 日期： | 日期： | 日期： | |
| 考核项目一：汽车销售与三包作业流程【实操考核报告】 | | | |

根据以下资料内容，完成实操内容。

| 一汽大众某 4S 店销售顾问小李接待了预约客户王先生，了解需求、看车、试乘试驾后，王先生表示对车辆很满意，但是一直纠结于价格过高，经过一番艰难的洽谈，小李最后成功地促成交易。 |
| --- |

一、根据所选择的车辆销售信息，制作报价方案

| |
| --- |
| |

二、在洽谈成交过程中，销售顾问应用哪些商家议价技巧来进行销售促进

# 任务十二　新车交付

## 任务引导

销售顾问小李预约客户王先生交车，王先生准备和妻子、朋友一起到店提车。预约时王先生提醒小李尽量快点、别忘记之前的承诺。

如果你是销售顾问小李，你将如何准备新车交付事宜，交车流程中要注意哪些事项呢?

## 任务目标

☞ **知识目标**

（1）了解车辆交付环节的目标。

（2）认识到车辆交付的重要性。

（3）掌握车辆交付流程。

☞ **能力目标**

（1）能够按照车辆交付流程交车。

（2）能够发挥创意，设置让客户欣喜的交车仪式。

☞ **素质目标**

（1）培养求真务实、勇于实践的工匠精神和创新的精神。

（2）培养良好的团队合作精神和客户服务意识，树立精益求精的服务理念。

## 任务资讯

### 1. 新车交付环节的目标

（1）设置令人难忘的新车交付仪式，强化客户的明智选择，巩固并提升客户关系。通过交车仪式，可让客户感到自己备受重视，让客户觉得自己的选择没有错，从而加强客户对经销店和销售顾问的认可。

（2）让客户了解如何使用和发挥新车性能，树立口碑，从而为销售顾问和经销店带来更多销售机会。车辆交付的时候，销售顾问的出现，会让客户觉得心里更加踏实。客户会感觉到，虽然付款结束，但销售顾问对自己依然如初，值得信赖。

（3）确保客户较高的忠诚度。新车交付环节很特别，之前销售流程的各个环节都有

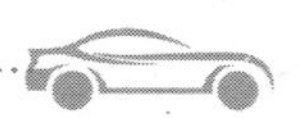

其目标，环节目标是否达到，销售顾问能看到或者体会到，但是新车交付环节的目标是否达到，销售顾问看不出来，所以应尽量做到面面俱到，提升客户体验，为赢得较高客户忠诚度努力。

## 2. 新车交付的重要性

在整个销售流程中，销售顾问和客户的心情是不一样的。一般来说，在和客户成交时是销售顾问感到最高兴的时刻。但是对客户来说，新车交付后并拿到自己想要的车辆时才是客户最高兴的时刻。

平时服务水平的好坏直接决定了销售顾问、4S 店及品牌与客户之间的客情关系。在销售汽车的整个过程中，最容易使客户与销售顾问的各自心情产生差异的便是在新车交付的时候。

此时的客户正热切盼望着交车时刻的到来，而销售顾问在促成合同之前不断努力的热切心情在合同签订完毕、货款支付完成的瞬间总会不自觉地冷淡下来……这一现象既是现实也是亟待解决的问题。客户和销售顾问在销售过程中的精神状态是不同的（如图 12-1 所示）。

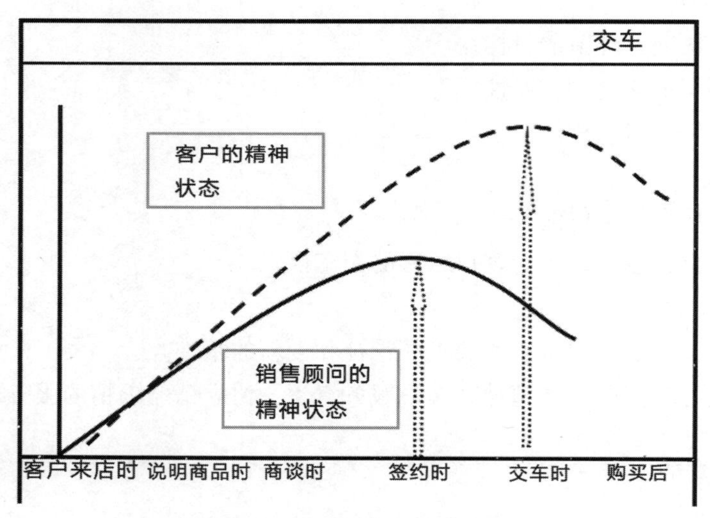


图 12-1　客户和销售顾问的精神状态

显而易见，销售顾问的兴奋点和客户的兴奋点并不同步。如果希望客户在新车交付后感到兴奋，那么销售顾问必须让客户感到自己对车辆的交付和他们一样兴奋。新车交付既包括理性的层面，也包括感性的层面。理性的层面就是要保证提供完整的服务，而感性的层面就是要让客户感到兴奋，以建立和客户的长期业务关系。所以，对销售顾问来说，需要通过新车交付：使客户拥有愉快满意的交车体验，激发客户的热情，分享客户的喜悦，建立良好的、长期的关系；使客户对产品和服务产生高度认同，提高满意度，创造更好的口碑效应；引荐售后服务顾问，详细说明车辆使用及售后保养，建立客户与售后服务部门的长期关系，提高售后利润。

2.1 销售满意度的考核

汽车生产厂家对经销商销售顾问的考核包含很多因素：新车的车况和整洁程度，交车过程中对客户的关注程度，完成交车所需时间，是否对新车功能、用户手册进行详细解释，是否介绍售后服务顾问或告知售后服务顾问的联系方式，客户对整个交车过程是否感觉愉快等。一些销售顾问的销售满意度比较低就是因为交车环节做得不够好。因此，每一个销售顾问都要重视新车交付环节。

2.2 保持客户的忠诚度

一般来说，客户在新车交付环节会很兴奋，如果此时销售顾问和客户不在一个频道上，可能会使客户形成心理反差，导致情绪低落，产生不良后果。

新车交付环节可以说是一次销售的终结，此环节非常重要。如果说销售流程是一个圆环的话，要保证它一直是一个闭合的圆环，关键看能否顺利交车。

对于客户而言，新车交付环节才是自己拥有爱车的时刻，其兴奋度达到最高。此时如果销售顾问已经开始为下一个客户忙碌，而不理会已经成交了的客户，势必会引起客户心理上的变化。销售顾问应重视新车交付，最终目的是让客户保持高的忠诚度，然后才愿意转介绍或者重复购买。

## 3. 新车交付流程

新车交付不是客户交钱后就可以提车。销售顾问应按照具体的新车交付流程来操作，执行交车流程规范，尽最大努力保证客户拥有爱车那一刻是完美的。新车交付流程如图 12-2 所示。

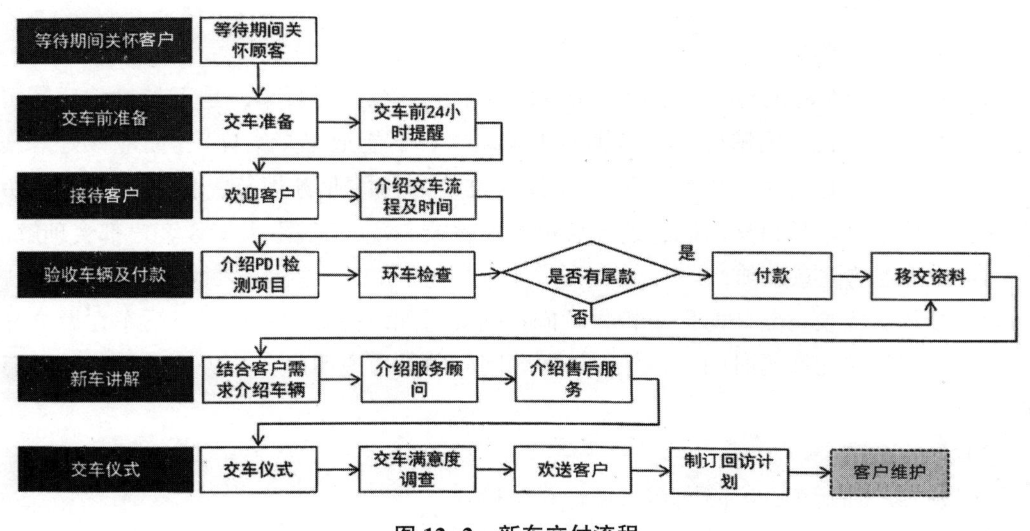


图 12-2　新车交付流程

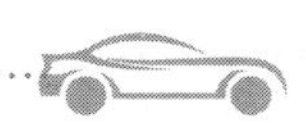

3.1 交车前准备

（1）4S 店应设置专门的交车区，由专人负责整理清洁。

（2）确认客户的付款条件和付款情况，以及对客户的承诺事项，完成新车 PDI（Pre-Delivery Inpection）整备，并签名确认。

（3）确认并检查车辆登记文件和保修手册，以及其他相关文件等。

（4）交车前三天内电话联系客户，确认交车时间、参与人员，并简要告知客户新车交付流程及交车时间（大约控制在 30 分钟为宜）。

（5）交车前一天再次电话联系客户，确认交车相关事宜。

（6）若交车日期推迟，应及时与客户联系，说明原因和处理方法，取得客户谅解并再次约定交车日期。

（7）销售顾问需在交车前一天确认待交车辆的车型、颜色、附属品及基本装备是否齐全；确认外观无损伤；确认待交车辆上的车身号码和发动机号码与车辆合格证上登记的一样；确认灯具、空调、方向灯及收音机操作正常；先行将待交车辆上的时间与收音机频道设定正确。

3.2 接待客户

（1）客户到达前，销售顾问应提前十分钟到门口迎接，态度热情。

（2）如果客户开车到达，销售顾问应主动至停车场迎接。销售顾问在迎接客户时需面带微笑，并恭喜客户提车。

（3）销售顾问可先邀请客户至交车区看一下新车，然后告知客户尚有手续要办，随后引领客户至洽谈桌。

3.3 验收车辆及付款

（1）PDI 检查。

①PDI 检查的必要性。

PDI 就是交新车时的检查，这是一个规范的术语。客户要买车，是不是付款后就可以提车了呢？当然不行。但销售顾问不能生硬地说“我不能把车交给你”，而应该好好地跟客户解释，“我们是为了对客户负责，而且这也是公司的业务规范，我们必须对您负责任，这辆车检查好之后再交给您，这样您也会觉得放心”。事实上大多数客户都会理解的。

②PDI 检查的注意事项。

做 PDI 检查需要一定的时间。销售顾问在估算时间时需保守一些，以防车在做 PDI 检查的时候出现问题而拖延时间。另外，销售顾问应向客户说明解释相关检查项目，最后请客户签字确认。

（2）环车检查。

①引领客户到新车旁，陪同客户进行新车检查。

②利用“新车交付确认单”进行确认，说明相关内容，请客户确认。

③准备客户资料袋，将所有证件、文件、手册、名片放入资料袋内并将其交给客户。

④介绍销售经理、售后经理和售后服务等相关人员与客户认识。

（3）付款。

付款主要涉及销售顾问和收银员。

销售顾问：

①询问客户是否可以付款，与客户确认金额。

②引领客户到收银处进行付款。

③先将收银员介绍给客户，再将客户（姓氏尊称）介绍给收银员。

收银员：

①面带微笑，问候客户并表示祝贺。

②唱收唱付，处理收款事项。

③将付款材料（发票等）装入文件夹，双手呈递给客户。

（4）移交文件资料。

客户接车前，销售顾问应把所有的随车文件及收据整理好并交给客户。因为交车时资料繁多，因此将资料整理好并向客户详细说明是十分必要的。

①销售顾问将客户引导至洽谈桌并说明交车流程及所需时间。

②出示客户交车确认表并解释说明其用意。

③说明各项费用的清算，上牌手续和票据交付等。

④解释车辆检查、维护的日程，重点介绍首次保养的服务项目、公里数和免费维护项目。

⑤利用保修手册说明保修内容和保修范围。

⑥介绍售后服务项目、服务流程及24小时服务热线，移交有关物品和文件，包括用户手册、保修手册、购车发票、保险手续、行驶证、车辆钥匙等，并请客户确认。

3.4 车辆的相关讲解

（1）销售顾问讲解车辆的使用。

①介绍新车，重点介绍客户感兴趣的功能和操作，在有限的时间内让客户熟悉爱车的基本操作。

②解释产品配置和功能，解答客户的疑问。

③使用“安全使用说明”，讲解车辆规范操作要领，并将客户感兴趣的内容用即时贴做标记。同时提醒客户阅读“安全使用说明”中的安全注意事项，按“安全使用说明”的要求使用和维护保养。

（2）向客户介绍服务顾问，服务顾问讲解售后服务内容。

服务顾问递交名片，主动向客户介绍服务透明车间。服务顾问介绍的内容有维修保养常识、维修保养周期、质量担保规定、最新的质量担保政策以及24小时救援热线、预约服务等。

（3）讲解上牌流程。

销售顾问提前与客户沟通上牌流程，及时告知客户注意事项，体现优质周到的服务。

①得到车辆合格证。

②保存好购车三联发票。

③缴纳车辆购置税，拿到正副税本。

④准备好各种证件，如身份证原件、复印件。

⑤车管所登记并查验车辆。

⑥选择车辆号牌号码。

⑦缴费后等待拿号牌，一般3～5个工作日即可拿到号牌。

在1+X职业技能等级测试中，对于车辆上牌业务办理有明确的要求和准则（如表12-1所示）。

**表12-1　1+X职业技能等级测试评分细则之车辆上牌业务办理**

<table>
<tr><td colspan="4">工作二：汽车保险与按揭作业流程</td><td colspan="4">实习日期：</td></tr>
<tr><td colspan="2">姓名：</td><td colspan="2">班级：</td><td colspan="2">学号：</td><td colspan="2" rowspan="3">导师签字：</td></tr>
<tr><td colspan="2">自评：□熟练　□不熟练</td><td colspan="2">互评：□熟练　□不熟练</td><td colspan="2">师评：□合格□不合格</td></tr>
<tr><td colspan="2">日期：</td><td colspan="2">日期：</td><td colspan="2">日期：</td></tr>
<tr><td colspan="8">任务十：车辆上牌业务办理【评分细则】</td></tr>
<tr><td>序号</td><td>评分项</td><td>得分条件</td><td>分值</td><td>评分要求</td><td>自评</td><td>互评</td><td>师评</td></tr>
<tr><td>1</td><td>安全/7S/态度</td><td>□1. 能正确佩戴胸牌<br>□2. 能正确穿着制服和皮鞋<br>□3. 能正确遵守礼仪礼节<br>□4. 能正确与客户交谈，语气适中<br>□5. 能正确做好个人的卫生和形象管理</td><td>15</td><td>未完成1项扣3分，扣分不得超15分</td><td>□熟练<br>□不熟练</td><td>□熟练<br>□不熟练</td><td>□合 格<br>□不合格</td></tr>
<tr><td>2</td><td>专业技能</td><td>□1. 能正确准备上牌所需材料<br>□2. 能正确清洁车辆<br>□3. 能正确检查车辆油、水<br>□4. 能正确检查胎压并调整<br>□5. 能正确检查各种电气工作情况<br>□6. 能正确检查发动机及变速器的工作情况<br>□7. 能正确检查制动系统工作情况<br>□8. 能正确检查转向系统工作情况<br>□9. 能正确进行车牌选号<br>□10. 能正确放置临时车牌<br>□11. 能正确缴纳各项费用<br>□12. 能正确领取车牌</td><td>50</td><td>未完成1项扣5分，扣分不得超50分</td><td>□熟练<br>□不熟练</td><td>□熟练<br>□不熟练</td><td>□合格<br>□不合格</td></tr>
</table>

（续表）

| 序号 | 评分项 | 得分条件 | 分值 | 评分要求 | 自评 | 互评 | 师评 |
|---|---|---|---|---|---|---|---|
| 3 | 工具及设备的使用能力 | □1. 能正确使用网上车牌选号系统<br>□2. 能正确使用打印机 | 10 | 未完成 1 项扣 5 分，扣分不得超 10 分 | □熟练<br>□不熟练 | □熟练<br>□不熟练 | □合格<br>□不合格 |
| 4 | 资料、信息查询能力 | □1. 能在规定时间内查询所需资料<br>□2. 能正确记录所需查询资料章节页码<br>□3. 能正确记录所需信息 | 10 | 未完成 1 项扣 5 分，扣分不得超 10 分 | □熟练<br>□不熟练 | □熟练<br>□不熟练 | □合格<br>□不合格 |
| 5 | 数据的判断和分析能力 | □1. 能判断上牌材料是否齐全<br>□2. 能判断车辆工作情况是否良好 | 10 | 未完成 1 项扣 5 分，扣分不得超 10 分 | □熟练<br>□不熟练 | □熟练<br>□不熟练 | □合格<br>□不合格 |
| 6 | 表单填写与报告的撰写能力 | □1. 字迹清晰<br>□2. 语句通顺<br>□3. 无错别字<br>□4. 无涂改<br>□5. 无抄袭 | 5 | 未完成 1 项扣 1 分，扣分不得超 5 分 | □熟练<br>□不熟练 | □熟练<br>□不熟练 | □合格<br>□不合格 |
| 总分 | | | | | | | |

3.5 交车仪式

充满喜悦的专属的交车仪式会给客户营造一种良好的氛围，表达经销商对客户的尊重。参加交车仪式的人员有销售总监（展厂经理）、销售顾问、服务顾问、客户顾问等。

（1）交车仪式的目的。

①统一集团公司形象，宣传品牌。

②交车是销售生命周期的开始，不是结束。

③制造喜悦点，让客户感到惊喜，提高客户满意度。

案例：某 4S 店交车仪式

交车仪式准备工作：

车辆准备（干净整洁、功能完好、手续齐全、停放至专属交车区）。

人员准备（交车仪式参加人员：主持人、销售人员、售后人员、CRM、市场工作人员等）。

物品准备（交车区域欢迎牌、个性化礼品、鲜花、广告车贴、相机等）。

交车仪式：

展厅广播：亲爱的各位同事，今天是我们尊贵的客户×先生来店喜提爱车的日子，交车仪式将于 5 分钟以后开始，请各位准时到场祝贺，谢谢。

（交车仪式进行时，全程配有喜庆的背景音乐。指定交车区域喷洒符合品牌定位的香水或空气清洗剂。红布覆盖车身，为新车揭幕做准备。准备饮料。）

交车仪式——开场：

人员齐整站位，欢迎客户入场（如图 12-3）。

**图 12-3　欢迎客户入场**

主持人宣布交车仪式正式开始：尊敬的各位嘉宾，亲爱的同事，大家下午好，今天是个特殊的日子，我们一起为×先生成为××品牌大家庭的一分子，成为我们××店的最尊贵的客户而庆祝。现在我宣布交车仪式正式开始。

仪式第一项，新车揭幕。

主持人：仪式第一项，让我们有请尊贵的客户和我们的销售顾问为新车揭幕，共同开启××先生爱车新的篇章（如图 12-4 所示）。

客户与销售顾问或者销售经理共同揭幕时，掌声不断。

**图 12-4　新车揭幕**

仪式第二项，转交钥匙。

主持人：仪式第二项，有请我们的工作人员为×先生送上美丽的鲜花，祝×先生的生活和和美美。掌声有请我们的销售经理为×先生送上爱车的钥匙。

工作人员送上鲜花表示祝贺。销售经理送上爱车钥匙表示祝贺。

仪式第三项，服务介绍。

主持人：交车是我们服务的全新开始，接下来为×先生介绍我们售后最专业的服务顾问，他将为您以后的用车提供专业的咨询、保养、维修等全方位的服务。

介绍服务顾问，递名片，祝福客户喜提爱车。

仪式第四项，举杯相庆。

主持人：仪式第四项，让我们举起酒杯，再次为×先生成为××大家庭的一分子而庆祝。祝×先生今后的事业蒸蒸日上，生活幸福美满！

(赠送交车小礼品。)

交车仪式后的工作：

照片编辑（集团水印、公司信息）。

照片上墙（交车区照片墙应定期更换最新照片）。

朋友圈转发（统一格式和祝福语，全员转发）。

照片回寄（打印一张清晰的照片，装入相框给客户留纪念）。

（2）交车仪式的行为要点。

①交车仪式和礼品的准备应尊重当地风俗，营造让客户满意的氛围。

②切勿用假花作为交车小礼品。礼品并不一定贵重，但一定要让客户感受到经销店的诚意。

（3）交车满意度回访。

交车仪式后，销售顾问可邀请客户进行满意度调查，告知客户接下来的回访是为更好地了解客户的用车感受。

（4）欢送客户。

提醒客户选择就近的加油站加油，提示燃油标号，并示意加油站的位置（若加油站太远，经销商可以制作加油站路线卡提供给客户）。出席人员列队挥手送别客户，直至客户远离，从视线中消失。

（5）回访计划。

送别客户后，销售顾问要核对、完善 CRM 系统，制订回访跟踪计划。

### 4. 新车交付常见的问题

（1）客户对环境不满。

客户对环境不满，如对场地设施和场地卫生、大小不满。例如，有客户反映停车不方便，店内拥挤吵闹。

（2）客户对服务不满。

客户对服务态度不满，如递送茶水不及时，交车不积极，人员变动快，有问题时不知

道找谁，工作人员不够主动、不够灵活。

客户对服务专业度不满，如车清洗不净，操作讲解不到位，面访人员一问三不知，等等。

（3）客户对购买、交付不满。

客户对时间不满，如订车时间长，上牌慢等。

客户对流程不满，如购车流程、按揭贷款流程、保险流程等流程死板，烦琐复杂。

客户对礼品不满，如礼品拖欠，礼品质量差、数量少。

（4）其他

客户不配合面访。

客户本人或陪同人员索要礼品。

特殊客户的遗留问题，如换车客户、投诉客户等交车前就存在未解决的问题，有时会影响交车面访。

在工作中，销售顾问应重视客户的感受，积极换位思考，避免出现客户不满意之处，影响客户忠诚度和满意度。

## 任务实施

### ☞ 任务准备

（1）防护装备：服装、抹布、灭火器。

（2）工具设备：整车、计算机或网络终端。

（3）辅助资料：卡片、记号笔、翻纸板、参考书。

### ☞ 实施步骤

根据所给资料进行情景模拟演练，并完成任务报告。资料如下：

销售顾问小韩接待了预约客户王先生交车。王先生 40 岁，私企老板，此次所购新车主要用于全家自驾游和上下班代步，交车当天王先生全家一同到店提取新车。销售顾问做好了交车准备工作，根据所学内容，进行交车流程展示，并在交车过程中为客户设置喜悦点。

任务报告

<table>
<tr><td colspan="4">任务十二、新车交付</td></tr>
<tr><td>班级</td><td></td><td>姓名</td><td></td></tr>
<tr><td>组别</td><td></td><td>组长</td><td></td></tr>
<tr><td colspan="2">1. 接受任务（15 分）</td><td colspan="2">得分：</td></tr>
<tr><td colspan="4">销售顾问小韩接待了预约客户王先生交车。小韩提前做好了与驾车相关的告知工作，准备在交车当天给客户一次完美的回忆。<br>（1）按交车流程预约客户交车。<br>（2）如果你是销售顾问小韩，你将如何在交车过程中设置喜悦点以提高客户满意度？以小组为单位完成任务报告。</td></tr>
</table>

（续表）

<table>
<tr><td>2. 信息收集（15 分）</td><td>得分：</td></tr>
<tr><td colspan="2">分析交车流程和执行要点。<br>交车过程中，为客户制造喜悦点以提高客户满意度。</td></tr>
<tr><td>3. 制订计划（5 分）</td><td>得分：</td></tr>
<tr><td colspan="2">请根据工作任务制订工作计划及任务分工。<br><table><tr><th>序号</th><th>工作内容</th><th>工作要点</th><th>负责人</th></tr><tr><td></td><td></td><td></td><td></td></tr><tr><td></td><td></td><td></td><td></td></tr><tr><td></td><td></td><td></td><td></td></tr><tr><td></td><td></td><td></td><td></td></tr><tr><td></td><td></td><td></td><td></td></tr><tr><td></td><td></td><td></td><td></td></tr></table></td></tr>
<tr><td>4. 计划实施（55 分）</td><td>得分：</td></tr>
<tr><td colspan="2">（1）分析交车流程和执行要点。（20 分）<br><table><tr><td>交车前准备工作</td><td></td></tr><tr><td>交车仪式</td><td></td></tr><tr><td>交车仪式后</td><td></td></tr></table>（2）交车过程中，为客户制造喜悦点以提高客户满意度。以小组为单位完成任务报告。（20 分）<br><table><tr><td>喜悦点 1</td><td></td></tr><tr><td>喜悦点 2</td><td></td></tr><tr><td>喜悦点 3</td><td></td></tr></table>（3）制订交车仪式设计方案。（15 分）<br><table><tr><td>交车仪式设计方案</td><td></td></tr></table></td></tr>
<tr><td>5. 检查评价（10 分）</td><td>得分：</td></tr>
<tr><td colspan="2">请根据小组成员在完成任务中的表现及工作结果进行评价。<br>自我评价：________________________________。<br>小组评价：________________________________。</td></tr>
<tr><td colspan="2">任务总成绩：</td></tr>
</table>

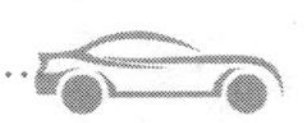

## 实操训练

<table>
<tr><td colspan="2">模块：汽车营销评估与金融保险服务技术（初级）</td><td colspan="2">考核时间：50 分钟</td></tr>
<tr><td>姓名：</td><td>班级：</td><td>学号：</td><td rowspan="3">考评员签字：</td></tr>
<tr><td>初评：□合格<br>□不合格</td><td>复评：□合格<br>□不合格</td><td>师评：□合格<br>□不合格</td></tr>
<tr><td>日期：</td><td>日期：</td><td>日期：</td></tr>
<tr><td colspan="4">考核项目二：汽车保险与按揭作业流程【实操考核报告】</td></tr>
</table>

根据以下资料内容，完成实操内容。

| 销售顾问小韩接待了预约客户王先生交车。小韩提前向王先生介绍了交车相关事宜，做好了交车准备工作。 |
|---|

一、请简写车辆（新车）上牌的流程

| |
|---|
| |

二、进行交车仪式演练，在交车仪式过程中为客户制造喜悦点

| |
|---|
| |

# 任务十三　客户维系

## 任务引导

客户李先生提车一周了，销售顾问小韩给李先生打电话，询问李先生对新车的感受，有任何疑问欢迎李先生随时打电话沟通，又告诉李先生，如果介绍朋友来买车，还有礼品赠送，彼此交流非常愉快。电话结束后小韩又更新完善了 CRM 系统中客户的相关信息。

如果希望老客户介绍新客户，老客户的维系尤为重要，在实际工作中，销售顾问应该如何进行客户维系呢？

## 任务目标

☞ **知识目标**

(1) 了解客户维系环节的目标。

(2) 认识到客户维系的重要性。

(3) 掌握如何进行客户维系。

(4) 掌握客户抱怨投诉的处理技巧。

☞ **能力目标**

(1) 能根据潜在客户的种类，利用技巧进行不同阶段的客户维系。

(2) 能根据客户抱怨和投诉处理流程进行实际问题的解决。

☞ **素质目标**

(1) 培养良好的心理品质，具备建立和谐的人际关系的能力，具有人际交往的能力与合作精神。

(2) 养成吃苦耐劳、爱岗敬业的精神。

(3) 积极参与汽车销售实务的学习活动，培养良好的学习兴趣和求知欲。

## 任务资讯

### 1. 客户维系环节的目标

#### 1.1 客户的种类

为了对客户管理有系统性的认知，我们把客户分为四大类：

(1) 潜在客户。

潜在客户的定义：有购买新车的需求，但是还没有成交的客户。

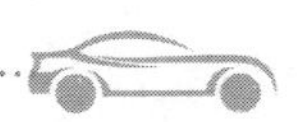

依据购买力、信心、需求，潜在客户可分为：

H 级：7 天内有订车的可能。

A 级：15 天内有订车的可能。

B 级：30 天内有订车的可能。

C 级：3 个月内有订车的可能。

N 级：1 年内有订车的可能。

O 级：已签订单，未提车客户。

D 级：已提车客户。

T 级：订单退订客户。

（2）保有客户。

保有客户的定义：已经购车的客户。保有客户又分为售后忠诚客户和销售忠诚客户。

售后忠诚客户：一年内来店消费两次以上或年消费在 3000 元以上。

销售忠诚客户：在本店购车且为本店转介绍过客户或未购车但为本店介绍过三个以上客户的。

保有客户维系不仅仅是一个电话或者一个活动就可达成的，而是需要有一套系统的、持续的、有目的的体系。我们不但要不断提升自身服务质量，降低客户抱怨，高效地处理好客户抱怨、提升硬件环境，给客户良好的感受，还要做好其他很多方面的工作。

（3）战败客户。

战败客户的定义：已经购买竞争品牌的产品或者本品牌其他经销商产品的客户。

（4）抱怨客户。

抱怨客户的定义：主动投诉或在回访中不满意的客户。通过客户的抱怨，我们可以了解自己的不足以及哪里需要提升。

在 1+X 职业技能等级测试中，对于客户信息管理分析的标准和要求细则如表 13-1 所示。

**表 13-1　1+X 职业技能等级测试评分细则之客户信息管理分析**

<table>
<tr><td colspan="4">工作四：客户信息管理与数据应用</td><td colspan="4">实习日期：</td></tr>
<tr><td colspan="2">姓名：</td><td colspan="2">班级：</td><td colspan="2">学号：</td><td colspan="2" rowspan="3">导师签字：</td></tr>
<tr><td colspan="2">自评：□熟练　□不熟练</td><td colspan="2">互评：□熟练　□不熟练</td><td colspan="2">师评：□合格　□不合格</td></tr>
<tr><td colspan="2">日期：</td><td colspan="2">日期：</td><td colspan="2">日期：</td></tr>
<tr><td colspan="8">任务十六：客户信息管理分析【评分细则】</td></tr>
<tr><td>序号</td><td>评分项</td><td>得分条件</td><td>分值</td><td>评分要求</td><td>自评</td><td>互评</td><td>师评</td></tr>
<tr><td>1</td><td>安全/7S/态度</td><td>□1. 能正确佩戴胸牌<br>□2. 能正确穿着制服和皮鞋<br>□3. 能正确遵守礼仪礼节<br>□4. 能正确与客户交谈，语气适中<br>□5. 能正确做好个人的卫生和形象管理</td><td>15</td><td>未完成 1 项扣 3 分，扣分不得超 15 分</td><td>□熟练<br>□不熟练</td><td>□熟练<br>□不熟练</td><td>□合格<br>□不合格</td></tr>
</table>

（续表）

| 序号 | 评分项 | 得分条件 | 分值 | 评分要求 | 自评 | 互评 | 师评 |
|---|---|---|---|---|---|---|---|
| 2 | 专业技能 | □1. 能正确收集进店客户信息<br>□2. 能正确收集车展客户信息<br>□3. 能正确对客户进行分类<br>□4. 能正确对客户进行分级<br>□5. 能正确制定客户邀约联系表<br>□6. 能正确对客户信息进行录入<br>□7. 能正确收集邀约失败客户信息<br>□8. 能正确收集邀约成功客户信息<br>□9. 能正确调整客户分类及分级<br>□10. 能正确制订潜在客户开发方案 | 50 | 未完成1项扣5分，扣分不得超50分 | □熟练<br>□不熟练 | □熟练<br>□不熟练 | □合格<br>□不合格 |
| 3 | 工具及设备的使用能力 | □1. 能正确使用办公软件<br>□2. 能正确使用客户信息管理系统 | 10 | 未完成1项扣5分，扣分不得超10分 | □熟练<br>□不熟练 | □熟练<br>□不熟练 | □合格<br>□不合格 |
| 4 | 资料、信息查询能力 | □1. 能在规定时间内查询所需资料<br>□2. 能正确记录所需查询资料章节页码<br>□3. 能正确记录所需信息 | 10 | 未完成1项扣5分，扣分不得超10分 | □熟练<br>□不熟练 | □熟练<br>□不熟练 | □合格<br>□不合格 |
| 5 | 数据的判断和分析能力 | □1. 能判断客户是否为潜在客户<br>□2. 能判断客户邀约失败原因<br>□3. 能判断客户邀约成功原因 | 10 | 未完成1项扣5分，扣分不得超10分 | □熟练<br>□不熟练 | □熟练<br>□不熟练 | □合格<br>□不合格 |
| 6 | 表单填写与报告的撰写能力 | □1. 字迹清晰<br>□2. 语句通顺<br>□3. 无错别字<br>□4. 无涂改<br>□5. 无抄袭 | 5 | 未完成1项扣1分，扣分不得超5分 | □熟练<br>□不熟练 | □熟练<br>□不熟练 | □合格<br>□不合格 |
| 总分 | | | | | | | |

1.2 客户维系的技巧

（1）潜在客户。

确定回访时间，主动邀约。

推荐话术：

①第一次来电或到店客户。

销售顾问："张先生您好（根据各地客户性格，选用不同的称呼，如张哥、张总、张老师），感谢您光临（致电）××4S店，我是销售顾问××，在汽车行业工作五年了，您在购车方面有任何问题都可以随时咨询我，无论贷款、置换、汽车知识还是其他品牌车型，我都可以给您提供一些参考建议，我的24小时电话××，微信号××。如果我店有促销活动，我会及时通知您，您也可以加我店的微信（或微博），号码是××，上面会经常发布您关注的车型信息和促销活动信息，祝您购车愉快！"

②B级客户回访。

销售顾问："××哥/姐，我是××4S店销售顾问××，因为怕打扰您，所以最近没联系您，不知您车选的怎么样了，上次联系时您说的××（配置、技术、贷款、置换、改装……），我给您收集了一些资料，看您什么时间方便，咱们电话沟通一下，或者见面聊聊？如果您看好了别的车，我也可以帮您参考一下，把我当成您的朋友就行，有需要随时给我打电话！"（微信号、QQ号等）

③H级、A级客户回访。

销售顾问："××哥/姐，我是××4S店销售顾问××，上次您说可能最近就要买车了，我们公司这两天要进一批车，想问问您想买的车型、颜色、配置等有没有定下来，如果确定了的话，我们就先把您想要的车型进回来，这样您再来时可以看看现车，如果想提车也更方便一些。"（之后可以用确认的名义给客户打电话回访）

（2）保有客户。

① 做好保有客户的分类。

我们可以根据车型、年限、里程数、常用环境等因素对车进行分类。

我们可以根据性别、年龄、职业、爱好、地理位置、喜欢使用的通信工具、消费习惯、驾龄等因素对客户进行分类。

我们只有做好保有客户的分类，在后期活动中根据特征筛选客户，才可以收到事半功倍的效果。购买新车的客户对车辆功能的了解程度不同、兴趣爱好不同，因此举办活动如爱车课堂时，就要有针对性地邀约。

②车辆交付后的三次维系。

不同品牌对客户维系的要求不一样。对于第一次客户维系，有的要求在24小时内，有的则要求在48小时内，第二次客户维系时间基本为三天，第三次客户维系时间为七天，以后一个月、三个月、半年、一年等都要定期进行客户维系。不同时段跟踪话题的选择和技巧也不一样。客户提车后一段时间内会接到来自经销商、厂家及销售顾问的回访电话，有可能会使客户觉得烦。那么用什么样的方式和手段通过电话对客户进行回访，才能让客户感觉销售顾问是出于关心才打电话的呢？建议如下：

• 交车后第一次客户维系（24 小时或者 48 小时内）。

发送短信关怀客户（电话、短信、微信、QQ 等），内容可包括：感谢客户的选择；提供服务顾问以及售后的联系方式，以便客户在今后用车过程中，如果有车辆保养的相关问题可以及时联系相关工作人员；告知客户以后如有任何疑问，相关工作人员可随时提供帮助。销售顾问一般都会在两个小时后，估计客户到家就进行第一次客户维系。

• 交车后的第二次客户维系（三天）。

第二次客户维系应更多地从客户用车感受上给予其关注，了解客户用车感受并及时帮助客户解决问题，让客户感受到经销店始终如一的服务热情；及时解答客户的疑问；若客户进行投诉或抱怨，相关人员要做好记录，24 小时之内提供解决方案并了解客户对处理结果的满意度，及时向上级主管进行反馈，同时进行内部分享，还要及时在 CRM 系统中更新客户信息。

• 交车后的第三次客户维系（七天）。

第三次客户维系应更多地关注客户在经销店的购车体验；询问客户的满意度，核算首保时间，进行首保提醒，告知客户售后服务预约的价值与优惠；若客户进行投诉或抱怨，处理方法同第二次客户维系，还要及时在 CRM 系统中更新客户信息。

③做好各类提醒服务。

提醒服务包括首保、定保、质保到期、保险到期以及销售顾问 1～3 个月的回访关怀、客服 15 天的关怀、爱车课堂等各类活动的提醒、各类节日祝福、生日祝福、特殊天气提醒等。提供提醒服务时应使用贴心的话术，让客户感受到被关怀，而不是感觉被电话骚扰。

提醒服务不是只局限于电话，也会发生在服务顾问的接待中。服务流程中关于行车建议肯定是必不可少的，除此之外，客户的日行驶里程在系统中都有记录，客户下次来店保养时，服务顾问会进行两次保养之间数据的比对，如果发现有较大变化，服务顾问会询问客户是不是有跑长途，接下来就会告知客户跑长途后的车辆需要做哪些检查，也会向客户推荐跑长途之前的各项检测。

④提供相互沟通的平台。

建立 QQ 群、微信群，并指定专人负责维护和管理，预约专员、服务顾问、销售顾问、保险顾问、配件人员、索赔员、技术经理等均在群里，时刻准备解答客户疑问和收集潜在客户信息。

⑤举办丰富多彩的客户活动。

每月至少举办两次以上客户关爱活动。根据不同的客户群体和需求，可以策划和举办的活动有讲座类、球赛健身类、公益类、采摘类、自驾游类、感恩答谢类、美容类、手工类、儿童类等。保有客户的维系重点在于制订和实施客户维系计划，加深客户关系。

（3）战败客户。

战败客户的回访对于销售顾问来说意义重大，有助于销售顾问找到自己与同行的差距

以及需要改进的地方。

电话回访是进行战败客户回访最常用的手段，但应注意通话时的礼仪和通话时间的选择。无论客户做出什么样的选择，销售顾问都要恭喜客户，以拉近和客户之间的关系。因为客户购买其他品牌的汽车，客户和其他品牌销售顾问的关系和信任程度很可能相对更好，所以销售顾问就必须通过进一步主动提供服务的方式拉近和客户的关系。当客户愿意进行沟通时，销售顾问可适时主动询问客户购买其他品牌汽车的原因，并根据情况主动向客户寻求转介绍。具体话术如表 13-2 所示。

**表 13-2 战败客户回访**

| 回访步骤 | 推荐话术 |
| --- | --- |
| 电话联系<br>恭喜客户 | “先生，您好，我是××4S 店的销售顾问××。您来我们店看过××车型，是我接待您的，您还记得吗？” |
| 温馨提醒<br>加深感情 | “刘先生，近日天气异常，请您注意身体健康。”<br>“您在用车的过程中，有什么问题可以随时联系我，只要我能帮上忙，我一定会尽力的。” |
| 弄清原因<br>寻求介绍 | “刘先生，我真心请教您，您觉得我们的服务或者产品有哪些做得不够好的地方吗？能否给我们一个改进的机会？”<br>“刘先生，如果您有朋友想买车的话，请您帮忙推荐一下。” |

战败分析可以从以下两点进行：

①车型战败分析。哪款车战败数据高？战败给本品牌还是其他品牌？战败的主要原因是什么？请根据战败原因提出改善措施并形成 PDCA（Plan，Do，Check，Act）执行计划。

②销售顾问战败分析。哪个销售顾问战败率高？哪个销售顾问战败率低？环比战败率增长还是下降？请提出改善措施并形成 PDCA 执行计划。

（4）抱怨客户。

通过抱怨客户销售顾问可以了解自己内部的不足，明确哪里需要提升。对于销售顾问所提供的一切服务，只有客户说好才是好，所以抱怨客户就是销售顾问的一面镜子。

以周或月为单位，可以把客户抱怨进行分类统计，分类方法有两种：

①根据客户抱怨类型分类：客户是因为交车流程没有走好而抱怨，还是因为没有停车位而抱怨？还是因为进店后没有销售顾问接待而抱怨？

②根据销售顾问分类：哪个销售顾问被投诉较多？哪个销售顾问被投诉较少？环比投诉率上升还是下降？

## 2. 客户抱怨和投诉处理

客户的抱怨和投诉可分为两类，分别是现场投诉和在回访过程中投诉，具体的处理原则如下。

（1）正确认识客户的抱怨和投诉。

①要正确认识客户的抱怨和投诉，因为只有客户发出声音，销售顾问才有可能收集到更多的信息，并据此不断改进和完善。

②在遇到客户抱怨时，不要推诿逃避，防止抱怨扩散。

③对于客户的抱怨和投诉，要积极应对、快速响应，按照流程及时处理，这样有助于保持保有客户对品牌的忠诚。

（2）客户抱怨和投诉处理流程。

抱怨和投诉分为现场投诉和电话回访投诉。

①现场投诉。

客户现场投诉时，销售顾问应做到认真倾听，让客户充分地表达投诉的原因，接下来要做到有同理心，对于硬件或软件所造成的瑕疵表示歉意。当然在处理投诉的过程中如遇相关的技术疑问，应第一时间寻求相关部门的帮助，优先处理客户的抱怨和投诉。最后，给出相应的解决方案，同时，团队内部分享，相互借鉴处理经验。

②电话回访投诉

客服部门回访过程中出现客户投诉时，销售顾问应主动联系客户，对给客户带来的不便和不良影响深表歉意，基于客服部门所反馈的问题进一步与客户确认，确认后要给出相应的解决方案，后续要跟进相应的处理。最后，销售顾问要与客服保持沟通，确认投诉消除。

（3）处理投诉的技巧。

①运用合适的身体语言。

- 表情自然放松。
- 微笑，表示关怀。
- 交谈或倾听时保持眼神交流。
- 认真倾听客户的抱怨。

②稳定客户的情绪。

- 单独交谈。
- 表示歉意。
- 让客户放松。
- 不争辩。
- 暂时转移话题。

③善用与客户交谈的机会。

- 认真倾听并表示关怀，让客户感觉到销售顾问确实想为他解决问题。
- 确认投诉的最主要内容。
- 善用提问发掘客户的不满。
- 必要时还要认同客户的情感，对客户的抱怨表示理解。

## 任务实施

☞ **任务准备**

（1）防护装备：服装、抹布、灭火器。

（2）工具设备：整车、计算机或网络终端。

（3）辅助资料：卡片、记号笔、参考书、白纸

☞ **实施步骤**

结合资料，完成以下内容：

客户常先生提车已一周，用车体验较好。销售顾问小周在需求分析环节了解到，常先生有一个儿子，今年参加高考，还知道常先生喜欢自驾游。基于上述情况，销售顾问小周进行了电话回访。

（1）结合所学知识，分析不同客户类型的特点。

（2）对于客户常先生，销售顾问小周应该如何进行客户维系，需要注意哪些问题？

（3）以小组为单位完成任务报告。

任务报告

<table>
<tr><td colspan="4">任务十三、客户维系</td></tr>
<tr><td>班级</td><td></td><td>姓名</td><td></td></tr>
<tr><td>组别</td><td></td><td>组长</td><td></td></tr>
<tr><td colspan="2">1. 接受任务（5 分）</td><td colspan="2">得分：</td></tr>
<tr><td colspan="4">客户常先生提车已一周，用车体验较好。销售顾问在需求分析环节了解到，常先生有一个儿子，今年参加高考，还知道常先生喜欢自驾游。基于上述情况，销售顾问小周进行了电话回访。请分析对此客户，思考如何进行客户维系。</td></tr>
<tr><td colspan="2">2. 信息收集（20 分）</td><td colspan="2">得分：</td></tr>
<tr><td colspan="4">（1）结合所学知识，分析不同客户类型的特点。<br>（2）对于客户常先生，销售顾问小周应该如何进行客户维系以及需要注意哪些问题？</td></tr>
<tr><td colspan="2">3. 制订计划（15 分）</td><td colspan="2">得分：</td></tr>
<tr><td colspan="4">请根据工作任务制订工作计划及任务分工。</td></tr>
</table>

| 序号 | 工作内容 | 工作要点 | 负责人 |
|---|---|---|---|
| | | | |
| | | | |
| | | | |
| | | | |
| | | | |
| | | | |

（续表）

| 4. 计划实施（50 分） | 得分： |
|---|---|
| （1）结合所学知识，分析不同客户类型的特点。 | |
| 潜在客户 | |
| 保有客户 | |
| 战败客户 | |
| 投诉客户 | |
| （2）对于客户常先生，销售顾问小周应该如何进行客户维系，需要注意哪些问题？ | |
| 客户维系的技巧 | |
| 客户维系需要注意的问题 | |
| （3）查询并记录保有客户回访话术。(15 分) | |
| 客户回访话术 | |
| 从中能得到的启发 | |
| 5. 检查评价（10 分） | 得分： |
| 请根据小组成员在完成任务中的表现及工作结果进行评价。<br>自我评价：________________________。<br>小组评价：________________________。 | |
| 任务总成绩： | |

## 实操训练

| 模块：汽车营销评估与金融保险服务技术（初级） | | 考核时间：50 分钟 | |
|---|---|---|---|
| 姓名： | 班级： | 学号： | 考评员签字： |
| 初评：□合格<br>□不合格 | 复评：□合格<br>□不合格 | 师评：□合格<br>□不合格 | |
| 日期： | 日期： | 日期： | |
| 考核项目四：客户关系管理与网络营销［实操考核报告］ | | | |

一、根据所提供的客户信息登记表，进行信息录入和分类

| 客户姓名 | | 职业 | | 联系方式 | |
|---|---|---|---|---|---|
| 购车用途 | | 预算金额 | | 意向车型 | |
| 是否邀约 | 是◎　　否◎ | | | | |

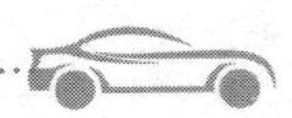

二、根据客户的实际情况制订客户维系计划，制作个人朋友圈发布稿

# 项目三

# 汽车金融知识及应用

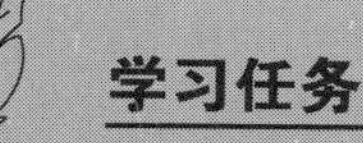

## 学习任务

本项目主要是帮助学生认识汽车金融，了解汽车销售还有哪些衍生服务，项目内容分为两个任务。

任务十四　汽车金融

任务十五　汽车销售其他服务

通过两个任务的学习，学生可以理解汽车金融的含义，了解当前汽车金融市场现状及未来的发展趋势，能够根据汽车消费者购买能力准确推荐其所需的汽车金融业务，能说出汽车销售衍生的其他服务的特点。

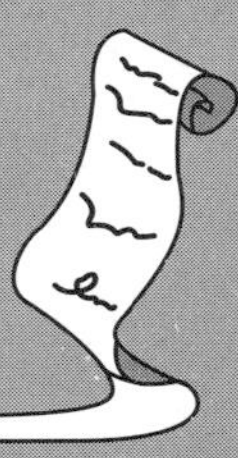

# 任务十四　汽车金融

## 任务引导

在需求分析环节，销售顾问在了解客户对具体车型、颜色、配置、款式及性能的需求后，发现客户的购车预算不是很充足。

根据汽车4S店一条龙服务体系，作为销售顾问的你还应该做哪些方案推介呢？

## 任务目标

**☞ 知识目标**

（1）认识汽车金融。

（2）掌握汽车保险险种及保险金额计算方法。

（3）认识消费信贷及租赁。

（4）掌握二手车置换流程。

**☞ 能力目标**

（1）能够向客户推荐保险险种并准确计算保险金额。

（2）能够帮助客户完成贷款方案选择。

（3）能够帮助客户完成二手车置换。

**☞ 素质目标**

（1）培养良好的心理品质，具备建立和谐人际关系的能力，具有较好的人际交往能力与合作精神。

（2）培养服务意识，树立精益求精的服务理念。

（3）培养团队精神。

## 任务资讯

### 1. 汽车金融的定义

汽车金融主要指与汽车产业相关的金融服务，是在汽车研发设计、生产、流通、消费等各个环节涉及的资金融通的方式、路径或者说是一个资金融通的基本框架，即资金在汽车领域是如何流动的，从资金供给者到资金需求者的资金流通渠道。汽车金融是汽车产业与金融的结合，是当前产业金融的重要领域。汽车金融通过资源的资本化、资产的资本

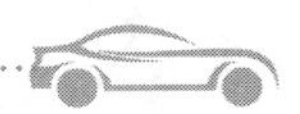

化、知识产权的资本化、未来价值的资本化实现产业与金融的融合，促进其互动发展，从而实现价值的增值。

### 2. 汽车金融的分类

在欧美发达国家，通过信贷买车和租车，是汽车市场交易的主要方式。近些年，我国乘用车销售市场和二手车市场都在快速增长，相应地，我国汽车金融服务有着非常广阔的市场发展空间。

2.1 汽车保险

（1）汽车保险的定义。

汽车保险即机动车辆保险，简称车险。它是指对机动车辆由于自然灾害或意外事故所造成的人身伤亡或财产损失负赔偿责任的一种商业保险，是以汽车、电车、电瓶车、摩托车、拖拉机等机动车辆作为汽车保险标的的一种保险。汽车保险是财产保险的一种。

车辆保险具体可分商业险和机动车交通事故责任强制保险（以下简称“交强险”）。商业险又包括主险和附加险两个部分。

（2）汽车保险的职能。

汽车保险的职能就是使汽车用户以缴纳保险费为条件，将自己可能遭受的风险成本全部或部分转嫁给保险人。汽车保险是一种重要的风险转嫁方式，在大量的风险单位集合的基础上，将少数被保险人可能遭受的损失后果转嫁到全体被保险人身上，而保险人作为被保险人之间的中介对其进行经济补偿。通过汽车保险，拥有机动车辆的企业、家庭和个人所面临的种种风险及其损失后果得以在全社会范围内分散与转嫁。

（3）交强险。

交强险是指由保险公司对被保险机动车发生道路交通事故造成本车人员、被保险人以外的受害人的人身伤亡、财产损失，在责任限额内予以赔偿的强制性责任保险。

交强险的保障对象是被保险机动车致害的交通事故受害人，但不包括被保险机动车本车人员、被保险人。其保障内容包括受害人的人身伤亡和财产损失。在责任限额内的损失，交强险先行赔付，超过限额部分再由商业第三者责任险或相关人员赔付。

机动车交强险的保险责任：在中华人民共和国境内（不含港、澳、台地区），被保险人在使用被保险机动车过程中发生交通事故，致使受害人遭受人身伤亡或者财产损失，依法应当由被保险人承担的损害赔偿责任，保险人按照交强险合同的约定对每次事故在下列赔偿限额内负责赔偿：死亡伤残赔偿限额为 180 000 元；医疗费用赔偿限额为 18 000 元；财产损失赔偿限额为 2000 元。被保险人无责任时，死亡伤残赔偿限额为 18 000 元，医疗费用赔偿限额为 1800 元，财产损失赔偿限额为 100 元。

（4）商业险[①]主险。

①机动车损失保险。

机动车损失保险，指保险车辆遭受保险责任范围内的自然灾害（不包括地震）或意外事故，造成保险车辆本身损失，保险人依据保险合同的规定给予赔偿。

保险责任：保险期间内，被保险人或被保险机动车驾驶人（以下简称“驾驶人”）在使用被保险机动车过程中，因自然灾害、意外事故造成被保险机动车直接损失，且不属于免除保险人责任的范围，保险人依照保险合同的约定负责赔偿。保险期间内，被保险机动车被盗窃、抢劫、抢夺，经出险地县级以上公安刑侦部门立案证明，满 60 天未查明下落的全车损失，以及因被盗窃、抢劫、抢夺受到损坏造成的直接损失，且不属于免除保险人责任的范围，保险人依照保险合同的约定负责赔偿。发生保险事故时，被保险人或驾驶人为防止或者减少被保险机动车的损失所支付的必要的、合理的施救费用，由保险人承担；施救费用数额在被保险机动车损失赔偿金以外另行计算，最高不超过保险金额。

②机动车第三者责任保险。

机动车第三者责任保险是指被保险人或其允许的合格驾驶员在使用被保险机动车过程中发生意外事故，致使第三者遭受人身伤亡或财产的直接损失，依法应当由被保险人支付的赔偿金额，保险人依照《中华人民共和国道路交通安全法实施条例》和保险合同的规定负责赔偿。但因事故产生的善后工作，保险人不负责处理。其中，第三者是指因被保险机动车发生意外事故遭受人身伤亡或者财产损失的人，不包括被保险机动车本车上人员、被保险人。

责任限额：每次事故的责任限额，由投保人和保险人在签订保险合同时协商确定。主车和挂车连接使用时视为一体，发生保险事故时，由主车保险人和挂车保险人按照保险单上载明的机动车第三者责任保险责任限额的比例，在各自的责任限额内承担赔偿责任。车险综合改革后，机动车第三者责任保险责任限额提升到 10 万～1000 万元。

③机动车车上人员责任险。

保险责任：保险期间内，被保险人或其允许的驾驶人在使用被保险机动车过程中发生意外事故，致使车上人员遭受人身伤亡，且不属于免除保险人责任的范围，依法应当对车上人员承担的损害赔偿责任，保险人依照保险合同的约定负责赔偿。保险人依据被保险机动车一方在事故中所负的事故责任比例，承担相应的赔偿责任。

（5）商业险附加险。

① 附加绝对免赔率特约条款。

绝对免赔率为 5%、10%、15%、20%，由投保人和保险人在投保时协商确定，具体以保险单载明为准。

②附加车轮单独损失险。

投保了机动车损失保险的机动车，可投保本附加险。

---

① 商业险部分内容参照中国保险行业协会机动车商业保险示范条款。

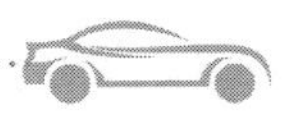

保险责任：保险期间内，被保险人或被保险机动车驾驶人在使用被保险机动车过程中，因自然灾害意外事故，导致被保险机动车未发生其他部位的损失，仅有车轮（含轮胎、轮毂、轮毂罩）单独的直接损失，且不属于免除保险人责任的范围，保险人依照附加险合同的约定负责赔偿。

③附加新增加设备损失险。

投保了机动车损失保险的机动车，可投保本附加险。

保险责任：保险期间内，投保了本附加险的被保险机动车因发生机动车损失保险责任范围内的事故，造成车上新增加设备的直接损毁，保险人在保险单载明的本附加险的保险金额内，按照实际损失计算赔偿。

④附加车身划痕损失险。

保险责任：保险期间内，被保险机动车在被保险人或被保险机动车驾驶人使用过程中，发生无明显碰撞痕迹的车身划痕损失，保险人按照保险合同约定负责赔偿

⑤附加修理期间费用补偿险。

投保了机动车损失保险的机动车，可投保本附加险。

保险责任：保险期间内，投保了本附加险的机动车在使用过程中，发生机动车损失保险责任范围内的事故，造成车身损毁，致使被保险机动车停驶，保险人按保险合同约定，在保险金额内向被保险人补偿修理期间费用，作为代步车费用或弥补停驶损失。

⑥附加发动机进水损坏除外特约条款。

投保了机动车损失保险的机动车，可投保本附加险。

保险期间内，投保了本附加险的被保险机动车在使用过程中，因发动机进水后导致的发动机的直接损毁，保险人不负责赔偿。

⑦附加车上货物责任险。

投保了机动车第三者责任保险的营业货车（含挂车），可投保本附加险。

保险责任：保险期间内，发生意外事故致使被保险机动车所载货物遭受直接损毁，依法应由被保险人承担的损害赔偿责任，保险人负责赔偿。

⑧附加精神损害抚慰金责任险。

投保了机动车第三者责任保险或机动车车上人员责任保险的机动车，可投保本附加险。

在投保人仅投保机动车第三者责任保险的基础上附加本附加险时，保险人只负责赔偿第三者的精神损害抚慰金；在投保人仅投保机动车车上人员责任保险的基础上附加本附加险时，保险人只负责赔偿车上人员的精神损害抚慰金。

保险责任：保险期间内，被保险人或其允许的驾驶人在使用被保险机动车的过程中，发生投保的主险约定的保险责任内的事故，造成第三者或车上人员的人身伤亡，受害人据此提出精神损害赔偿请求，保险人依据法院判决及保险合同约定，对应由被保险人或被保险机动车驾驶人支付的精神损害抚慰金，在扣除机动车交通事故责任强制保险应当支

付的赔款后，在本保险赔偿限额内负责赔偿。

⑨附加法定节假日限额翻倍险。

投保了机动车第三者责任保险的家庭自用汽车，可投保本附加险。

保险期间内，被保险人或其允许的驾驶人在法定节假日期间使用被保险机动车发生机动车第三者责任保险范围内的事故，并经公安部门或保险人查勘确认的，被保险机动车第三者责任保险所适用的责任限额在保险单载明的基础上增加一倍。

⑩附加医保外医疗费用责任险。

投保了机动车第三者责任保险或机动车车上人员责任保险的机动车，可投保本附加险。

保险责任：保险期间内，被保险人或其允许的驾驶人在使用被保险机动车的过程中，发生主险保险事故，对于被保险人依照中华人民共和国法律（不含港澳台地区法律）应对第三者或车上人员承担的医疗费用，保险人对超出《道路交通事故受伤人员临床诊疗指南》和国家基本医疗保险同类医疗费用标准的部分负责赔偿。

⑪附加机动车增值服务特约条款。

投保了机动车保险后，可投保本特约条款。

本特约条款包括道路救援服务特约条款、车辆安全检测特约条款、代为驾驶服务特约条款、代为送检服务特约条款共四个独立的特约条款，投保人可以选择投保全部特约条款，也可以选择投保其中部分特约条款。保险人依照保险合同的约定，按照承保特约条款分别提供增值服务。

（6）4S 店投保与其他投保方式对比。

①4S 店投保。

4S 店是新车主投保之前的第一联系人，为了提高自身盈利和竞争力，4S 店与各大保险公司合作，增加了保险代理业务，性质与保险代理公司相同。

4S 店投保的优点：通过 4S 店购买车辆商业保险，客户如果出险需要保险公司定损、赔偿时，不仅可以通过拨打保险公司的出险电话，还可以通过 4S 店的保险顾问进行报险，享受“一对一”的直线服务。同时，维修质量、配件质量都能得到保障。

4S 店投保的缺点：由于兼业代理机构代卖保险属于副业，所以专业性相对不够。需要客户有讨价还价的本领，且保费也不一定便宜，如果选择不当也会有风险。

②专业代理投保。

专业代理投保的特点是自己公司无产品，主要渠道是代理各个保险公司的产品，帮助保险公司销售产品。

专业代理投保的优点：由于各保险中介竞争比较激烈，为争抢客户，他们给予的保险折扣比较大。同时，保险中介可以上门服务或代客户办理各种投保、理赔所需的各种手续，对于客户而言比较便捷。

专业代理投保的缺点：投保成本相对较高。保险代理人为促成客户购买保险，可能对

客户进行口头很多承诺，但之后在出险理赔时却无法兑现。

③经纪人投保。

经纪人投保的特点是自己公司无产品，主要渠道是代理各个保险公司的产品，向客户提供保险方案，帮助客户选择产品。

经纪人投保的优点：保险代理公司的代理人受雇于保险公司，为其所受雇的保险公司推销保险产品，而保险经纪人和保险经纪公司受雇于客户，不仅可以横向比较各保险公司的优劣，还可以根据客户的情况，为其量身定做。

经纪人投保的缺点：保险经纪人是为客户采购保险产品的，最终还要保险公司进行承保。保险经纪人或经纪公司业务的增加会使保险公司保费收入大幅增加。

④柜台（上门）投保。

柜台投保的优点：客户亲自到保险公司投保，由保险公司的业务人员对每个保险险种、保险条款进行详细的介绍和讲解，并根据客户的实际情况提出保险建议供参考，以便客户选择到更适合自己的保险产品，使自己的利益得到更充分的保障。客户直接到保险公司投保，保险公司降低了营业成本，商业车险费率折扣可能会高一些。最重要的一点就是可以避免被一些非法中介误导和欺骗。

柜台投保的缺点：客户必须事事自己办理，尤其是出险后索赔时，对于很多不了解理赔程序的客户来说，在办理手续时会觉得既费时又麻烦。

⑤电话投保。

电话投保免去了保险中介的参与，在保费方面有优势。客户直接与保险公司沟通，但是在出险后的一切流程需要客户自主执行。

电话投保的优点：首先，电话投保免去了保险中介的参与，能拿到低于其他渠道的折扣。其次，客户直接面对保险公司，避免被不良中介误导和欺骗。由专人接听电话，解答各种问题并协助客户办理投保手续。

电话投保的缺点：客户不太容易和保险公司谈判。在车辆出险后没有中介的帮助，车辆的定损、维修和理赔等需要客户自己解决。

⑥网上投保

网上投保的优点：方便快捷，一般需要几分钟就可完成投保手续，没有中间环节费用。

网上投保的缺点：需要客户懂一些电脑网络知识，同时对保险较熟悉，明确自己的险种需求，如不是很明确，还是需要电话咨询。

（7）汽车保险销售。

车险的销售主要由销售顾问和金融保险经理负责，具体流程如图 14-1 所示。

保险销售的具体分工如表 14-1 所示。

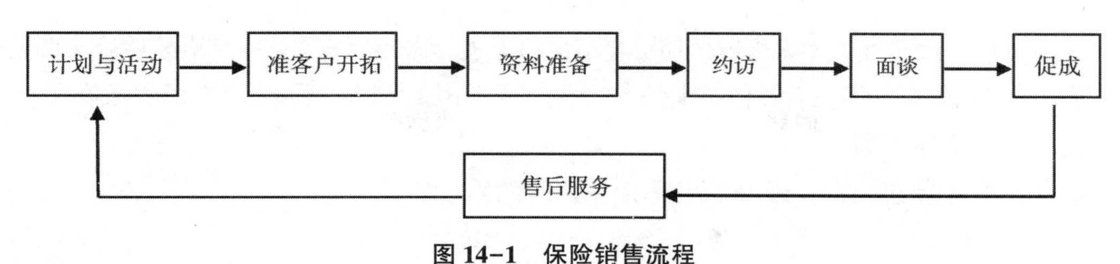


图 14-1　保险销售流程

表 14-1　保险销售分工

| 销 售 环 节 | 岗 位 | 具体分工 |
|---|---|---|
| 销售前 | 市场总监 | 市场宣传中加入保险信息、展厅物料信息 |
| 销售中 | 销售顾问 | 销售保险产品、留存客户信息 |
| | 金融保险经理 | 进行拒绝投保客户的二次营销、话术的整理与分享 |
| | 新保专员 | 客户信息的录入及出单 |
| 销售后 | 续保专员 | 客户关系维护 |

（8）常见险种组合方案。

在保险条款日渐同质化的今天，使自己的营销差异化是从众多投保途径中脱颖而出的关键。常见的险种组合范例如下：

①最低保障型。

• 方案一：只投保交强险。

保障范围：只能在交强险的责任范围内对第三者的损失负责赔偿责任。

适用对象：适用于那些认为上保险对自己用处不大的车主，急于上牌照或通过年检的车主。

优点：保费最便宜。因为只有交强险（属于强制保险），而且交强险和车辆的价格没有关系，仅与使用性质和座位数相关。

缺点：一旦因车主的责任而撞人或撞车，对方的损失主要由车主自己赔偿，保险公司只承担小部分赔偿；而自己车辆的损失，车主只能“自掏腰包”。

• 方案二：交强险+5 万元的商业三者险。

保障范围：基本能够满足一般事故对第三者的损失负赔偿责任。

适用对象：保险意识不是很强，但又担心自己不小心对他人造成损失的车主。

优点：可以基本满足上牌照或年检的需要和第三者的基本保障。

缺点：一旦出险，如果是车主的责任，对方的损失能得到保险公司的少量赔偿，且赔偿限额只能说“基本宽余”；另外，车主的车损也只能由他自己负担。

②基本保障型。

方案：交强险+车损险+商业三者险（10 万～20 万元）。

特点：费用适中，能为车主和事故对方的损失提供最基本的保障。

适用对象：经济实力不太强或短期资金不足的车主。这部分车主认识到事故后修车费用较高，愿意为自己的车和第三者责任寻求基本保障，但又不愿意多花钱寻求更全面的保障。

优点：必要性最高。

缺点：不是最佳组合，最好加上不计免赔特约险。

③经济保障型。

方案：交强险+车损险+商业三者险（20万元）+全车盗抢险+不计免赔特约险。

特点：投保必要、有价值的险种。

适用对象：适用于车辆已使用三四年，有一定驾龄、较精打细算的车主。

优点：投保较有价值的险种，保险性价比较高。人们最关心的丢失和100%赔付等风险都有保障，保费不高，但包含了比较实用的不计免赔特约险。当然，这仍不是最完善的保障方案。

④最佳保障型。

方案：交强险+车损险+商业三者险（30万元）+全车盗抢险+车上人员责任险（5座/每座5万）+玻璃单独破碎险+不计免赔特约险。

特点：在经济保障型方案的基础上，将商业三者险增加到30万元，并增加了车上人员责任险和玻璃单独破碎险，使乘客及车辆易损部分得到保障。

适用对象：经济较宽余、保障需要比较全面、乘客不固定的私家车或一般单位用车。

优点：投保价值大的险种，价格略高，但物有所值。

⑤全面保障型。

方案：交强险+车损险+商业三者险（50万元）+全车盗抢险+车上人员责任险（5座/每座10万）+基本险不计免赔特约险+玻璃单独破碎险+车身划痕险+涉水行驶发动机损失险+车轮单独损坏险+附加险不计免赔特约险。

特点：保险险种对于私家车或一般公司而言，已基本做到非常全面。

适用对象：经济充裕的车主或企事业单位。

优点：几乎与汽车有关的常见的事故损失都能得到赔偿，不用承担投保决策失误的损失。

缺点：险种多但保费高。

在制订投保方案的时候要遵循“因车制宜、因人而异、一对一设计”的原则。

（9）续保。

汽车保险的期限一般为一年，续保是一个保险合同即将期满时，投保人向保险人提出申请，要求延长该保险合同的期限，保险人根据投保人当时的实际情况，对原合同条件稍加修改而继续对投保人签约承保的行为。

续保是一项保险合同双方双赢的活动。对投保人来说，通过及时续保，一方面可以得到保险人连续不断的保险保障与服务，得到保险公司的续保优惠。对保险人而言，业务量得以稳定，展业工作量和费用得以降低。保险公司一般都将续保率与业绩考核挂钩 。

在办理续保时，投保人应提供下列单据：

①提供上一年度的机动车辆保险单。

②保险车辆的经交通管理部门核发并检验合格的行驶证和车牌号。

③所需的保险费。保险金额和保险费须重新确定。

续保销售分工如表 14-2 所示。

**表 14-2　续保销售分工**

| 销售环节 | 岗 位 | 具体分工 |
| --- | --- | --- |
| 销售前 | 金融保险经理 | 客户分析、客户筛选分类、制订活动方案、指标分配 |
| 销售中 | 续保专员 | 以电话/短信/E-mail 的形式邀约客户来店 |
|  | 服务顾问 | 对于不在保、但来店维修的客户进行转化 |
|  | 呼叫中心（外包） | 对保险到期客户进行电话营销 |
| 销售后 | 续保专员 | 持续的沟通与关怀 |

要想做好续保工作，需在平时做好以下工作：

①熟悉车辆保险业务。

很多 4S 店车险续保人员往往没接受培训就上岗了，甚至不知道交强险和商业险是怎么回事，这样很难得到客户的信任。因此，续保人员一定要学习车辆保险条款，了解保险责任和各险种的名称，知道如何向客户解释车险业务。

②了解投保流程。

客户有投保意向的时候要告知客户投保所需要的资料以及要求。这个工作看似简单，但在实际操作中可能会出现很多问题，如一些保险公司交强险和商业险对车辆行驶证副页年审的要求是不一样的，很多保险公司都要求在投保商业险前需车辆年审合格。

③掌握保费计算方法。

这就需要续保人员学习车险的费率规章以及各种费率因子的使用要求，不要求计算的保费和保险公司系统完全一致，但是最起码能够告知客户大体的保费数额。

（10）汽车保险理赔。

汽车的碰撞事故分为很多种，通常为单方事故和双方事故。一般和静止的物体发生碰撞叫单方事故，和机动车发生碰撞叫双方事故。出险后的具体理赔流程如图 14-2 所示。

**图 14-2　保险理赔流程**

①拨打报案电话。出险后客户立即拨打保险公司报案电话，保险公司理赔服务人员将向客户询问出险情况，协助安排救助，告知后续理赔处理流程并指导客户拨打报警电话，紧急情况下请客户先拨打报警电话。

②事故勘察和损失确认。在客户的协助下，保险公司理赔人员或委托的公估机构、技术鉴定机构、海外代理人到事故现场勘察事故经过，了解涉及的损失情况，查阅和初步收集与事故性质、原因和损失情况等有关的证据和资料，确认事故是否属于保险责任，必要时委托专门的技术鉴定部门或科研机构提供专业技术支持。保险公司将指导客户填写出险通知书（索赔申请书），向客户出具索赔须知。与客户共同对保险财产的损失范围、损失数量、损失程度、损失金额等损失内容、涉及的人身伤亡损害赔偿内容、施救和其他相关费用进行确认，确定受损财产的修复方式和费用，必要时委托具备资质的第三方损失鉴定评估机构提供专业技术支持。

③提交索赔材料。客户根据保险公司书面告知客户的索赔须知内容提交索赔所需的全部材料，保险公司及时对客户提交的索赔材料的真实性和完备性进行审核确认，在索赔材料不完整的情况下，保险公司将及时通知客户补充提供有关材料，如对索赔材料的真实性存在疑问，保险公司将及时进行调查核实。

④赔款计算和审核。在客户提交的索赔材料真实、齐全的情况下，保险公司根据保险合同的约定和相关的法律法规进行保险赔款的计算和赔案的内部审核工作，并与客户达成最终的赔偿协议。

⑤领取赔款。保险公司根据与客户商定的赔款支付方式和保险合同的约定向客户支付赔款。补充说明：因第三者对保险标的的损害而造成保险事故的，在保险公司根据保险合同的约定和相关的法律法规向客户支付赔款后请客户签署权益转让书并协助保险公司向第三方进行追偿工作。

2.2 汽车消费贷款

为适应汽车金融服务业发展的需要，2003 年 10 月，原中国银行业监督管理委员会公布了《汽车金融公司管理办法》，11 月又公布了《汽车金融公司管理办法细则》。最新的《汽车金融公司管理办法》是 2023 年 6 月经国家金融监督管理总局审议通过，于 2023 年 8 月 11 日起施行。为进一步支持促进汽车消费，规范汽车贷款业务管理，防范汽车贷款风险，促进汽车贷款业务健康发展，2017 年 10 月中国人民银行、原中国银行业监督管理委员会发布了修订的《汽车贷款管理办法》。

（1）汽车贷款概念。

汽车贷款是指贷款人向借款人发放的用于购买汽车（含二手车）的贷款，包括个人汽车贷款、经销商汽车贷款和机构汽车贷款。汽车消费信贷指金融机构向申请购买汽车的用户发放人民币担保贷款，由购车人分期向金融机构归还本息的一种消费信贷业务。

（2）汽车消费信贷的作用。

①汽车消费信贷引导社会需求、生产，从而促进工业经济乃至整个国民经济协调、持

续、快速发展。

②汽车消费信贷推动汽车消费，盘活汽车行业巨大资产存量和提高资本营运效益。

③汽车消费信贷刺激汽车消费，方便居民生活，促进消费升级。

④汽车消费信贷促进金融机构优化贷款存量和增量，提高资金使用效率。

（3）汽车消费信贷的发展。

我国汽车消费信贷起步较晚，其发展分为四个阶段。

①起始阶段（1995—1998 年 9 月）。

中国汽车消费信贷市场起步于 1995 年，此时中国刚刚开展汽车消费信贷理论上的探讨和业务上的初步实践，这一阶段恰逢国内汽车消费处于一个相对低迷的时期，为了刺激汽车消费需求的有效增长，一些汽车生产厂商联合部分国有商业银行，在一定范围和规模之内，尝试性地开展了汽车消费信贷业务，但由于缺少相应经验和有效的风险控制手段，逐渐暴露和产生一些问题，以致中国人民银行曾于 1996 年 9 月下令停办汽车信贷业务，一直到 1998 年 9 月，中国人民银行出台《汽车消费贷款管理办法》为止。

②发展阶段（1998 年 10 月—2001 年年底）。

中国人民银行继 1998 年 9 月出台《汽车消费贷款管理办法》之后，1999 年 2 月又出台了《关于开展个人消费信贷的指导意见》，至此，汽车消费信贷业务成为国有商业银行改善信贷结构、优化信贷资产质量的重要途径。与此同时，国内私人汽车消费逐步升温，北京、广州、成都、杭州等城市私人购车比例大大增长。面对日益增长的汽车消费信贷市场需求，保险公司出于扩大自身市场份额的考虑，适时推出了汽车消费贷款信用（保证）保险银行、保险公司、汽车经销商三方合作的模式，成为推动汽车消费信贷高速发展的主流做法。

③竞争阶段（2002 年以后）。

进入 2002 年，中国汽车信贷市场进入竞争阶段，其最明显的表现是：汽车消费信贷市场已经由汽车经销商之间的竞争、保险公司之间的竞争，上升为银行之间的竞争，各商业银行开始重新划分市场份额，银行的经营观念发生了深刻的变革，由过去片面强调资金的绝对安全，转变为追求基于总体规模效益之下的相对资金安全。一些在汽车消费信贷市场起步较晚的银行迫于竞争压力，不得已采取直客模式，另辟蹊径。

④成熟阶段（2003 年或 2004 年以后）。

在此期间，整个中国汽车信贷市场正在由竞争阶段向成熟阶段发展。

（4）我国汽车消费信贷的两种主要模式。

①直客模式。

直客模式是由银行、专业资信调查公司、保险公司、汽车经销商四方联合。银行直接面对客户，在对客户的信贷进行审核、评定合格后，银行与客户签订信贷协议，客户将在银行设立的汽车消费信贷机构中获得一个车贷的额度，使用该车贷额度就可以到汽车市场上选购自己满意的产品。

②间客模式。

• 以经销商为主体的间客模式。由银行、保险公司与汽车经销商三方联手。该模式的特点是由汽车经销商为客户办理贷款手续，负责对贷款客户进行资信调查，以汽车经销商自身资产为客户承担连带责任保证，并代银行收缴贷款本息，而客户可以享受到汽车经销商提供的一站式服务。

在实际操作中，以汽车经销商为主体的间客模式的汽车消费信贷又分为两种不同的类型：银行不直接面对客户，而是把钱贷给信用较好的汽车生产企业或汽车经销商，再由该汽车生产企业或经销商贷给客户；银行、保险公司与汽车经销商三方合作，以汽车经销商为中介贷款给客户。

• 以非银行金融机构为主体的间客模式：该模式由非银行金融机构组织对购车者进行资信调查、担保、审批工作，并向客户提供分期付款。这些非银行金融机构通常为汽车生产企业的财务公司或金融公司。

（5）汽车贷款分类。

①法人车贷。

申请汽车消费贷款的如果是法人，除了要提供身份证、户口本、收入证明、资产证明外，还需要提供营业执照、机构代码、税务登记证等。

②免息贷款。

免息贷款买车是经销商根据市场需求提出的一种车贷优惠方案，在一定程度上减轻了消费者的购车压力。而免息汽车贷款优惠并不是所有车型都可以享受的，是有一定限制的。

那么免息贷款买车都有什么限制呢？哪些车型可以贷款？申请免息贷款买车的车型需要满足以下两个条件：

车型限制。通常情况下，免息汽车贷款是经销商针对特定车型提出的优惠方案，不是所有车型都合适。

月还款额较大。部分车型要求消费者每月还款金额至少 5000 元左右，相比较而言，这种还款方式的压力就比较大。

免息汽车贷款政策往往针对那些不受欢迎的车型，不是所有的车型都可以享受到这项优惠。而且参与免息贷款的车型往往都是按照指导价来出售的，而不是经销商店内的报价，通常价格相对较高。而且就算这些车型有优惠，优惠幅度比全款购车少很多。另外，免息贷款往往要比普通贷款需要付的首付款更高，有时还款期限还会更短，这样，购车的压力同样非常大，甚至超过了普通贷款购车。

（6）申请汽车贷款的具体要求。

①贷款条件。

个人：是中华人民共和国公民，或在中华人民共和国境内连续居住一年（含一年）以上的港、澳、台居民及外国人；具有有效身份证明、固定和详细住址且具有完全民事行为能力；具有稳定的合法收入或足够偿还贷款本息的个人合法资产；个人信用良好；能够支付规定的首期付款；贷款人要求的其他条件。

经销商：具有工商行政主管部门核发的企业法人营业执照；具有汽车生产商出具的代理销售汽车证明；资产负债率不超过80%；具有稳定的合法收入或足够偿还贷款本息的合法资产；经销商、经销商高级管理人员及经销商代为受理贷款申请的客户无重大违约行为或信用不良记录；贷款人要求的其他条件。

除经销商以外的法人、其他经济组织：具有企业或事业单位登记管理机关核发的企业法人营业执照或事业单位法人证书及法人分支机构营业执照、个体工商户营业执照等证明借款人主体资格的法定文件；具有合法、稳定的收入或足够偿还贷款本息的合法资产；能够支付规定的首期付款；无重大违约行为或信用不良记录；贷款人要求的其他条件。

②贷款额度。

根据《中国人民银行、国家金融监督管理总局关于调整汽车贷款有关政策的通知》（银发〔2024〕69号）的规定，自用传统动力汽车、自用新能源汽车贷款最高发放比例由金融机构自主确定；商用传统动力汽车贷款最高发放比例为70%，商用新能源汽车贷款最高发放比例为75%；二手车贷款最高发放比例为70%。

③贷款期限。

汽车贷款的贷款期限（含展期）不得超过五年，其中，二手车贷款的贷款期限（含展期）不得超过三年，经销商汽车贷款的贷款期限不得超过一年。

汽车贷款利率按照中国人民银行公布的贷款利率规定执行，计、结息办法由借款人和贷款人协商确定。

④贷款程序。

汽车消费贷款的程序为：客户咨询与资格初审→资格复审与银行初审→签订购车合同书→经销商与客户办理抵押登记手续及各类保险、公证→银行综审→车辆申领牌照与交付使用→档案管理。

（7）汽车贷款的担保。

贷款人发放汽车贷款，应要求借款人提供所购汽车抵押或其他有效担保。经贷款人审查、评估，确认借款人信用良好，确能偿还贷款的，可以不提供担保。

（8）办理渠道。

①银行贷款。

选择通过银行贷款的方式贷款买车，贷款利率适中，且可选车型种类多。不过实际的贷款办理过程比较花费时间和精力。银行为控制风险，通常审核时间较长，且需要申请者提交的资料很多。如果客户想要申请又不怕麻烦，银行贷款是不错的选择。

②信用卡分期。

众所周知，信用卡分期是没有利息费的，这也是通过信用卡分期买车的最大好处。同时，信用卡分期方便快捷。有时遇到银行和汽车经销公司合作的时候，还能享受一定的折

扣。不过需要注意的是，信用卡分期虽然没有利息费，却有手续费，分期时间越高，手续费率越高，通常分期超过一年的手续费率与银行同期消费贷款利率持平或略高。

③汽车金融公司。

通过汽车金融公司贷款买车，除了方便快捷以外，申请门槛还不高，只要消费者具有一定的还款能力并且支付了贷款首付，就能够申请到贷款。不过消费者也需要注意，通过汽车金融公司贷款买车，贷款成本通常比较高，一般客户除了需要支付贷款利息费外，还要支付手续费等一系列的费用。

④小额贷款公司。

通过小额贷款公司贷款买车，门槛不高，车型选择不受限制，但费率相对银行高一些。贷款方式和还款方式较灵活，审批速度相对较快。

(9) 汽车消费信贷贷款的还款方式

①等额本息还款法和等额本金还款法。

等额本息还款法就是借款人每月始终以相等的金额偿还贷款本金和利息，偿还初期利息支出最大，本金就还得少，以后随着每月利息支出的逐步减少，归还的本金就逐步增多。等额本金还款法就是借款人每月以相等的额度偿还贷款本金，利息随本金逐月递减，每月还款额亦逐月递减。

②按月还款和按季还款。

这两种还款方式的侧重点在于还款期间隔的长短。按月还款是以月为单位分割还款期；按季还款则是以每个季度为一个还款期。

③递增法和递减法。

这两种还款方式指向的是每个还款年度的还款趋势。递增法表示在上述还款组合方式基础上逐年递增还款，递减法则相反。根据偿还贷款本金和利息的方式、还款间隔的长短、每个还款年度的还款趋势，可组合出：按月等额本息年度递增法、按月等额本息年度递减法、按月等额本金年度递增法、按月等额本金年度递减法、按季等额本息年度递增法、按季等额本息年度递减法、按季等额本金年度递增法、按季等额本金年度递减法等还款方式组合。

2.3 汽车租赁

(1) 汽车租赁的含义。

汽车租赁是指在约定时间内，租赁经营人将租赁汽车（包括载货汽车和载客汽车）交付承租人使用，不提供驾驶劳务的经营方式。汽车租赁的实质是在将汽车的产权与使用权分开的基础上，通过出租汽车的使用权而获取收益的一』种经营行为，其出租标的除了实物汽车以外，还包含保证该车辆正常、合法上路行驶的所有手续与相关价值。不同于一般汽车出租业务的是，在租赁期间，承租人自行承担驾驶职责。汽车租赁的核心思想是资源共享，服务社会。

（2）汽车租赁模式。

①合约租赁。

合约租赁是指在租期内，承租人拥有车辆的使用权、租赁公司拥有车辆的所有权，租期结束后车辆返还给租赁公司。

在这种租赁方式中，承租人不承担车辆的残值风险，租赁期限届满时承租人无留购选择权，租赁期限一般为 2～4 年。

租金的多少取决于车辆的零售价格、车辆的残值，租金大致相当于零售价格和车辆残值的差额。租赁开始时估计的车辆残值主要考虑计提的折旧、行驶的里程数、车况等因素。因此，残值越高，所需支付的租金越少。

优点：承租人在租期结束时只需返还车辆，不必考虑车辆的再处置问题；一些合约租赁还包含维修服务，使用人只需要购买车辆保险、轮胎和加油就可以了；承租人很容易计算和规划保有车辆的成本；这种租赁方式对增值税纳税人更为合适，因为租金全额的 50%和维修费用的 100%可以抵减增值税额。

缺点：在租期结束后，承租人必须返还车辆，而且也没有留购的选择权；如果承租人经常旅行，则车辆的行驶里程会比较高，这会加速车辆的折旧，所需支付的租金也会增加；如果车辆不是以较为固定的路线使用，就很难事先估计车辆的里程数，如果在使用中超过了规定的里程数，则需支付额外的费用。

②融资租赁。

融资租赁是车辆购置环节一种重要的融资方式，特别是对于增值税纳税人。

融资租赁与合约租赁的区别在于，租期的最后一笔租金需要覆盖租赁公司的全部投资。租期结束后，车辆将被租赁公司卖给第三方。如果售价超过之前约定的最后一笔租金，租赁公司将会把超过部分的一定比例返还给承租人；如果售价低于之前约定的最后一笔租金，则承租人负有补足的义务。

这种方式比较适合一次性支付压力较大的机构类承租人。

最后一笔租金的多少，取决于每期租金的多少，每期租金少，则尾款会比较多；相反，每期租金多，则尾款就会比较少。每期租金的多少，取决于车辆的初始成本、租期、残值以及尾款。

在此类交易中，承租人承担了一部分车辆残值的风险，而且租赁公司一般会有最高行驶里程的限制。同时，租期结束后，承租人如果不想出售车辆，也可以继续租用。

优点：首付低，月供低；租金支付方式更为灵活，可以更好地匹配承租人的现金流；优化资产负债表，车辆将在承租人的资产负债表中确认为资产，而租金则确认为负债，有可能会从租期结束后的资产处置中受益。

缺点：无法取得车辆的所有权；与车辆相关的监管、运营风险较高；根据承租人资信的不同，租金的利率差别较大，其他的文件成本和手续费较高。

③租购。

租购是指承租人支付首付款，按期支付租金，租赁期满后取得车辆的所有权。

这种交易方式中，不需要计算车辆的残值，每期租金的多少主要取决于车辆的零售价格、首付款比例和租赁期限。承租人承担车辆的残值风险，租赁期限届满后承租人取得车辆的所有权。

租购的合同条款通常由承租人和出租人商定，出租人一般是银行或经纪公司，租赁期限一般为1～4年。承租人违约时，如果已支付的租金未超过三分之一，出租人可直接取回车辆；如果已支付的租金超过了三分之一，则出租人只能通过诉讼的方式主张取回车辆或承租人支付未到期租金。

优点：承租人可以取得车辆的所有权；这种交易更像是以车辆作为抵押的贷款，因此利率与无抵押贷款的利率相比较低。

缺点：利率的高低主要取决于承租人的信用状况；如在租期内处置车辆，相对比较麻烦；租购是一种传统的车辆融资方式，但是达成相对合适的租购合约则比较困难，需要承租人详细了解合约条款和交易细节。

④以租代购。

以租代购是指在租赁期限内，承租人拥有车辆的使用权、租赁公司拥有车辆的所有权，在承租人支付最后一笔租金后取得车辆的所有权。租赁期限一般为2～4年。

以租代购交易很像个人合约租赁，主要区别是以租代购的承租人在租期届满时需留购车辆，而个人合约租赁的承租人在租期届满时拥有的是留购选择权。

租赁公司会预先估计租赁期限届满时的车辆价值。承租人可以先支付一笔预付款，然后按照车辆零售价格和残值的差额支付每期租金。越是不容易贬值的车辆，越适合该种交易方式，因此这种方式更适合高端车辆。

优点：租赁物作为公司的资产；首付款较低，一般相当于三期租金的金额；月供较低；租期届满时可以取得车辆的所有权。

缺点：尾款一般较高，需要提前作好融资安排；只有车辆用于商业用途时才能抵免增值税；承租人需要承担车辆的残值风险和保有风险。

⑤个人合约租赁。

个人合约租赁是指在租赁开始时，交易双方事先约定一笔尾款，租期结束时承租人可以通过支付该笔尾款而取得车辆的所有权。如果承租人不想继续使用车辆，则可以直接将车辆返还给出租人。

个人合约租赁与合约租赁类似，主要的区别在于，个人合约租赁交易的承租人在租期结束时拥有购买选择权。

租金的数额取决于零售价格和残值的差额，外加一点利息。因此，保值性好的车辆，每期支付的租金较少，也更适合采用这种方式。这种方式有行驶里程的限制，超过里程时则需在租期结束时支付罚金。

优点：需要支付的每期租金是固定的，有利于承租人规划预算；尾款可以再融资；承租人拥有更大的选择权，可以选择留购或返还车辆；一些交易中甚至包含维修服务；承租人不必承担车辆贬值的风险。

缺点：如果租期结束时不留购车辆，则成本可能比合约租赁更高；对保持车况的要求更高，特别是在选择返还车辆时。因此，这种方式比较适合打算在租期结束时留购车辆的客户。

⑥日租。

日租就是短期的租车服务，期限一般为几天，最长一般不超过 12 个月。日租与合约租赁很类似，只不过期限更短。

日租的方式中，承租人要遵守租赁公司的若干规定，如行驶里程的限制，还车时的车况要求等。

⑦短期合约租赁。

短期合约租赁是介于日租与其他长期租赁之间的一种交易方式，租期一般为 3～12 个月，甚至一个月。租期届满时，承租人将车辆返还给出租人，没有留购的选择权。

这种方式更为灵活、方便，但租金相对较高，而且有较为严格的里程限制。

⑧售后回租。

如果业务或其他方面需要资金，可以将自己所拥有的车辆按照租赁公司评估的价格出售给租赁公司，然后再以合约租赁的方式租回使用，以达到融资的目的。

这种交易方式融资快，而且承租人可以继续使用车辆。但是，承租人将失去车辆的所有权，也不再承担车辆的贬值风险和再处置风险，租期届满后租赁公司将收回车辆。

（3）汽车租赁产品。

致力于满足客户用车需求，现在很多品牌经销商不仅仅停留在贷款服务上，更为机构客户提供租赁服务。针对有购买新车需求的机构客户，经销商一般提供租购通及易租通两款产品。

①租购通。

租购通属融资租赁产品，客户按租赁合同约定支付租金即可使用车辆，租期届满时客户取得车辆所有权。该产品可以帮助客户降低购车时的一次性资金投入，有利于客户资金周转，又不影响银行信贷。

②易租通。

易租通属经营性租赁产品，客户按用车需求时限选择租期，租期届满时将车辆退回或依照需求选择续租，甚至更换车型。该产品可灵活满足客户的用车需求，使客户免于增加固定资产，在不影响财务指标的情况下轻松用车。

2.4 二手车置换

（1）二手车置换的含义。

二手车置换即旧车置换，是客户在使用汽车一段时间后，通过汽车评估判断汽车的价

格，来折算新车价格的业务，简而言之就是：新车价格-旧车评估价格=新车的最后价格，从评估到购买的这一过程称为二手车置换。由于参加置换的厂商拥有良好的信誉和优质的服务，其品牌经销商也能够给参与置换业务的客户带来信任感和提供更加透明、安全、便利的服务，所以现在越来越多想换新车的客户愿意尝试这一业务。

（2）二手车置换流程。

二手车置换是将卖旧车和买新车合并为一个过程，因此就应该有先后顺序，二手车置换流程如图14-3所示。

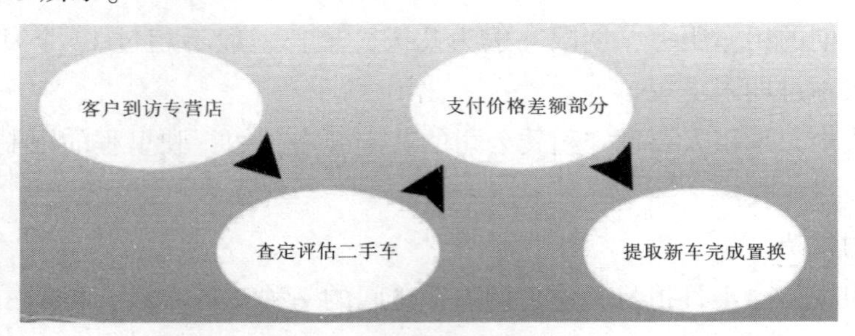


**图14-3　二手车置换流程**

（3）4S店二手车置换服务特点。

①品质严控，质量有保障。

由于二手车是经过使用的特殊商品，所以其质量的把关环节尤其重要。

②服务良好，专业性强。

在品牌4S店置换二手车，客户不仅能享受舒适的购车环境，还可体验新车般的试乘试驾服务，让置换体验更加优质。二手车置换是一个复杂的过程，置换手续稍有遗漏，日后很容易给客户带来麻烦，与其他二手车市场相比，品牌4S店能提供更为优质、专业的置换服务。对客户来讲，无论旧车过户手续还是新车上牌手续，都由店内专门工作人员办理，省去了客户办理各种烦琐复杂手续的烦恼。

③售后完备，省事省力。

售后服务是需要成本的，不是任何一个二手车商都有能力为客户提供完善的售后服务。所以，在选择置换平台时，车主一定要有长远考虑。现在品牌4S店基本上都能为客户提供售后服务。

④价格合理，交易透明。

车主在处理旧车时最担心的问题是车价被低估。品牌4S店在置换过程中，主要以品牌口碑为主，所以与其他二手车市场相比，品牌4S店会依据车况及专业评估给出合理的回收价位，置换全程采取透明化交易方式，所以选择在品牌4S店置换是比较明智的做法。

随着中国汽车市场的发展成熟，汽车品牌厂商对4S店的考核不仅仅是新车销量，二手车置换率也是其重要的考核指标，所以在品牌4S店置换不仅有价格合理、交易透明等优点，而且有机会享受到各种优惠。

## 任务实施

### ☞ 任务准备

（1）防护装备：服装、抹布、灭火器。

（2）工具设备：整车，计算机或网络终端。

（3）辅助资料：卡片、记号笔、参考书。

### ☞ 实施步骤

（1）结合汽车贷款及租赁案例，分析当前汽车金融行业法律风险。

（2）上网查询汽车金融成功案例并记录分析。

利用搜索工具搜索“汽车金融成功案例”等关键词，查询并记录和分析的信息包括：具体成功的例子是什么？从中你得到什么启发？

（3）根据查询的信息完成任务报告。

任务报告

<table>
<tr><td colspan="4">任务十四、汽车金融</td></tr>
<tr><td>班级</td><td></td><td>姓名</td><td></td></tr>
<tr><td>组别</td><td></td><td>组长</td><td></td></tr>
<tr><td colspan="2">1. 接受任务（5分）</td><td colspan="2">得分：</td></tr>
<tr><td colspan="4">汽车金融业务开展得好，可以提高销售顾问的利益，让客户节省更多的成本。销售顾问需要了解汽车金融相关成功案例，请利用教材、参考书及网络资源进行检索并记录总结到报告中。</td></tr>
<tr><td colspan="2">2. 信息收集（20分）</td><td colspan="2">得分：</td></tr>
<tr><td colspan="4">（1）结合汽车贷款及租赁案例，分析当前汽车金融行业法律风险。<br>（2）上网查询汽车金融成功案例并记录分析。</td></tr>
<tr><td colspan="2">3. 制订计划（15分）</td><td colspan="2">得分：</td></tr>
<tr><td colspan="4">请根据工作任务制订工作计划及任务分工。</td></tr>
</table>

| 序号 | 工作内容 | 工作要点 | 负责人 |
|---|---|---|---|
| | | | |
| | | | |
| | | | |
| | | | |
| | | | |
| | | | |

（续表）

<table>
<tr><td>4. 计划实施（50 分）</td><td>得分：</td></tr>
<tr><td colspan="2">（1）结合汽车贷款及租赁案例，分析当前汽车金融行业法律风险。（30 分）<br><br>（2）查询并记录汽车金融成功案例。（20 分）<br><table><tr><td>具体成功的例子是什么？</td><td></td></tr><tr><td>从中你得到什么启发？</td><td></td></tr></table></td></tr>
<tr><td>5. 检查评价（10 分）</td><td>得分：</td></tr>
<tr><td colspan="2">请根据小组成员在完成任务中的表现及工作结果进行评价。<br>自我评价：________________________________。<br>小组评价：________________________________。</td></tr>
<tr><td colspan="2">任务总成绩：</td></tr>
</table>

## 实操训练

<table>
<tr><td colspan="2">模块：汽车营销评估与金融保险服务技术（初级）</td><td colspan="2">考核时间：50 分钟</td></tr>
<tr><td>姓名：</td><td>班级：</td><td>学号：</td><td rowspan="3">考评员签字：</td></tr>
<tr><td>初评：□合格<br>□不合格</td><td>复评：□合格<br>□不合格</td><td>师评：□合格<br>□不合格</td></tr>
<tr><td>日期：</td><td>日期：</td><td>日期：</td></tr>
<tr><td colspan="4">考核项目四：客户关系管理与网络营销［实操考核报告］</td></tr>
</table>

一、学员选定某一品牌某一具体车型，进行车辆信息记录

| 品牌 | | 整车型号 | | 生产年月 | |
|---|---|---|---|---|---|
| 发动机型号 | | 发动机排量 | | 行驶里程 | |
| 车辆识别码 | | | | | |

二、根据所选择的车辆销售信息设计推介金融业务问卷

# 任务十五　汽车销售其他服务

## 任务引导

客户刘先生购买了某品牌小汽车豪华版。销售顾问小李了解到刘先生平日工作经常久坐，同时刘先生还是一名喜爱自驾游的人士，所以小李向刘先生推荐了底盘装甲，给刘先生讲解了加装底盘装甲的好处，刘先生认为很符合他的需求，于是欣然接受。

日常汽车销售中，销售顾问还可以推荐哪些业务，让自己和经销商、客户都能获得利益呢？

## 任务目标

**☞ 知识目标**

（1）了解精品销售。

（2）掌握精品消费技巧。

（3）汽车美容装饰认知。

**☞ 能力目标**

（1）能够结合客户需求推荐相应精品。

（2）能够以客户为中心引导客户对爱车进行美容装饰。

**☞ 素质目标**

（1）培养良好的团队合作精神和客户服务意识，树立精益求精的服务理念。

（2）培养科学严谨的探索精神和实事求是、独立思考的工作态度。

（3）培养良好的心理品质，具备建立和谐的人际关系的能力和人际交往的能力。

## 任务资讯

### 1. 精品销售

#### 1.1 精品的选择

4S店该选择什么样的汽车精品呢？这对4S店来说至关重要。

4S店的精品跟其他汽车后市场店面的产品不一样。例如，和汽车美容店最大的不同就是4S店的产品是和车一起卖的，就是汽车一旦装上4S店的产品，可能一辈子都要受这个产品的限制，不能随便乱动，如果随意改动，可能会给汽车造成无法挽回的损害，所以精品的安全性是至关重要的。

1.2 精品选择的原则

第一个原则：要少，不要多。精品项目做得好的4S店都是精品种类卖得少的，而不是精品种类做得多的。

第二个原则：所销售的精品一定要带上施工服务。产品一旦带上施工，其价值就会增值。没有施工、没有售后服务，产品的价值就没有那么高了，就是因为有了施工和售后服务，客户才愿意进店。

1.3 精品的销售方式

汽车精品的销售与一般产品的销售不一样，它有自己独特的三种销售方式。4S店经营者应仔细揣摩，创造精品销售佳绩。

第一种销售方式是随车赠送“大礼包”。

第二种销售方式叫独立销售，即车和精品是分别单独销售的。4S店设一个精品经理、几个推销人员，专门推广销售精品。

第三种销售方式就是把精品安装在新车上和整车一起销售，这种方式也称为前装，是前装销售的一种。当然，这个前装是指4S店的前装，而不是汽车生产企业的前装。

## 2. 精品销售的时机和技巧

2.1 精品销售时机

（1）新车下定金——引导时机。

先做一些前期的铺垫工作，例如对客户说：“我们还有适合这款车的加装精品和服务，我给您介绍一下吧”。

（2）新车交余款——最关键的时机。

①针对车型介绍全部必要的服务项目，如底盘防锈、隔热防爆膜等。

②根据车型介绍针对性的项目。

③强调在新车提车前期加装精品可以节约时间，在提车时已装饰一新，满足车辆的使用要求。

④强调4S店的专业性。

⑤特别提示在其他店面进行加装的不受保护性。

（3）车主提车——最后补充时机。

①核对车辆加装情况，视情况推荐补充项目。

②再次强调4S店的专业性。

③再次强调新车在其他地方加装的不受保护性。

（4）协同作战。

①向客户介绍4S店的精品，让精品销售无缝不入。

②敲边鼓的重要性。在客户对是否选择精品犹豫不决时，客户更倾向于听销售顾问的

声音，销售顾问肯定的回答可能会给客户以“临门一脚”的信心。

③共筑信息沟通平台。其他销售人员应与客户及时沟通，做好后续跟踪，共筑信息沟通平台，保证信息传递的一致性。

2.2 精品销售技巧

（1）直接要求法。

销售人员得到客户的购买信号后，可直接提出交易。使用直接要求法时要避免操之过急，关键是要得到客户明确的购买信号。例如：“王先生，既然您没有其他意见，那我们现在就签单吧。”销售人员提出成交的要求后，即可静待客户的反应，切忌再说任何一句话，因为这时的一句话很可能会立刻引开客户的注意力，而使成交功亏一篑。

（2）二选一法。

销售人员为客户提供两种解决问题的方案，无论客户选择哪一种，结果都在意料之中。运用这种方法，应使客户避开“要还是不要”的问题，而是让客户回答“要 A 还是要 B”的问题。例如：“您喜欢白色的还是红色的？”“您今天签单还是明天再签？”“您是刷卡还是用现金？”注意：在引导客户成交时，不要提出两个以上的选择，因为选择太多反而令客户无所适从。

（3）总结利益成交法。

把达成交易所带来的所有的实际利益都展示在客户面前，即把客户关心的事项排序，然后把产品的特点与客户的关注点密切地结合起来，总结客户关注的利益，促使客户最终达成协议。

（4）预先框视法。

利用客户认同的价值和观念来设计框架，在客户提出要求之前，销售人员就为客户确定好结果，同时对客户进行认同和赞赏，使客户按销售人员的设想去做，如：“这款车的设计注重动力强劲和稳定的操控性能，外观相对低调内敛，适合注重内在品质、性格低调的人士。”

（5）激将法。

激将法是利用客户的好胜心、自尊心而敦促他们购买产品。销售人员合理运用激将法，可以减少客户异议，缩短整个成交阶段的时间。例如：“通过和您聊天，感觉您是一个很注重内在品质、不张扬的人，相信您也喜欢和您一样气质的车吧？”

销售人员在使用激将法时要显得平静、自然，以免被客户识破。

（6）从众成交法。

客户在购买产品时，都不愿意冒险尝试。凡是没经别人试用过的新产品，客户一般持怀疑态度，不敢轻易选用。对于大家认可的产品，客户更容易接受和喜欢。

2.3 精品销售需要注意的问题

（1）用客户听得懂的语言去介绍产品。

许多销售人员在向客户介绍产品时，喜欢用专业术语去介绍，客户根本听不懂，所以

一定要直观地告诉客户这是什么产品，要尽量用简单的语言阐述复杂的东西

（2）运用 FABE 法则介绍产品。

FABE 法则就是从产品的特征（Feature）、优点（Advantage）、利益（Benefit）和证据（Evidence）几个方面向客户介绍产品。

（3）为增值的产品取恰当的名字。

例如底盘装甲：防锈漆比较便宜，但底盘装甲防锈漆就不一样了。装甲能吸音，漆不可以；路上有许多小石头，打到底盘上会把底盘“打伤”，装了底盘装甲就不会了。而在人们的认知里，小石子能把漆打掉，所以“防锈漆”这个名字取得不对。虽然大家都知道它就是防锈漆，但换个名字，如“装甲”，这样给客户的感觉就不一样了，所以为增值的产品取个好名字很重要。

（4）向客户介绍产品价值所在。

例如介绍封釉项目：打完一次釉后把它推到烤房里面烤 15 分钟，再打一次釉，烤 15 分钟，如此反复烤三四次之后，才能起到保护的作用。这样向客户介绍封釉项目，才能使客户明白其价值。

## 3. 汽车美容装饰

### 3.1 汽车 4S 店经营汽车美容装饰业务的优势

（1）客户对汽车 4S 店的信任。

汽车 4S 店都有系统的客户投诉、索赔管理体系和服务体系，所以客户对汽车 4S 店的信任程度较高。汽车 4S 店经营美容装饰业务对大多数车主来说具有较大的吸引力。

（2）技术“施工”方面。

由于汽车 4S 店只针对一个品牌的系列车型进行美容装饰“施工”，因而对车的性能、技术参数等方面的了解都比较深入，具有“专而精”的“施工”优势。所以，在一些需要技术支持和售后服务的产品和项目上，汽车 4S 店有较大的优势。

（3）人性化服务方面。

汽车 4S 店设有客户休息室，客户在休息区可以看杂志、报纸、书籍或者上网、看电视等，并且休息区配有专门的服务人员为车主提供服务，而大多数汽车美容装饰店都不提供这方面的服务。

（4）方便客户方面。

客户在选好车型、签订合同、交完定金之后，就可以与汽车 4S 店约定需要增加哪些装饰项目和产品了。这样，客户在提车时，汽车 4S 店就可以将已经装饰完毕的汽车交付给客户了。

这样一来，客户就不必专门再为装饰车辆而花费时间和精力了。

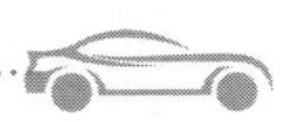

3.2 汽车4S店如何经营汽车美容装饰业务

(1) 汽车4S店根据自己实际情况选择适合自身的运作模式。

汽车4S店经营汽车美容装饰业务的模式大致有三种：一是汽车4S店设立独立的装饰部门，独立运作；二是汽车4S店设立装饰车间，但将业务外包；三是汽车4S店不设立美容装饰车间，如果有装饰施工项目，外请施工人员现场施工，4S店支付施工费用。以上三种模式各有特点，每家汽车4S店可以根据各自的实际情况，以及决策层对于美容装饰的重视程度，选择适合自己的运作模式。

(2) 汽车4S店可设立专门的精品展示间和专业的施工车间。

汽车4S店可以在售后服务区开设专门的精品展示间，以便客户选择。同时，还可以设立专门的施工车间，特别是汽车隔热膜施工需要的无尘车间。另外，底盘装甲施工也需要相对封闭的工位进行作业。

(3) 根据汽车品牌的定位和特点选择匹配的产品和项目。

汽车4S店选择美容装饰产品时，至少要有一种知名品牌的产品，同时附加一个主推的品牌产品。

(4) 汽车4S店经营汽车美容装饰业务需采用适当的管理模式和激励方法。

先期规划好精品陈列区和施工车间，同时选择好产品和项目。接下来就是汽车4S店如何进行内部管理和运作的问题了。

第一，美容装饰部可作为一个独立的部门存在，不属于销售，也不属于售后，可设立美容装饰主管，直接对总经理负责。

第二，可根据实际情况对新车销售顾问设立美容装饰销售目标，并根据平均单车美容装饰的贡献进行奖励。

第三，如果需要赠送购车客户美容装饰，最好不直接赠送产品和项目，而是赠送代金券，然后由客户自行选择喜欢的产品和项目。

## 任务实施

### ☞ 任务准备

(1) 防护装备：服装、抹布、灭火器。

(2) 工具设备：整车、计算机或网络终端。

(3) 辅助资料：卡片、记号笔、参考书、白纸、报价单。

### ☞ 实施步骤

根据所给资料进行情景模拟演练并完成任务报告。资料如下：

客户刘先生购买了某品牌小汽车豪华版。销售顾问小李了解到刘先生平日工作经常久坐，同时刘先生还是一名喜爱自驾游的人士，所以小李向刘先生推荐了底盘装甲，给刘先生讲解了加装底盘装甲的好处，刘先生认为很符合他的需求，于是欣然接受。除了底盘装甲，你认为还可以向客户刘先生推荐哪些精品服务呢？

## 任务报告

| 任务十五、汽车销售其他服务 | | | |
|---|---|---|---|
| 班级 | | 姓名 | |
| 组别 | | 组长 | |

| 1. 接受任务（15 分） | 得分： |
|---|---|

客户刘先生购买了某品牌小汽车豪华版。销售顾问小李了解到刘先生平日工作经常久坐，同时刘先生还是一名喜爱自驾游的人士，所以小李向刘先生推荐了底盘装甲，给刘先生讲解了加装底盘装甲的好处，刘先生认为很符合他的需求，于是欣然接受。除了底盘装甲，你认为还可以向客户刘先生推荐哪些精品服务呢？

| 2. 信息收集（15 分） | 得分： |
|---|---|

（1）分析精品销售的方法和技巧，并形成相应话术。
（2）针对案例中的客户情况，思考如何主动进行精品销售。

| 3. 制订计划（5 分） | 得分： |
|---|---|

请根据工作任务制订工作计划及任务分工。

| 序号 | 工作内容 | 工作要点 | 负责人 |
|---|---|---|---|
| | | | |
| | | | |
| | | | |

| 4. 计划实施（55 分） | 得分： |
|---|---|

（1）如果你是销售顾问小李，你会结合客户实际需求向客户介绍哪些精品服务或汽车美容装饰项目？（20 分）

| 精品服务 | |
|---|---|
| 汽车美容装饰 | |

（2）如果你是销售顾问小李，你在洽谈过程中会采取哪些精品销售方法和技巧？形成话术并以小组为单位完成任务报告。（20 分）

| 销售话术 1 | |
|---|---|
| 销售话术 2 | |
| 销售话术 3 | |

（3）制订提案，促成交易。（15 分）

| 精品销售提案 | |
|---|---|
| 汽车美容装饰业务提案 | |

（续表）

<table>
<tr><td>5. 检查评价（10 分）</td><td>得分：</td></tr>
<tr><td colspan="2">请根据小组成员在完成任务中的表现及工作结果进行评价。<br>自我评价：________________________________________。<br>小组评价：________________________________________。</td></tr>
<tr><td colspan="2">任务总成绩：</td></tr>
</table>

## 实操训练

<table>
<tr><td colspan="2">模块：汽车营销评估与金融保险服务技术（初级）</td><td colspan="2">考核时间：50 分钟</td></tr>
<tr><td>姓名：</td><td>班级：</td><td>学号：</td><td rowspan="3">考评员签字：</td></tr>
<tr><td>初评：□合格<br>□不合格</td><td>复评：□合格<br>□不合格</td><td>师评：□合格<br>□不合格</td></tr>
<tr><td>日期：</td><td>日期：</td><td>日期：</td></tr>
<tr><td colspan="4">考核项目一：汽车销售与三包作业流程【实操考核报告】</td></tr>
</table>

根据以下资料内容，完成实操内容。

| 客户刘先生购买了某品牌小汽车豪华版，销售顾问小李了解到刘先生平日工作经常久坐，同时刘先生还是一名喜爱自驾游的人士，所以小李向刘先生推荐了底盘装甲，给刘先生讲解了加装底盘装甲的好处，刘先生认为很符合他的需求，于是欣然接受。除了底盘装甲，你认为还可以向客户刘先生推荐哪些精品服务呢？ |
|---|

一、根据资料内容，选择适合客户的精品或汽车美容装饰项目，并形成推荐话术

| |
|---|
| |

二、在洽谈过程中，销售顾问可应用哪些精品销售技巧和方法